suhrkamp taschenbuch 102

Werner Fuchs, geboren 1941 im Sudetenland, studierte in Frankfurt und Berlin Soziologie, Psychologie, Geschichte und Philosophie. Er ist Professor in der Studiengangeinheit Erziehungswissenschaft im Fachbereich Gesellschaftswissenschaften der Universität Marburg.

Dieses Buch behandelt die widersprüchliche Einstellung des heutigen Menschen zum Tode im Spannungsfeld zwischen archaischen und rationalen Orientierungen und zeigt, durch welche Mechanismen Relikte magisch-religiöser Todesbilder tradiert werden, welche Institutionen ihr Weiterleben garantieren, welche gesellschaftlichen Faktoren es verhindern, daß sich die Idee des natürlichen Todes allgemein durchsetzt und realisiert: politische und soziale Gewalt.

Werner Fuchs
Todesbilder in der modernen Gesellschaft

Suhrkamp

suhrkamp taschenbuch 102
Zweite Auflage, 13.–15. Tausend, 1979

Suhrkamp Taschenbuch Verlag

Druck: Nomos, Baden-Baden · Printed in Germany
Umschlag nach Entwürfen
von Willy Fleckhaus und Rolf Staudt

Inhalt

I. Einleitung

Zu den topoi neuerer Kulturkritik gehört die These, daß der Tod in der modernen Industriegesellschaft an den Rand geschoben worden ist. Seine Rolle als zentrales Lebensmotiv sei ihm genommen worden, gegenüber früheren Epochen habe sich das Verhältnis der Menschen zum Tode in Abhängigkeit von den gesellschaftlichen Veränderungen der Neuzeit entscheidend gewandelt. Man dürfe nicht von ihm sprechen, wage nicht, an ihn zu denken. Diese These von der Todesverdrängung in der heutigen Gesellschaft durchzieht bei grundsätzlich gleichbleibendem Argumentationskern nicht nur kulturkritische und zeitdiagnostische Publikationen, sondern tritt auch in den Wissenschaften auf. Unter anderem wird sie in einer Reihe von soziologischen Arbeiten vorgetragen.

Diese Arbeit über die Todesbilder in der modernen Gesellschaft will die These von der Todesverdrängung zurückweisen. Zwei Absichten sind dabei im Spiele. Zum einen ist die Verdrängungsthese relativ unausgeführt und in ihren Inhalten pauschal. Dies allein schon macht sie ganz und gar ungeeignet für die Soziologie. Zum andern ist sie durchsetzt mit ideologischen Momenten und Handlungsanweisungen. Sie ist nicht nur Diagnose, sondern zugleich Klage über den vorgefundenen Zustand der Orientierungen über den Tod und ein Versuch, diese Orientierungen zu ändern, die Individuen wieder zur vollen Anerkennung ihrer Sterblichkeit zu bringen. In Klage und Handlungsanweisung wird der Tod als ewige Konstante abgesetzt von der Verfassung der modernen Gesellschaft, als ewiger Wert verherrlicht, an dem sich die menschliche Gebrechlichkeit und die Vergeblichkeit aller gesellschaftlichen Praxis ablesen läßt. Beide Absichten, die differenziertere Untersuchung der heutigen Todesbilder und ihrer Widersprüche wie die Lösung dieses Themas aus dem Zusammenhang kulturkritischen Denkens, sind kompatibel.

So selbstverständlich die These von der Verdrängung des Todes auftritt, so unausgeführt ist sie auch. Sie stellt meist pauschal für die Bereiche des Bewußtseins, der Kommunikation und der Institutionen in einem das Tabu des Todes fest. An der Oberfläche bleibt die Diagnose häufig auch dadurch, daß die Termini – Verdrängung, Tabuierung, Banalisierung, Bagatellisierung, Privatisierung, Entöffentlichung – nicht näher bestimmt werden. In ihnen sind psychische und soziale Mechanismen ungeklärt zusammengedacht: welche Instanzen für Verdrängung haftbar zu machen sind, ist nur schlecht zu sehen.
Deutlich finden wir bei den verschiedenen Autoren Momente eines prononcierten Anti-Industrialismus vor. Diese Attitüde tritt zutage in der Feindschaft der Autoren gegenüber Säkularisation, Rationalisierung und einer bunten Vielfalt weniger wichtiger Charakteristika der industriellen Gesellschaft. Sie sammelt sich zur Schadenfreude darüber, daß die moderne Gesellschaft – so mächtig sie in der Beherrschung der Welt geworden sein mag – von der Macht des Todes übertroffen wird. Nachdem in den Feldern der Machbarkeit für Wunder, Schicksal und religiöse Instanzen wenig Platz mehr geblieben ist, tritt der Tod auf in der Rolle ihrer Vertretung: weil unbesiegt, sei er unbesiegbar und damit letzter Garant der existentiellen Ohnmacht der modernen Gesellschaft in der Beherrschung der Natur.
Unabhängig davon, ob die Vertreter der Todesverdrängungsthese christlich argumentieren, ob mit den heruntergekommenen Kategorien der Existenzphilosophie vom echten Leben, oder ob soziologisch: der Tod erhebt sich zum Zeichen der Defizienz der modernen Gesellschaft. In einem zweiten Schritt schreibt man ihm die Funktion einer letzten Trumpfkarte zu gegen diese Gesellschaft. Das Postulat, die Gesellschaft und die Einzelnen sollten den Tod wieder ohne Trugbilder und Verdrängungen akzeptieren, das memento mori möge wieder soziale Norm werden, visiert den Umschlag zu gesellschaftsverändernder Praxis an: die verbindliche Durchsetzung der Erinnerung an die menschliche Sterblichkeit soll sich als In-

strument gegen Charakteristika der industriellen Gesellschaft erweisen, gegen welche Kulturkritik seit ihren Anfängen sich gewendet hatte. Diese Beziehung bleibt aber allein durch die Forderung nach neuerlicher Einsetzung des memento mori als soziale Norm konstituiert, und damit voluntaristisch: Realisierungschancen und Realisierungswege werden nicht bedacht, geschweige denn aus den sozialen Verhältnissen abgeleitet.

Christliche Autoren beklagen in der Todesverdrängung die Verweltlichung, die Abkehr von der Transzendenz. Die Erinnerung an den Tod ist ihnen Mittel, die seit Jahrhunderten abnehmende Rolle der Religion, die Bedeutung ihrer Versprechen und Drohungen als handlungsanweisende Normensysteme wieder aufzuwerten. G. Schöllkopf nimmt die amerikanischen Bestattungssitten zum Anlaß solcher Klage: »Es ist ein merkwürdiges Symptom des amerikanischen Jahrhunderts und entspringt der unterschwelligen Lebensangst des Realisten und Pragmatikers, daß harte, unabwendbare Situationen verzuckert und verkitscht werden, um ihnen den Stachel der Transzendenz zu nehmen.«[1] Helmut Thielicke wendet in entsprechender Weise die Diagnose der Todesverdrängung zu einer Kritik am »säkularen Dasein«: »In der Öffentlichkeit des säkularen Daseins spielt der Tod so gut wie keine Rolle ... Die Krankheit als das Symptom der Vergänglichkeit ist im wesentlichen in die Kliniken verbannt ... Film und Theater sind lediglich Spiegel des gesun-

1 *Günther Schöllkopf:* »Amerikanische Begräbnissitten«, Christ und Welt 16 (25. 10. 1963), S. 11. Vgl. dazu *A. Freybe:* »Solche Todesbereitschaft aber ist der modernen Welt in ihrer Kultur ohne Gott und wider Gott im Gegensatz zu der mit Gott abhanden gekommen. Mit dieser Kultur schreitet sogar das Streben fort, des Todes zu vergessen und alles, was an Tod und Grab erinnert, sich aus den Augen zu rücken.« *A. Freybe:* Das Memento mori in deutscher Sitte, bildlicher Darstellung und Volksglauben, deutscher Sprache, Dichtung und Seelsorge, Gotha 1909, S. 9. – Vgl. weiter Will Rink: »Die mangelnde Kenntnis der tiefen Bedeutung von Tod und Sterben treibt so viele in eine sinnlose Flucht vor dem Tode, die in Wirklichkeit eine Flucht vor Gott ist ...« *Will Rink:* »Der Tod – ein unbekannter Freund«, Neues Abendland 4 (1949), S. 327.

den Lebens ... Symbolisch dafür ist die Tatsache, daß in unseren Städten und damit in der eigentlichen Öffentlichkeit keine Leichenzüge mehr die Straßen durchziehen, sondern dem Ghetto der Friedhöfe vorbehalten sind.«[2]

Eine ihre Herkunft aus der Theologie nicht verleugnende Position findet sich auch bei von Gebsattel in dessen Aufsätzen, die sich als »Prolegomena einer medizinischen Anthropologie« verstehen. Das sich in weltlicher Immanenz autonom dünkende Individuum versuche, den Tod zu vergessen oder ihn mit Trugbildern zu verstellen, »... wie ja alle der Transzendenz abholden Versuche darin gipfeln, den Tod zu entmächtigen, zu entpersönlichen, zu vernichtigen«.[3] Den in Philosophie und Dichtung allenthalben hervortretenden Wunsch, das Unverfügbare verfügbar zu machen, die Macht des Todes zu brechen oder mittels Eidola zu verstellen, erklärt von Gebsattel für nichtig. Erst die Annahme des memento mori könne volles Menschsein ermöglichen.

Bei Autoren, die mit Formeln aus der Existenzphilosophie umgehen, wird die Todesverdrängung Teil der Scheinwelt des Man. Die Vernachlässigung der grundlegenden Seinsgegebenheit menschlicher Sterblichkeit verstelle das echte Leben und die eigentliche Individualität. Als Beispiel für diesen Typus sei aus einem Artikel »Das Tabu des Todes« von P. Schütz zitiert: »Daß Leiden und Tod zur Grundverfassung der Menschenexistenz schlechthin gehören, darf man nicht mehr sagen ... Wir haben uns vom Tode fortgelogen ... Daß wir unser physisches Altwerden nicht mehr verkraften, hängt mit diesen Entwirklichung des Todes zusammen ...«[4]

In ihren Generalisationen greifen die betreffenden Autoren

2 *Helmut Thielicke:* Tod und Leben. Studien zur christlichen Anthropologie, Tübingen, 2. Aufl. 1946, S. 72 f.

3 *Victor Emil Frhr. von Gebsattel:* Prolegomena einer medizinischen Anthropologie, Berlin, Göttingen, Heidelberg 1954, S. 401.

4 *Paul Schütz:* »Das Tabu des Todes. Angst, Leid, Schmerzen bedrängen auch den modernen Menschen«, Christ und Welt 17 (20. 11. 1964), S. 11. Vgl. auch *Paul Gerhardt:* »Der verdrängte Tod«, Zeitwende 23 (1951/52), S. 319.

– mit einiger Beliebigkeit, wie es scheinen will – soziale Phänomene heraus, um sie zu Voraussetzungen, Ursachen, Bedingungen, Konsequenzen oder Illustrationen der Verdrängung des Todes zu deklarieren. Auf welche Weise diese durch die Sprünge der Argumentation zur Erklärung recht verschiedenartiger Phänomene herhalten muß, mag eine Stelle bei E. Fromm verdeutlichen: »Unsere Zeit verneint einfach den Tod und damit den weltanschaulichen Urgrund des Daseins. Statt daß man die Menschen Tod, Leid und Schmerz als stärkste Antriebe zum Leben wahrnehmen läßt, als Grundlage menschlicher Solidarität ..., ist das Individuum angeleitet oder gezwungen, das Todesgefühl als einen ›Unfug‹ zu verdrängen ... Hier liegt die Ursache für die Verflachung fast allen anderen Erlebens, für die Unrast, die heute das ganze Dasein durchdringt, und so erklärt es sich auch, wie ich vermute, daß man bei uns in Amerika und auch anderwärts für Bestattungen solche Riesenbeträge aufwendet.«[5] In ähnlicher Willkür reiht der amerikanische Soziologe Robert Fulton die Indikatoren für Todesverdrängung zu einer bunten Reihe. Struktur erhält hier die Argumentation allein von der – gleichfalls wenig ausgeführten – These, daß ehedem in den durch christliche Religion geprägten Vorstellungswelten der Tod als normal und daher kommunikabel gegolten habe. Mit der Durchsetzung säkularer Lebensformen in der modernen Gesellschaft habe der Tod an Bedrohlichkeit zugenommen, weil seine religiöse Rechtfertigung an Macht verlor. Säkularisierung und moderne Vermeidung des Todesthemas werden bei Fulton so zu direkten Korrelaten.[6] Die Nähe der Position dieses Soziologen zu der in den oben angeführten Leseproben implizierten theologischen Position ist nicht zu übersehen.

5 *Erich Fromm:* Die Furcht vor der Freiheit, Zürich 1945, S. 238 f. Für solche unstrukturierte Aneinanderreihung der mit Todesverdrängung assoziierten sozialen Phänomene vgl. *Helmut Greulich:* Der verdrängte Tod. Wie stirbt man in einem Konsumparadies? Filmbericht des Zweiten Deutschen Fernsehens, Unveröffentlichtes Manuskript, Mainz, November 1966.

6 *Robert Fulton* (Hg.): Death and Identity, New York, London, Sydney

Andere, etwa der Völkerpsychologe G. Gorer oder der Mediziner C. W. Wahl[7], präzisieren die These von der Todesverdrängung durch ein Analogon. Sie geben an, daß das Tabu des Geschlechts, das ehemals im hochbürgerlichen Zeitalter dominant gewesen sei, durch ein Tabu des Todes abgelöst worden ist. Im gleichen Maße, in dem der Sexus an Kommunikabilität gewonnen habe, hätten Tod, Verwesung und Verfall sie verloren, sie unterlägen heute strengen Kommunikationshemmungen. Um dem aus der Unterdrückung der Gedanken an den natürlichen Tod resultierenden Interesse am gewaltsamen Tod – manifest in den Massenmedien und der Trivialliteratur – zu entgegnen, fordert Gorer: Wir »... müssen ... dem Tode – dem natürlichen Tode – seine öffentliche Pracht zurückgeben und der Trauer wieder zu ihrem Recht verhelfen«.[8]

Der Gedankengang Gorers enthält ein repräsentatives Muster: der Begriff der Tabuierung des Todes umgreift sowohl Kommunikationshemmung und Verleugnung des Todes als unser aller Ende wie auch die Tatsache, daß Medizin und Sozialpolitik Todesgefahr und damit auch Todeserfahrung reduzieren konnten. Dies ist nicht nur mangelnde Differenziertheit der Argumentation, sondern selbst Argument. In dieser Konstellation bringt sich das Mißvergnügen kulturkritischen Denkens an gelungener Naturbeherrschung zum Ausdruck. Die Diskriminierung der Fortschritte der medizinischen Wissenschaften als Zeichen der Todesverdrängung dient der Verherrlichung menschlicher Gebrechlichkeit: »Man ergibt sich der Illusion, als könnte man gegen den Tod einen hygienisch und technisch geführten Guerillakrieg führen und ihn in kleinen Gefechten da und dort hinausdrängen, un-

1965, S. 4. Vgl. *Robert Fulton* und *Gilbert Geis:* »Death and Social Values«, in: Death and Identity, a. a. O., S. 68 f.

7 *Geoffrey Gorer:* »Die Pornographie des Todes«, Der Monat 8 (Mai 1956), S. 58–62, und *Charles W. Wahl:* »The Fear of Death«, in: Death and Identity, a. a. O., S. 56–66. Vgl. auch *Paul Schütz*, a. a. O.

8 *Geoffrey Gorer:* »Die Pornographie des Todes«, a. a. O., S. 62.

wichtig und unbedeutend machen, bis einmal von einer imaginären Zukunftsmenschheit die große Schlacht geschlagen werden kann ...«[9]

Endlich wird die Todesverdrängung in den Kern der modernen Gesellschaft selbst verlegt, – sie sei ihr Wesen. Dabei ist nicht gedacht an das auf der Hand liegende Verhältnis, daß jede Gesellschaft in ihren für sie spezifischen Wegen und Abläufen zur Lebenserhaltung der Menschen dient, wie indirekt auch immer Schutz gegen das Sterben bietet. Sondern hier wird behauptet, hinter der erfolgreichen Fassade der entfalteten Industriegesellschaft stehe die Repression der Todesangst, das Wesen der modernen Zivilisation sei die Bagatellisierung des Todes. Als Grund für eine solche Konstellation verweist Gürster auf jenen historischen Prozeß, der in der Soziologie gemeinhin als eines der Hauptkennzeichen moderner Gesellschaft gilt: »... der nunmehr seit 200 Jahren unternommene Versuch des Menschen, die Erdregierung bewußt in die Hand zu bekommen und der nur sich allein verantwortliche Regent der Wirklichkeit zu werden«. Die Konstanz des Todes relativiert Fortschritt: daß die Menschen sterben müssen, wird als Zeichen dafür genommen, daß die Menschen nie autonome Regenten der Wirklichkeit sein werden. »Jeder Todesfall offenbart die menschliche Ohnmacht. Blickt man auf unsere Todesverfallenheit, so könnte es in melancholischen Momenten aussehen, als sei gar nichts geschehen, als sei gar nichts erreicht worden, nachdem der Tod doch für uns Zeitgenossen der technischen Zivilisation genauso vorhanden ist als Drohung, als mahnende Erinnerung an unsere Vergänglichkeit wie für den vorgeschichtlichen Höhlenmenschen ...«[10]

Todesangst, so unterstellt Gürster der neueren Psychologie,

9 *Eugen Gürster:* Tabus unserer Zeit. Rundfunkvorträge, München 1964, S. 103.

10 *Eugen Gürster*, a. a. O., S. 94f. Vgl. hierzu auch *Thomas Regau:* Menschen nach Maß. Werkstoff Mensch im Griff einer seelenlosen Wissenschaft, München und Esslingen 1965, S. 154.

gelte ihr als pathologisch und zugleich durch Therapie revidierbar. Dagegen fordert er die Erhaltung der Todesangst, um Individualität zu retten: »Wer den Menschen den Todesschauer nehmen will, der muß eine verminderte Spezies Mensch wollen, für die es überhaupt nur noch soziale Beziehungen und gesellschaftliche Verpflichtungen und Bindungen gibt – der muß in der letzten Konsequenz auch die Vernichtung der Person wollen ...«[11] Noch einmal ruft Gürster nach dem Tode als Garanten gegen Vergesellschaftung, als Mittel gegen den Verlust von Individualität im Topos der Einsamkeit des je einzelnen Todes: »Auch in einer durchverwalteten Welt stirbt man noch allein. Daran kann kein Diktator etwas ändern, das kann durch kein als Totaldeutung des Daseins auftretendes System wegdisputiert werden.«[12]

Im letzten Zitat deutet sich eine eigenartige Beziehung zwischen Tod und Gesellschaft an. Der Tod vernichtet nicht nur die Individuen, sondern befreit sie auch aus dem Geflecht sozialer Zwänge, indem er sie daraus entläßt. Insofern relativiert er die Verfügungsgewalt von Diktatoren, verwalteter Welt, radikaler sozialer Immanenz. Das Ende der Individuen stellt sich dar als zugleich das Ende der gesellschaftlichen Mächte über die Individuen. Zwei Soziologen haben dieses Motiv aufgegriffen, beiläufig nur Eugen Rosenstock-Huessy, ins Grundsätzliche gewendet Christian von Ferber.

Für E. Rosenstock-Huessy ist der Tod Garantie dafür, daß die Gesetze der Vergesellschaftung nicht ewig gelten, die Individuen nicht ewig reglementiert werden, Garantie für Befreiung: »Unser ausgebildetes Wesen mit allen seinen Anlagen und Gewohnheiten, seinen Verhaltensweisen und Gepflogenheiten trägt unser Diesseits. Und solange wir also leben, sind wir in den Schachbrettfeldern des Diesseits beheimatet. Aber das, was die Volkszählung von unserem bürgerlichen Dasein

11 *Eugen Gürster*, a. a. O., S. 101. Dieser Gedanke von der Todesangst als Garant von Individualität ist in verschiedenen Ausprägungen recht häufig in den hier in Rede stehenden Publikationen anzutreffen.

12 *Eugen Gürster*, a. a. O., S. 78.

statistisch verzeichnet, ist ja nun immer nur die halbe Wahrheit, über die wir uns mehr oder weniger selbstbewußt mokieren oder hinwegzusetzen trachten. Die andere Wahrheit ist immer die, daß alle diese Diesseitsregulativa der Konventionen und Titel und Würden durch unseren Tod zersprengt werden. In diesem haben wir eine letzte Freistatt, die jeden Augenblick des Daseins relativiert. Der Mensch weiß vorher von seinem Tode, und diese einzigartige, keinem Wesen sonst verliehene Kunde ist der Kern seines Selbstbewußtseins.«[13]

Auch Christian von Ferber unternimmt es, wenn auch wesentlich differenzierter als Rosenstock-Huessy, dem Tod befreiende Macht zuzuschreiben. Er entfaltet seine »Soziologischen Aspekte des Todes« im Abglanz revolutionärer Theorie, ist deutlich der gesellschaftskritischen Tradition, zugleich aber auch philosophischer Anthropologie verpflichtet. Die Wendung gegen die Ohnmacht der Individuen und die Allgeltung der Normen aber erwartet er nicht primär von gesellschaftsverändernder Aktion der Beherrschten, von Revolution, sondern von der Erinnerung an den Tod. Diese Erinnerung, die sich gegen die heute bestehende Verdrängung und Privatisierung der Todeserfahrung durchsetzen soll, könnte am Ende selbst revolutionäre Bewegung induzieren. Er verlangt ein ». . . memento mori, an dem die kreatürliche Angst vor dem Sterben in eine kollektive Bewegung umschlagen und der radikalen Diesseitigkeit unserer Existenz ihre Selbstverständlichkeit nehmen könnte«.[14]

Diese Hoffnung auf eine politisch-befreiende Wirkung des

13 *Eugen Rosenstock-Huessy:* Soziologie. Bd. I: Die Übermacht der Räume, Stuttgart 1956, S. 215. Vgl. dazu auch *Peter F. Drucker* in seiner teilweise soziologisch relevanten Interpretation der Philosophie Kierkegaards: »Und solange es den Tod gibt, so lange bleibt der einzelne mit einem Pol seiner Existenz außerhalb der Gesellschaft und außerhalb der Zeit.« – »Der unzeitgemäße Kierkegaard«, in *Peter F. Drucker:* Gedanken für die Zukunft, Düsseldorf 1959, S. 216.

14 *Christian von Ferber:* »Soziologische Aspekte des Todes. Ein Versuch über einige Beziehungen der Soziologie zur Philosophischen Anthropologie«, Zeitschrift für evangelische Ethik 7 (1963), S. 358.

memento mori ist nicht ohne Vorgeschichte. Nach einer scharfen Kritik an der Restauration äußert Ludwig Feuerbach die Gewißheit, daß die Versteinerungen der Gegenwart sich lösen werden, daß die Revolution nicht vergebens war, und fährt dann fort: »Soll nämlich und wird auch wirklich ein neuer Geist, ein neues Wesen in die nur von Leere und Eitelkeit volle Brust der gegenwärtigen Menschheit wieder einkehren, so ist es wohl vor Allem Bedürfniß, daß der Mensch ... an seine wahrhafte und vollständige Vergänglichkeit und Sterblichkeit sich erinnere ...«[15]

Durch einen historischen Abriß sucht von Ferber seine Argumentation zu stützen. Die Minderachtung des Todes zu Beginn der bürgerlichen Gesellschaft habe damals die Durchsetzung bürgerlicher Lebensprinzipien ermöglicht, »das Wagnis sozialer Innovation« erleichtert. Die Bourgeoisie habe sich zu Beginn ihres Aufstiegs in gesellschaftlichen Situationen befunden, die ihr gefährlich genug schienen, so daß sich ihr die Todesproblematik nicht deutlich gestellt habe. »Antikapitalistische Gegenbewegungen, die Klassenspannung zu Feudaladel und Proletariat trugen das Ihre dazu bei, die Selbstgewißheit einer bürgerlichen Daseinsführung zu erschüttern, die daher keiner weiteren Infragestellung a tergo bedurfte, um zu sich selbst Abstand zu gewinnen.«[16]

Entscheidend ist nun, wie von Ferber die Position des Todes für die moderne Gesellschaft charakterisiert, in welcher Weise er die heute zu konstatierende Abschattung des Todes von der zu Anfang der bürgerlichen Gesellschaft absetzt: heute habe die Verdrängung des Todes nicht mehr die Funktion der Erleichterung gesellschaftlichen Wandels, sondern ganz im Gegenteil die der Erleichterung der Aufrechterhaltung bestehender Herrschaftsstrukturen. »Im Zeitalter bürgerlichen oder proletarischen Fortschrittsdenkens eine Waffe zur Durchset-

15 *Ludwig Feuerbach:* Gedanken über Tod und Unsterblichkeit, in: Jugendschriften von Ludwig Feuerbach, hgg. von Hans-Martin Sass, Stuttgart und Bad Cannstatt 1962, S. 90.

16 *Christian von Ferber,* a. a. O., S. 347 f.

zung gesellschaftlicher Innovation, ein Instrument, um die diesseitige Schöpfermacht des Menschen nachdrücklich zu demonstrieren, wandelt sich die öffentliche Verleugnung des Todes in der entfalteten Industriegesellschaft zu einem Mittel der Entlastung ab, erleichtert sie die Befolgung sozialer Verhaltensvorschriften. Die Privatisierung des Todes ordnet sich den Anstrengungen ein, die Funktionsfähigkeit gesellschaftlicher Kooperation zu erhöhen, unvorhersehbare Entscheidungen auszuschalten, insoweit sie den ›reibungslosen‹ Ablauf gesellschaftlichen Funktionierens in Frage stellen. Der Zug zur Entproblematisierung um der Effektivität des sozialen Reagierens willen gipfelt in der Ausschaltung der Todes- und Endlichkeitserfahrung des Handelns ...«[17]

Genauere Einsicht in diese These von Ferbers bietet sein allerdings hinter dem Terminus der industriellen Gesellschaft versteckter Herrschaftsbegriff. Dieser reflektiert wichtige soziale Wandlungen des letzten Jahrhunderts: die Integration des Proletariats mittels Sozialpolitik, das Übergreifen ehemals bürgerlich zu nennender Verhaltensnormen auf alle Schichten, die Beteiligung aller Schichten an Konsum und Kultur. Diesen Integrationsprozeß bringt er auf die Formel eines »Substitutionsprozesses, der physische Zwangsmittel gegen eine gesellschaftliche Normierung des Verhaltens austauscht«.[18] Die Entfaltung der industriellen Potenzen habe in ihrem Fortschritt die Durchsetzung von direkt am Arbeitsprozeß orientierten Normen mit sich gebracht, die sich nicht auf Zwang stützten, sondern auf die Vergabe von Freiheiten des Konsums insbesondere, die in ihrer auf alle Schichten sich ausbreitenden Geltung den Schein von Selbstverständlichkei-

17 *Christian von Ferber*, a. a. O., S. 351. Ein anderer Autor macht ebenfalls »eine fundamentale Wandlung im Erleben der zeitlichen Struktur des Daseins« verantwortlich für den Verlust des Todes »als verbindlichen Aspekt der eigenen Identität«, wendet sich im übrigen aber scharf gegen die These von der Verdrängung des Todes: *Alois Hahn:* Einstellungen zum Tod und ihre soziale Bedingtheit. Eine soziologische Untersuchung, Stuttgart 1968, S. 68.

18 *Christian von Ferber*, a. a. O., S. 349.

ten erlangt haben. Geht aber alles auf die »Sicherung der kooperativen Effizienz«[19] aus, gerät der Tod in den Verdacht des Störenfriedes oder des Defektes.
Gegen die expandierende Institutionalisierung industrieller Lebensformen, die auf eine totalitäre Gesellschaftsverfassung hin tendiere, ruft von Ferber nach einer gesellschaftlichen Materialisation des Todes, nach einem sozial wirksamen memento mori. Ihm nun schreibt er die Funktion zu, das Verhältnis von Individuum und Gesellschaft zu bestimmen. Da er gerade aus dieser Individuum und Gesellschaft betreffenden Funktion der Erinnerung an den Tod sowohl seine Forderung nach einem sozial akzeptierten memento mori wie auch die nach dem Tod als »Kardinalthema« in der Soziologie folgert, muß sie näher besehen werden: »Der Tod ist eine der naturgegebenen Bedingungen, die tief in die menschliche Existenz eingreifend ihre höchstpersönlichen Charaktere wie ihre gesellschaftliche Verfassung gleichzeitig zu ausgeprägter Erscheinung bringen. Das Verhältnis des einzelnen zum Tode ist sein unaussprechliches Geheimnis und zugleich ein gesellschaftlich vermitteltes Verhalten ... Der Tod zieht eine äußerste Grenze zwischen der Subjektivität des Ich und dem anderen, der Gesellschaft. Er bildet einen Fluchtpunkt der Privatheit, der Innerlichkeit; zugleich aber lenkt er gesellschaftliche Kräfte auf sich: Die Bewahrung des Lebens vor frühzeitigem Sterben, das sittliche Verhältnis zum Tode stellen sich nur in gemeinsamer, gesellschaftlicher Anstrengung her.«[20] Durch diese seine »polarisierende Kraft« vermag der Tod und die Erinnerung an ihn als Garantie von Freiheit zu wirken: insofern das memento mori zur Erfahrung von der Einheit des individuellen Lebens verhilft, relativiert es die Ansprüche der zum Totalitarismus tendierenden Gesellschaft, erhält die Spannung zwischen Individuum und Gesellschaft, vermag die Distanz zwischen sozialen Rollen und Rollenträger zu fixieren. »Die Anerkennung, daß der Zusammen-

19 *Christian von Ferber*, a. a. O., S. 351.
20 *Christian von Ferber*, a. a. O., S. 354 f.

hang des Hier und Jetzt mit dem Wegfall seiner biologischen Grundlagen nichtig wird, setzt zugleich die menschliche Freiheit gegenüber der normativen Kraft des Faktischen in ihre Rechte ein.«[21] Mit diesen Thesen will von Ferber die Fruchtbarkeit soziologischer Beschäftigung mit dem Tode auch und gerade für die Entwicklung soziologischer Theorie demonstrieren.

Gewiß erhebt sich der zuletzt und am ausführlichsten referierte Autor über die zuvor genannten Vertreter der Verdrängungsthese. Unüberhörbar unterscheidet sich das, was er von der möglichen Revision der modernen Todesverdrängung erwartet, von den Zielvorstellungen, von denen vorher gesprochen worden war: ihm geht es um Demokratie, um den Freiheitsspielraum der Einzelnen in der verwalteten Welt. Ebenso deutlich bleibt aber auch seine grundsätzliche Gemeinsamkeit mit den anderen Autoren: in der emphatischen Ablehnung der totalen Immanenz der Industriegesellschaft wird dem Tod ein Loblied gesungen, dem härtesten Feind; der Appell an das, was jedem bevorsteht, soll retten vor dem Geltungsanspruch der Normen. Wie dieser Appell, seine Durchsetzung und deren Wirkung sich zueinander verhalten, ist auch hier nicht recht zu sehen.

So darf die oben behauptete Gemeinsamkeit der von den verschiedenen Autoren vorgetragenen Verdrängungsthesen aufrechterhalten bleiben, mit allen notwendigen Einschränkungen für den zuletzt behandelten Autor. Der von der Kulturkritik behauptete Bruch zwischen den Menschen und ihrer Kultur soll mittels der Erinnerung an die Vergänglichkeit geschlossen werden, im Kampf der Menschen gegen die Verselbständigung der Kultur wird ihnen der Tod als Waffe dienen und ihnen wieder zu Autonomie verhelfen. Die Einsetzung des Todes als Waffe gegen Charakteristika der modernen Industriegesellschaft, gar gegen die Verfassung dieser Gesellschaft als ganzer, verlangt aber eine bedeutsame Vorbedingung: eine solche Konstellation ist möglich nur dann,

21 *Christian von Ferber*, a. a. O., S. 359.

wenn der Tod als eine Macht gilt, die dieser Industriegesellschaft selbst nicht angehört. Nur wenn er ihr selbst nicht verfallen ist, als unabhängige Variable konzipiert ist, kann ihm eine solche Rolle zugeschrieben werden. Wäre er selbst verflochten und vermittelt in welcher Weise auch immer mit der Totalität des sozialen Zusammenhangs, wie wäre seine salvierende Funktion denkbar? Nur als Fixpunkt ist der Tod Angelpunkt. So handelt denn auch der übliche Jargon der Kulturkritik vom Tode »als letzte konstante Größe einer sich ständig verändernden Welt«.[22] Verdrängung könne ihm nichts anhaben, seine Substanz habe den Charakter der Unwandelbarkeit: »Der Tod läßt sich nicht verdrängen, auch wenn wir ihn nicht sein Werk vollziehen sehen, sondern nur noch vor seine vollendete Tat gestellt werden ... Er ist in seinem Wesen der alte und immer gleiche ...«[23] Daß er sich der menschlichen Verfügbarkeit entzieht, daß er durch alle Erfolge der Medizin und Sozialpolitik hinausgeschoben, nicht aber verhindert werden kann, verleiht ihm diesen Charakter der Unwandelbarkeit. Sich auf ewig der Naturbeherrschung widersetzend, wird er zum Kern und entscheidenden Widerstandszentrum von Natur.

Die Argumentationsstruktur der These, daß der Tod in der modernen Gesellschaft verdrängt sei, ist in ihren Momenten deutlich geworden. Sie lassen sich folgendermaßen kurz zusammenfassen: der Tod gilt als Konstante, der Geschichte und Gesellschaft nichts anhaben können. Heute aber sind die Individuen verblendet oder durch soziale Normen angehalten, diese immer gleichbleibende Bedeutung des Todes zu leugnen und zu verdrängen. Das gerät ihnen zum Nachteil, weil sie dadurch den Zwängen der Gesellschaft allzu stark ausgeliefert sind. Die Individuen gewinnen Distanz gegenüber den sozialen Ansprüchen und Zugriffen, indem sie sich erinnern, daß jedem die gleiche Vernichtung bevorsteht.

22 *Helmut Greulich*, a. a. O., S. 1.

23 *Paul Gerhardt*, a. a. O., S. 319. Vgl. auch *Christian von Ferber*, a. a. O., S. 356.

Zur Erfüllung der beiden Absichten dieser Arbeit, der kritischen Auflösung der Verdrängungsthese als Diagnose und der Ablösung des Themas von konservativer Kulturkritik, wird sich unser Interesse primär auf den Bereich der sozio-kulturellen Orientierungen richten. Sozio-kulturelle Orientierungen über den Tod oder Todesbilder sind all das, was unter dem Tod verstanden wird, wie er heißt und aussieht, was er bringt und wohin er bringt. Die Inhalte solcher Orientierungen variieren beträchtlich, nicht nur zwischen verschiedenen Gesellschaften, sondern auch und gerade innerhalb einer Gesellschaft, auch und gerade innerhalb der modernen Industriegesellschaft. Vom Tode wird hier also immer in Gestalt sozialer Definitionen des Todes die Rede sein; insofern kann nicht von vornherein ein Todesbegriff angeboten werden, der etwa genau zwischen Sterben, Todesmoment und Leben nach dem Tode trennte und nur einen dieser Schritte beinhaltete. Mord und Selbstmord haben inzwischen als wissenschaftliche Themen hohe Grade an Eigenständigkeit erreicht. Sie werden aus unseren Erwägungen nach Möglichkeit ausgespart, sind auf dem Wege über die sozialen Definitionen des Todes hin und wieder aber relevant.

Der Begriff der Verdrängung des Todes deutet an, daß in diesem Bereich der sozio-kulturellen Orientierungen Widersprüche vorliegen: die Menschen sprechen vom Tode anders, als sie von ihm wissen oder wissen könnten. Mit dem Unglauben an die Irreversibilität des Todes schieben sie die Kenntnis von seiner Macht in den Hintergrund. Solche Widersprüche lassen sich leicht auffinden und beschreiben. Statt sie aber mit dem Terminus der Verdrängung zu belegen, wollen wir ihnen genauer nachgehen und den Versuch unternehmen, sie aus einem Modell historisch fortschreitenden Wissens zu erklären. Die Todesbilder, die den Tod als Ende leugnen oder in anderer Weise entwerten, sollen hier interpretiert werden als Relikte aus Orientierungssystemen vergangener Gesellschaftsformen, als archaische Bilder. Diejenigen dagegen, die den Tod als Endpunkt des Lebens realistisch beschreiben

und dem modernen Stand der Naturerkenntnis angemessen sind, werden als mit der modernen Gesellschaft entstanden interpretiert werden. Dann stellt sich die Frage, weshalb Orientierungen aus vergangenen Gesellschaftsformationen heute noch gelten.
Bei der Untersuchung dieses Gegensatzes von magisch-archaischen und modern-rationalen Todesbildern wird ein bestimmtes Todesbild besondere Bedeutung erhalten: der Begriff des natürlichen Todes. Die zentrale Stellung dieses Begriffes für Darstellung und Argumentation hat zwei Gründe: zum einen stellt dieser Begriff inhaltlich die Gegenposition zu magisch-archaischen Bildern dar; zum andern ist dieses Todesbild nicht nur Orientierung. Es trägt unter bestimmten Umständen in sich eine gesellschaftskritische Potenz und wirkt, als Ziel akzeptiert, für die ganze Gesellschaft oder bestimmte Subsysteme normativ.
Durch diese Bemerkungen ist der Gang der Argumentation schon vorgezeichnet: Das Feld der Bilder und Vorstellungen vom Tode wird bei jedem Schritt im Mittelpunkt stehen. Zur Klärung der Genese und der Geltung der Todesbilder wie auch ihrer Widersprüche werden von hier aus dauernd Beziehungen zu den sozialen Institutionen und Kräften hergestellt werden. Im einzelnen wird dabei der Begriff des natürlichen Todes, dessen Prominenz schon angedeutet wurde, als Maßstab dienen. Wir setzen ihn als angenommenen Zielzustand des Systems der sozio-kulturellen Orientierungen über den Tod und untersuchen dann die Möglichkeiten zur Erreichung dieses Zielzustandes. In der Behandlung wichtiger Charakteristika der modernen Gesellschaft sollen jene sozialen Faktoren aufgesucht werden, die die Erfüllung dieses hypothetischen Zielzustandes – allgemeine Geltung des Bildes vom natürlichen Tod – eher ermöglichen oder eher verhindern.
Vorausgesetzt ist in einem solchen Verfahren, daß die soziokulturellen Orientierungen über den Tod der Gesellschaft gegenüber eine abhängige Variable darstellen. Sie reflektieren, so dürfen wir mit großer Plausibilität annehmen, typische

Formen des Sterbens, die ihrerseits teilweise von den Formen sozialer Beeinflussung des Todes abhängig sind. Das soziale System beeinflußt den Tod nach Art und Zeitpunkt in doppelter Weise: durch Naturbeherrschung und durch Gewalt. Mittels Arbeit und gesellschaftlicher Praxis haben die Menschen im Verlaufe der Geschichte die Grenze zwischen Natur und Gesellschaft dauernd verschoben, und zwar zugunsten des Bereichs Gesellschaft. Mehr und mehr Natur wurde der gesellschaftlichen Reproduktion dienstbar gemacht, zumindest als Störfaktor ausgeschaltet. Der fortschreitende Prozeß gesellschaftlicher Aneignung der Naturgesetze modifiziert immer größere Bestände an Natur für die Zwecke der Lebensreproduktion, vergesellschaftet sie. Naturbeherrschung, insbesondere Medizin, dient so der Lebenserhaltung und Lebensverlängerung.

Dazu im Gegensatz ist eine zweite Seite des Verhältnisses von Natur und Gesellschaft zu beschreiben. Gesellschaft greift nicht nur in Naturgesetze ein zum Zwecke der Lebensreproduktion, sondern bemächtigt sich des Todes auch dadurch, daß sie ihn vollzieht, daß sie selber tötet. Tödliche Gewalt gehörte bisher zum Instrumentarium jedes sozialen Systems. Durch sie greift Gesellschaft der natürlichen Gesetzlichkeit des Sterbens vor. Todesstrafe, Krieg, die Tötung von Kindern und Alten und viele andere soziale Einrichtungen lassen sich unter diesem Gesichtspunkt zusammenfassen.

Beide Seiten des Verhältnisses von Natur und Gesellschaft bedingen Art und Zeitpunkt des Sterbens mit. Auf beide Seiten dieses Verhältnisses muß daher bei einer Untersuchung der Widersprüche im Bereich der Vorstellungen vom Tode rekurriert werden. Es darf vermutet werden, daß umgekehrt die Todesbilder ihrerseits in bestimmten Perspektiven als Orientierungen von Einfluß sind auf das Sterben. Darüber hinaus sind sie von Einfluß auf das soziale Leben, soweit sie als Normen wirken.

Der Gang von Darstellung und Argumentation ist folgender: In einem ethnologischen und historischen Abriß (Kapitel II »Archaik und Rationalität«) wird aus der Kontrastierung von Todesbildern in primitiver und moderner Gesellschaft der Gegensatz von magisch und von rational konzipierten Orientierungen deutlich. Auf diese Weise werden für die Beschreibung und Untersuchung der Widersprüche im Bereich heutiger Todesbilder (Kapitel III »Heutige Todesbilder«) inhaltliche Kriterien vorgegeben. Aufgrund dessen werden diese Widersprüche nicht, wie sonst üblich, unterm Aspekt der Todesverdrängung interpretiert, sondern unterm Aspekt eines historisch zunehmenden Wissens von dem, was Tod ist. Das, was sonst Verdrängung des Todes heißt, wird dann als mangelnde Durchsetzung rationaler Orientierungen gefaßt werden können. Der, wie wir glauben, modernste Todesbegriff, der vom natürlichen Tod als friedlichem Verlöschen, wird dabei dauernd mit älteren, magisch-religiösen Vorstellungsmustern konfrontiert werden. In diesem Zusammenhang muß die Frage geklärt werden, wie Todesbilder im Prozeß der Sozialisation weitergegeben werden (III c. »Kind, Sterblichkeitswissen, Todesangst«).
Der folgende Teil der Arbeit (Kapitel IV »Bestattung und Trauer«) handelt von jenen Institutionen und Handlungsbereichen, die sich direkt an einen Todesfall knüpfen. Diese Bereiche, Bestattung, Friedhof, Trauer, werden daraufhin untersucht, ob in ihnen eher archaische oder eher rationale Todesbilder verfestigt sind. Die Frage, warum hier nahezu ausschließlich magisch-archaische Orientierungen zugrunde liegen, wird vorläufig geklärt. Im Kapitel V (»Naturbeherrschung und Gewalt«) werden die oben benannten beiden Seiten des Verhältnisses von Natur und Gesellschaft und die Institutionen, die für sie vor allem relevant sind, zum Fokus der Diskussion. Im Abschnitt »Medizin und Altersgarantie« (V a.) wird danach gefragt, ob und wieweit der moderne Begriff vom Tode seiner normativen Tendenz entsprechend die Verfassung der Gesellschaft, insbesondere bestimmter Sub-

systeme bestimmt. Im Abschnitt »Herrschaft und Gewalt« (Vb.) werden die Formen der sozialen Gewalt als die die Durchsetzung des natürlichen Todes zu allgemeiner Geltung hemmenden Faktoren bedacht, Todesbilder selbst als Instrumente der sozialen Kontrolle beschrieben.
Die Faktoren, die fürs Überleben von Orientierungen aus vergangenen Gesellschaftsformationen verantwortlich erscheinen, werden in der Zusammenfassung (VI) noch einmal benannt, die von den Widersprüchen im Feld der Todesbilder ausgehende Reflexion richtet sich noch einmal auf die Absichten dieser Arbeit: die kritisch-differenzierende Auflösung der These von der Todesverdrängung in der modernen Gesellschaft und die Herauslösung des Themas aus den Zusammenhängen der Kulturkritik.

II. Archaik und Rationalität

a. Tod bei den Primitiven

Die Vorstellungen in der modernen Gesellschaft, die sich auf den Tod beziehen, sind durchaus widersprüchlich. Zum überwiegenden Teil können sie ihre archaische Herkunft nicht verleugnen. Insofern wird ein Exkurs zu den primitiven Vorstellungen nützlich sein, dies um so mehr, als er Anhaltspunkte vorgeben könnte für die Einschätzung der heutigen Orientierungen unter dem Gegensatz von Archaik und Rationalität.
Mehrere Schwierigkeiten aber werden einen solchen Exkurs begleiten. Einmal wird man sich hüten müssen, die zeitgenössischen primitiven Gesellschaften als Stadien der Entwicklung zu identifizieren, die auch unser fortgeschrittener Zusammenhang einmal durchlaufen hat. Diese zeitgenössischen primitiven Gesellschaften sind, darauf verweist Wolfgang Schoene nachdrücklich, zeitgenössisch auch insofern, als sie der Zeit nach genausoviel Geschichte durchlebt haben wie unsere Gesellschaften, als sie nicht einfach als erstarrte Frühformen unserer Entwicklung genommen und eingesetzt werden können. Die vorgefundene Realität primitiver Gesellschaften repräsentiert in jedem Falle das neueste Stadium ihrer Geschichte. Ein Verfahren, das diese Gesellschaften, ihre Inhalte und Formen als Beleg für Frühformen unserer eigenen Gesellschaft nehmen will, wird also sehr vorsichtig vorzugehen haben. Allerhöchstens auf dem Wege des Analogieschlusses können wir von den zeitgenössischen primitiven Gesellschaften Aussagen über Stadien der Entwicklung unserer eigenen Gesellschaft machen.[1] Trotz aller Einschränkun-

1 Vgl. dazu *Wolfgang Schoene:* »Zur Frühgeschichte der Angst. Angst und Politik in nicht durchrationalisierten Gesellschaften«; in: Die politische und gesellschaftliche Rolle der Angst, hgg. von Heinz Wiesbrock, Frankfurt a. M. 1967, S. 114f.

gen wird sich aber ein solcher Analogieschluß gerade für die hier in Rede stehenden Probleme als sehr fruchtbar erweisen.

Eine zweite Schwierigkeit offenbart sich in der hier notwendig werdenden Vernachlässigung der Mannigfaltigkeit primitiver Gesellschaften. Die Rede von den »primitiven Gesellschaften« abstrahiert ja keineswegs nur in den Augen des Ethnologen und Kulturanthropologen ungerechtfertigt vom Pluralismus dieser Formationen. Dennoch mag es hier im Interesse der Kürze und der Geschlossenheit der Darstellung gewährt sein, unter der Voraussetzung sehr allgemeiner Kategorien von den primitiven Gesellschaften zu handeln und ihre Bilder vom Tode grob zu bestimmen.

Eine dritte Schwierigkeit könnte sich als Vorteil für diese Arbeit herausstellen. In der Behandlung der Vorstellungen der Primitiven vom Tode rekurrieren die hier herangezogenen Autoren implizit immer wieder auf die modernen Todesbilder, scheint gar die Darstellung des primitiven Todesbildes möglich nur in der Abhebung von modernen Vorstellungen. Darin reflektiert sich die gesellschaftliche Bedingtheit des Denkens, die Unmöglichkeit, die Inhalte fernstehender Kulturen direkt und allein ihrer eigenen Bedeutung gemäß zu rezipieren und darzustellen. Lucien Lévy-Bruhl hat der klassischen englischen Anthropologie solche Verzerrung der Forschung durch die implizit eingesetzten Topoi der eigenen viktorianischen Kultur vorgeworfen, ist aber am Ende in der Konstruktion des »prälogischen Denkens« ebenfalls in eine Kategorisierung der primitiven Welt verfallen, die gleicherweise negativ aus modernen Zuständen sich bestimmt. Diese Defizienz – in den Augen des Wissenschaftstheoretikers – des zum Thema vorliegenden Materials kann zu einem Vorteil werden gerade insofern, als die Darstellung primitiver Todesbilder in sich bereits das mit angibt, was sie von modernen Vorstellungen unterscheidet. Der Übergang der Deskription und Argumentation zum nächsten Abschnitt über die Genese des modernen Todesbildes, des natürlichen Todes, wird so dieser

Genese eher gerecht werden können, als wenn es um blanke Konfrontation gegangen wäre.
In kurzen Zügen also sollen einige der Momente geschildert werden, in denen Ethnologie, Kulturanthropologie, Religionswissenschaft, Rechtsgeschichte und verwandte Disziplinen zu unserem Thema beigetragen haben. Die Kontroversen innerhalb dieser Wissenschaften, insbesondere die, die das Werk Lévy-Bruhls betreffen und die auf den Komplex Animismus sich beziehen, müssen dabei übergangen werden. Auf keinen Fall wird dieser Vortrag am Ende über *die* primitiven Gesellschaften genaueres ausmachen können, ebensowenig über eine bestimmte. Die Absicht ist allein, Orientierungen und deren Beziehungen zu sozialen Einrichtungen zusammenzutragen zu einem abstrakten Orientierungstyp, der als Behelf die Genese moderner Todesbilder unter der Polarität von Archaik und Rationalität darstellen läßt.
Das Verhalten der Primitiven bei einem Todesfall – es sei denn der Tod eines unterprivilegierten Gesellschaftsmitgliedes oder eines Fremden – zeigt äußerste Beunruhigung und Verstörtheit. Die Einheit der Gruppe, ihr Fortbestand scheinen in Frage gestellt, insbesondere natürlich, wenn ein Führer gestorben ist. Die Kohäsion der Gruppe ist in einem bestimmten Punkte gebrochen, die Interaktionsmuster sind in Unordnung geraten. Lévy-Bruhl schreibt: »Wenn das Oberhaupt der Familie oder ein anderes ihrer wichtigen Mitglieder stirbt, so beginnt gleichzeitig auch die Gruppe in einem gewissen Sinne zu sterben ... Der Todesfall hat ihr einen Teil ihrer Substanz geraubt.«[2] Dies steht deutlich damit im Zusammenhang, daß die naturwüchsige Gruppe nicht ein Aggregat von Individuen ist, sondern ihre Mitglieder auf direktere Weise in sich faßt, als dies möglich ist, seit es die in der modernen Gesellschaft auf dem Markte frei agierenden Individuen gibt. Der Tod treffe, so fährt Lévy-Bruhl an dieser Stelle fort,

2 *Lucien Lévy-Bruhl:* Die Seele der Primitiven, Düsseldorf und Köln 1956, S. 234 f.

nicht nur oder primär den Einzelmenschen, sondern in diesem die Gruppe.

In ein noch schärferes Licht stellt Malinowski die Bedeutung eines Todesfalles für den Zusammenhalt einer primitiven Gruppe: der Verlust eines Mitgliedes in einer zahlenmäßig kleinen Gemeinschaft, gar eines bedeutenden Mitgliedes, verletze die Gruppe schwer und gefährde in der Freisetzung von Todesangst und Abwehrinstinkt – die bei Malinowski wohlgemerkt beide als instinktiv und natürlich auftreten – ihre moralischen und materiellen Fundamente. Durch die mannigfaltigen Vergesellschaftungsversuche, die Versuche, aus dem natürlichen Ereignis ein soziales zu machen – Trauer, Begräbnis, Religion –, Versuche, die für Malinowski im Grunde überall auf der Welt ähnlich sind, wird die Kohäsion und Solidarität der Gruppe gerettet. Durch soziale Ablenkung der zerstörerischen Impulse, die bei einem Todesfall aufzutreten pflegen, wird das geordnete Leben der Gemeinschaft aufrechterhalten, werden Kontinuität der Tradition und Bestand der materiellen Zivilisation gesichert.[3]

Gewiß wird man Malinowski in der Schilderung der ungeheuren Beunruhigung primitiver Sozietäten durch einen Todesfall folgen können. Einsichtig ist auch die bei Lévy-Bruhl implizierte Verknüpfung der Geschichte sozialer Todeserfahrung mit der Geschichte der Emanzipation der Einzelnen aus Stamm und Gens. Auch von einer Reihe anderer Autoren wird ein entsprechender Zusammenhang behauptet. Der historisch zunehmende Prozeß der Individualisierung lasse sich ablesen am zunehmenden Wissen vom Tode, der Individualität vernichtet. Todesangst wird zum Symptom der Stabilisierung dessen, was sich fürchtet. »... je mehr sich ein individu-

3 *Bronislaw Malinowski:* Magic, Science and Religion and Other Essays, Boston und Glencoe/Ill. 1948, besonders Abschnitt 4: »Death and the Reintegration of the Group«. – Auch David G. Mandelbaum interpretiert die Bestattungsriten als Mittel zur Wiederherstellung der Gruppensolidarität. Vgl. *David G. Mandelbaum:* »Social Uses of Funeral Rites«, in: Death and Identity, a. a. O., S. 359.

elles Lebensgefühl des Menschen herausbildet«, so schreibt Paul Ludwig Landsberg, »desto mehr wird er seiner notwendigen Sterblichkeit inne. Die Stärke dieser Sterblichkeitserfahrung bei einem Menschen ist der Stufe seiner Individualisiertheit proportional.«[4] Ebenfalls in solch historischen Perspektiven ist Edgar Morin zu verstehen: »La mort humaine est un acquis de l'individu.«[5] Individualisierungsgrad und Todeserfahrung sind Korrelate allerdings nur insofern, als die individuelle Todesfurcht in Rede steht. Gerade weil die Einzelnen in der naturwüchsigen Gesellschaft keine Individuen im geschichtlichen Sinne des Begriffs Individuum sind und aller Vermutung nach geringere Todesfurcht haben, ist die Todesfurcht nicht zu unterschätzen: der Todesfall trifft nicht allein den einzelnen, sondern stellt immer die Kohäsion der Gruppe in Frage. Der Begriff der Todesfurcht deckt also durchaus zu unterscheidende Beziehungen.

Die Hypostasierung von natürlich und ursprünglich wirkenden Impulsen der Todesangst und des Abwehrinstinktes durch Malinowski wird aber für eine soziologische Perspektive als unzureichend zurückgewiesen werden müssen. Gesellschaft als Instrument der Triebunterdrückung und -ablenkung zu verstehen, ist in den letzten Jahrzehnten zunehmend abgelehnt worden. Auf direktere Weise scheint der Todesfall in der primitiven Gruppe mit der nachfolgenden Beunruhigung verknüpft[6]: daß diese Beunruhigung im allgemeinen ausbleibt

4 *Paul L. Landsberg:* Einführung in die philosophische Anthropologie, Frankfurt a. M., 2. Aufl., 1960, S. 54.

5 *Edgar Morin:* L'Homme et la Mort dans l'Histoire, Paris 1951, S. 51. – Vgl. hierzu auch Erich Fromm: »Für jene, bei denen der Prozeß der Individuation noch nicht weit gediehen war, bedeutete das Ende individuellen Seins noch kaum ein Problem; denn das Erlebnis des Daseins als etwas Individuellem war noch nicht recht entwickelt, das Sterben, das Totsein noch nicht als ein vom Leben tief Abgetrenntes, als tragischer Lebensaugenblick empfunden.« – *Erich Fromm*, a. a. O., S. 238. – Vgl. hierzu weiter *Paul L. Landsberg:* Die Erfahrung des Todes, Luzern 1937, S. 15, sowie *Georg Simmel:* Lebensanschauung. Vier metaphysische Kapitel, München und Leipzig 1918, S. 130, und *Helmut Thielicke*, a. a. O., S. 39 ff.

6 Zum Folgenden vgl. besonders *Robert Hertz:* »Contribution à une

beim Todesfall von Kindern, auch von Frauen, Sklaven oder Inhabern ähnlicher Positionen, weist deutlich darauf hin, daß die Gruppe durch einen Todesfall eines Vollmitgliedes betroffen ist in ihrer Macht und Verfügungsgewalt darüber, wer ihr zugehört, wem die Initiationsriten zuteil werden sollen, kurzerhand, wer »eine Rolle spielen« soll. Der Tod eines Gruppenfremden bleibt nahezu unbeachtet, er betrifft diese Konstitutionsgewalt der Gruppe nicht, stellt sie nicht auf so entscheidende Weise in Frage wie der Tod eines Gruppenangehörigen, der sein soziales Leben den Zuschreibungsriten verdankt. Kinder sind noch keine rechten Mitglieder der Gruppe, sie haben die rituelle Macht der Gruppe in der Kooptation noch nicht erfahren. Ihr Tod bleibt meist ebenfalls nahezu unbeachtet und ist ohne jede rituelle Folgen. Die allenthalben beobachtete Beunruhigung der primitiven Gruppe beim Todesfall eines ihrer Vollmitglieder, die Erschütterung der normativen Integration wird also zurückgehen auf die Infragestellung der Macht der Gruppe, ihren Mitgliedern soziales Leben zu verleihen. Nach jedem Tode muß sich die Gruppe in den Totenriten erneut des sozialen Charakters des Lebens versichern, ihre Solidarität neu konstituieren.

Daher, so folgert R. Hertz in diesem Zusammenhang, wird der Tod bei den Primitiven nirgendwo als ein natürliches Ereignis angesehen.[7] Was die soziale Macht der Einweihung und Kooptation verliehen hat, kann nur eine Macht nehmen, die ihr entspricht: der Tod, und das wäre ein zweites Moment primitiver Todesvorstellungen, ist immer ein sozialer Akt, ist niemals ein natürliches Ereignis. Dies geht mit gewisser Einhelligkeit durch die vorliegende Literatur, bleibt aber nicht ohne Einschränkungen und Repliken. Lévy-Bruhl führt diese Feststellung in aller Breite aus: »... daß der Tod nie natürlichen Ursachen entspringt, weil er immer gewalt-

étude sur la représentation collective de la mort«, L'Année sociologique 10 (1905/06), S. 121 ff.

7 *Robert Hertz*, a. a. O., S. 123.

sam, mit anderen Worten, weil er immer Mord oder Totschlag ist, der von einer bestimmten Person gewollt, vorbedacht und mittels magischer Gebräuche ausgeführt wird. Daher die entsetzlichen, besonders in Afrika so häufigen Prozesse wegen Hexerei ...« [8] In solcher Allgemeinheit allerdings scheint dies nicht zu gelten: zwar sprechen andere Autoren vom gleichen Phänomen, davon, daß der Todesfall bei den Primitiven als nicht aus natürlichen Ursachen kommend angesehen wird, beschränken aber die Macht, die ihn herbeiführt, nicht auf Personen, sondern nennen dazu übernatürliche Kräfte, die Toten, schließlich den Willen des Betroffenen selbst. Damit aber wird der Kern dieses Motivs primitiver Todesvorstellungen bestätigt: der Tod ist Folge von Gewalttätigkeit und sozial vermittelter Macht, die von außen auf die Sterbenden zukommt. So schreibt Felix Boehm: »Soweit bei den Wilden Naturgesetze unbekannt sind, können sie sich keine sogenannte natürliche Ursache für eine Erkrankung oder den Tod vorstellen, sondern es muß eine Persönlichkeit dafür verantwortlich gemacht werden; ein Tier oder ein böse gesinnter Mensch, ein Zauberer oder eine Hexe, ein böser Geist oder ein Verstorbener, der nach seinem Tode nicht richtig behandelt worden ist.« [9]

8 *Lucien Lévy-Bruhl:* Das Denken der Naturvölker, Wien und Leipzig, 2. Aufl. 1926, S. 247.

9 *Felix Boehm:* »Formen und Motive der Anthropophagie«, Imago 18 (1932), S. 177. Zum hier in Rede stehenden Motiv primitiver Todesvorstellung vgl. weiter *Lucien Lévy-Bruhl:* Die Seele der Primitiven, a. a. O., S. 226; *E. A. Kennard:* »Hopi Reactions to Death«, American Anthropologist 39 (1937), S. 494, sowie *Konrad Theodor Preuss:* Tod und Unsterblichkeit im Glauben der Naturvölker, Tübingen 1930, S. 4, 11, 17; *Felix Scherke:* Über das Verhalten der Primitiven zum Tode, Langensalza 1923, S. 15 f. und 208; *Robert Hertz*, a. a. O., S. 123; *Edgar Herzog:* Psyche und Tod. Wandlungen des Todesbildes im Mythos und in den Träumen heutiger Menschen. Zürich und Stuttgart 1960, S. 33 f.; *Francis H. Hoffmann* und *Morris W. Brody:* »The Symptom Fear of Death«, Psychoanalytic Review 44 (1957), S. 434; sowie *Meyer Fortes:* »Bewußtsein«, in: Institutionen in primitiven Gesellschaften. Vorträge, Frankfurt a. M. 1967, S. 106. Vgl. auch Arnold Gehlen: Hier wird die Zurechnung

In jedem Falle, so darf zusammengefaßt werden, ist der Tod Mord, verübt von welcher sozialen oder imaginär-sozialen Macht auch immer. Dieser Sachverhalt erfordert in vielen Gesellschaften – wenn es sich nicht um unterprivilegierte Gruppenmitglieder oder Fremde handelt – strenge Nachforschungen und eventuelle Bestrafung des Täters, führt unter anderem dazu, daß die Hinterbliebenen häufig stereotyp ihre Unschuld am Tod des Verwandten versichern, um aus dem Kreis der Verdächtigen zu kommen. Die Verfahrensweisen, mit denen der Täter eruiert wird, brauchen hier nicht näher zu interessieren; es mag nur festgehalten werden, daß diese Praktiken oft mit höchster Beliebigkeit zur Nennung einer Person oder einer Macht führen, die dann der Bestrafung unterzogen wird.

Einschränkungen dieser mit solcher Einhelligkeit in der Literatur vorgefundenen Position werden allerdings vorgebracht werden müssen: so verweist der Anthropologe Meyer Fortes darauf, daß ein westafrikanisches Volk, die Tallensi, zwar sehr wohl die physischen Ursachen des Todes kennen, doch aber der Meinung sind, gegen den Willen der Ahnen hätte er nicht eintreten können.[10] In dieser Konstellation erscheint das ursprüngliche Motiv, daß jeder Todesfall auf Gewalt zurückgeht, bereits teilweise aufgelöst: es ist bekannt, daß der Tod sich weltlichen Ursachen verdankt, auf die Beziehung dieser Ursachen auf eine dahinterliegende jenseitige Instanz ist aber noch nicht verzichtet. Der moderne – teils christlich, teils säkular gefärbte – Schicksalsglaube kennt die gleiche doppelte Zurechnung.

des Todes an sozial vermittelte Gewalt als Beispiel eines »Uroptimismus« der Primitiven, daß alles magisch machbar sei, zitiert, als Versuch, vor blanker Natur nicht zu resignieren. *Arnold Gehlen:* Der Mensch. Seine Natur und seine Stellung in der Welt, Berlin, 2. Aufl. 1941, S. 459ff. Zur »probabilistischen Technik« der Bestimmung des Mörders eines Verstorbenen vgl. *Claude Lévi-Strauss:* Das wilde Denken, Frankfurt a. M. 1968, S. 215.

10 *Meyer Fortes:* Ödipus und Hiob in westafrikanischen Religionen, Frankfurt am Main 1966, S. 62 und 65 f.

Bedeutsamer ist die Einschränkung, daß in solcher Allgemeinheit die Vorstellung von der Gewaltsamkeit und magischen Herkunft des Todes unter den Primitiven nicht verbreitet zu sein scheint, wie sie seit Frazer in der Literatur behauptet wird. Malinowski kennt Beispiele, daß Tod und Krankheit teilweise natürlichen, teilweise zauberischen Ursachen zugerechnet werden.[11] Ebenso wendet sich John Koty gegen die wohl insbesondere von Lévy-Bruhl vorgetragene These von der allgemeinen Zurechnung zur Magie: »Wir besitzen wohlbeglaubigte Belege dafür, daß es Völker gibt, sogar manche sehr tiefstehende, welche verschiedene Todesursachen unterscheiden. Der Tod kann als natürliches Ereignis betrachtet werden, er kann aber bei demselben Volke als Folge der zauberischen Handlung eines Feindes, oder auch als die Wirkung böser Geister angesehen werden.«[12] In dieser Kontroverse weiterzukommen, scheint hier unmöglich, unmöglich vor allem auch deshalb, weil die Bedeutung des Wortes »natürlich« ganz und gar unübersichtlich ist bei den zitierten Autoren und es in einer gewissen Ambiguität mal »Naturgesetz«, mal »gerechtes Gesetz« heißen mag. In Anbetracht der oben konstatierten großen Einhelligkeit innerhalb der Literatur wird aber festgehalten werden können, daß bei vielen primitiven Gesellschaften der Tod als durch (reale oder imaginäre) soziale Mächte gewaltsam verursacht auftaucht. Dies als Irrtum zu beschreiben, wie es etwa bei Konrad Theodor Preuss und Felix Boehm geschieht, wird für einen soziologischen Erklärungsversuch nicht ausreichen. Allerdings verweist der Vergleich mit der nicht überall verbreiteten Kenntnis des Zu-

11 *Bronislaw Malinowski:* Magic, Science, and Religion, a. a. O., S. 14.

12 *John Koty:* Die Behandlung der Alten und Kranken bei den Naturvölkern, Stuttgart 1934, S. 233. Vgl. auch S. 234: »Der Tod als Folge eines Unfalls wird gewöhnlich (es gibt Ausnahmen) als natürlich betrachtet und wird als solcher nicht an einem Nachbarn, der im Verdacht steht, gerächt.« – Es muß Lévy-Bruhl gegen seine Kritiker hier zugute gehalten werden, daß er solche Einschränkungen durchaus benannt, wenngleich nicht konsistent in der Argumentation eingesetzt hat. Vgl. *Lévy-Bruhl,* Die Seele der Primitiven, a. a. O., S. 328.

sammenhangs von Konzeption und Schwangerschaft darauf, daß auch mangelndes Wissen im Spiele ist. Robert Hertz unternimmt es, dies gewaltsame Todesbild nicht als Irrtum zu beschreiben, sondern als naiven Ausdruck einer »necéssité sociale permanente«.[13] Indem die Sozietät sich selbst für überdauernd hält, weil sie die Einzelnen überlebt, schreibt sie ihren Mitgliedern den gleichen Charakter der Unsterblichkeit zu, kann Tod gewissermaßen nur als Attentat vorgestellt werden.

Ein nächstes Moment, das sich für das hier konstruierte primitive Todesbild angeben läßt, ist das des Übergangs. Ohne jene Finalität neuerer Vorstellungskomplexe wird der Tod konzipiert nicht als Einschnitt, sondern eher als Ablauf, als Wechsel von der Gruppe der Lebenden zur Gruppe der Toten. Nicht die natürliche Faktizität determiniert, wann jemand tot ist, sondern primär die sozialen Einrichtungen. Der Gestorbene behält auf längere Zeit noch bestimmte Gewalten und Rechte in dieser Welt. So bleibt bei den Kota eine Witwe die Ehefrau ihres verstorbenen Mannes, bis dessen Status endgültig der eines Toten wird. Wird sie während dieser Zeit, nach dem physischen Tode ihres Mannes also, schwanger, ist das Kind Kind des Toten mit allen damit gegebenen Konsequenzen.[14] Nicht als Ereignis also wird der Tod gesehen, das zwei dauerhafte Zustände voneinander trennt, sondern selbst als Verlaufsform, als Zustand des Wechsels und Übergangs von einem Zustand in den anderen. So sachte mag dieser Wechsel vorgehen, daß nach einem gleichfalls weit verbreiteten Gedanken der Gestorbene selbst nicht bemerkt, daß er zur Welt der Lebenden nicht mehr die gewohnten Zugänge hat.

Der Ablauf des Übergangs ist markiert durch Riten, die ihn begrenzen und abheben von den beiden Zustandsformen, die selbst wieder ganz und gar nicht so grundverschieden ange-

13 *Robert Hertz,* a. a. O., S. 124.

14 Dieses Beispiel führt Mandelbaum an. *David G. Mandelbaum,* a. a. O., S. 340.

sehen werden wie bei uns die Zustände von Leben und Totsein. Nicht umsonst sind deshalb die Totenriten zusammengesehen worden mit anderen Riten des Übergangs, insbesondere mit denen der Initiation. Der Wechsel vom Leben zum Totsein wird ebenso behandelt wie der Übergang von einer Form gesellschaftlichen Lebens zu einer anderen.[15] Nicht Ende des Lebens ist der Tod, sondern Einweihung zu einer anderen, allerdings unbekannteren Form des Lebens. Auf diese Weise ist für die moderne Finalität des Lebensendes kein Platz. Das bedeutet nun aber in keiner Weise, daß mit der Vorstellung des Todes als Eingang zu neuer, wenngleich verdünnterer, schwächerer Lebensform, als Übergangs- und Initiationsritus, die Implikation irgendeiner Form des Unsterblichkeitsglaubens gegeben sei. Im Gegenteil: die Toten sind, haben sie nach Durchlaufen aller notwendigen Riten und Vorrichtungen einmal ihren Status im Totenreich erreicht, meist ähnlichen Gesetzen wie die Lebenden unterworfen; sie sterben aufs neue, werden neu initiiert, sterben schließlich endgültig.

Damit sind die drei wichtigsten Momente primitiver Todesbilder versammelt, die aber nicht etwa bündig miteinander verknüpft sind: der Todeseintritt geht zurück auf den gewalttätigen Eingriff sozialer (oder imaginär-sozialer) Macht, das Sterben ist nicht Todesmoment, sondern Ablauf und sozial definierter Übergang, der Übergang zielt nicht auf Negation des Lebens, sondern auf neues, anderes Leben. In diesen von uns konstruierten Orientierungstyp scheint ein Instrument gewonnen, mit dem die heute geltenden Todesbilder in ihren Anteilen an Archaik und an Rationalität analysiert werden können, mit dem der Fortgang zu aufklä-

15 *W. H. R. Rivers:* »The Primitive Conception of Death«, Hibbert Journal 10 (1911/12); S. 407. Vgl. hierzu weiter *Arnold van Gennep:* »Die Übergangsriten«, in: Religionsethnologie, hgg. von C. A. Schmitz, Frankfurt a. M. 1964, S. 374–389; sowie *Mircea Eliade:* Das Heilige und das Profane. Vom Wesen des Religiösen, Hamburg 1957, S. 108 f. und 116, und *Robert Hertz*, a. a. O., S. 126 f.

rerischen Vorstellungen verfolgt werden kann bis hin zum Begriff des natürlichen Todes, der dann seinerseits als Maßstab genommen werden soll. Vorerst aber werden sich in diesem Abschnitt noch weitere Materialien anschließen, die den primitiven Orientierungstyp in seinen Einzelmomenten für die Aufhebung modernerer Vorstellungen differenzieren und bestimmen.

Nicht für alle Sterbenden bedeutet der Tod in gleicher Weise Initiation zu neuem Leben. Sozialer Status, aber auch bestimmte Todesarten determinieren die zu verfolgenden Bestattungsriten, und damit das Schicksal des Betreffenden im neuen Leben. Hat doch der Extremfall der Verweigerung jeglicher Totenehren die Konsequenz, daß dem Verstorbenen der Zugang zum Totenreich, die Kooptation zu seinen Ahnen versperrt bleibt, er also irgendwo in der Ablaufsform des Übergangs zum Halt gebracht wird. Die verschiedenen Formen reduzierter Bestattungsriten, später »unehrliches Begräbnis« genannt, verhindern den Eingang ins neue Leben.[16] Der Zwang zur Bedeckung der Leiche soll garantieren, daß kein Toter verlorengeht. Die Verweigerung dieser Bedeckung, aus antiker Tragödie bekannt, ist nicht nur Verachtung des Toten, sondern verweigert ihm auch neues Leben.

Nur Vollmitglieder der Gruppe sterben richtig, nur ihr gewaltsamer Tod verlangt Rache. Fremde, Frauen, Kinder und Sklaven, und andere, die nicht die Pubertätsriten erfahren haben, oder bei denen sie wie bei den mit einem Bann Belegten rückgängig gemacht wurden, sterben auf geringere Weise. Darüber hinaus gibt es in allen primitiven Gesellschaften die Differenz des guten und des schlechten Todes. Solche Wertungen sind auch heute noch vorzufinden, wenngleich lange nicht mehr mit jener schärfsten Konsequenz der Verweigerung des ehrlichen Begräbnisses. Unter den primitiven Gesellschaften besteht nun gewiß keine allgemeine Übereinstimmung über den Katalog der Todesarten, die als schlecht gelten und die

16 *Hans von Hentig:* Der nekrotrope Mensch. Vom Totenglauben zur morbiden Totennähe, Stuttgart 1964, S. 29–32.

Verweigerung der Todesriten nach sich ziehen. Häufig handelt es sich dabei um den Selbstmord, der allerdings nicht überall vorkommt, um den Tod durch Blitz, um allzu frühen Tod, um andere Todesarten des Unglücks und Unfalls, die als direkte Eingriffe jenseitiger Mächte interpretiert werden können. Dazu kommen Verbrecher, Ausgestoßene, Hingerichtete.[17] Diese Toten sind besonders gefährlich und bedürfen stärkerer Abwehrmaßnahmen: neigen sie doch besonders zum Umgehen, zur Wiederkehr und zu schädlichem Eingriff in die Welt der Lebenden.

Die Vorstellung, daß der Tod nicht Ereignis oder endgültiger Einschnitt, eher Ablauf und Übergang zu neuen (wenngleich imaginären) sozialen Zusammenhängen bedeutet, ist nun bisher wie alle anderen Momente primitiver Todesbilder allzu abstrakt und abgelöst von den sozialen Einrichtungen behandelt worden. Es steht aber mit einigem Recht zu vermuten, daß solche Vorstellungen in primitiven Gesellschaften nicht in Gestalt von Meinungen oder Attitüden sich auffinden lassen, sondern nur aufs engste verknüpft mit dem institutionellen Bereich, in dem der Tod symbolisiert wird.[18] Todesbilder in primitiven Gesellschaften werden sich kaum in relativer Selbständigkeit als Geistiges identifizieren lassen, sondern nur in und mit den sozialen Einrichtungen, in denen die Gruppe den Tod zu vergesellschaften sucht. So ist denn das soziale Substrat der Vorstellung vom Eingang zu neuem Leben implizit gegeben in den Riten und Bräuchen, die auf den Sterbenden und den Toten sich beziehen. Trauer und Begräbnis haben trotz aller Vielfalt und Unüberschaubarkeit im Pluralismus der primitiven Gesellschaften gemeinsam, daß in ihnen zwei zentrale Funktionen zugleich geleistet werden:

17 Vgl. dazu *Encyclopaedia of Religion and Ethics,* hgg. von James Hastings, Edinburgh und New York 1911, Bd. 4, S. 419 f.

18 Vgl. den Untersuchungsplan von M. A. Holland: ». . . and perhaps a useful way . . . is to study what the savage thinks of his dead in the light of what he does to them.« *M. A. Holland:* »The Influence of Burial Customs on the Belief in a Future State«, Folk-Lore 29 (1918), S. 34.

der Tote muß, da er offensichtlich zur sozialen Gruppe nicht mehr voll gehört, von ihr gelöst werden, die Gruppe muß sich von ihm befreien, mögliche negative Folgen dieser Lösung auf die Gruppe abwehren, zugleich aber den Gestorbenen auf neue Weise, seinem neuen Status entsprechend in den sozialen Zusammenhang reintegrieren. Von daher erhalten alle Trauer- und Begräbnissitten den Charakter der Ambivalenz. Daß diese Ambivalenz sich trifft mit psychologisch gegebenen Ambivalenzen, haben insbesondere die Arbeiten aus der psychoanalytischen Schule zu diesem Thema gefunden.

Der Tote jedenfalls kann nicht länger in der Gesellschaft der Lebenden bleiben, die Interaktionsmöglichkeit scheint doch entscheidend gestört. Von daher erhält das Begräbnis den Charakter eines Lösungsrituals, durch das der Tote seiner sozialen Rechte und Pflichten enthoben wird. Zugleich mit dieser Entlassung aber sichert man den Gestorbenen die Möglichkeit des Weiterlebens. Nicht der Beseitigung der Leiche also dient das Begräbnis, sondern der Abweisung des Toten aus der Welt der Lebenden und zugleich der Reintegration des Toten in eine Welt, die zwar nicht die der Lebenden ist, aber doch nach ihrem Bilde vorgestellt wird, in engem Kontakt mit ihr besteht, wodurch in mancherlei Weise Brückenschläge zwischen beiden ermöglicht werden. Die Toten als Geister oder in anderer Gestalt können nicht nur dauernd mit den Lebenden kommunizieren, sondern gehören der Welt der Lebenden als mögliche Interaktionspartner – wenn auch auf neue Weise – an. Das Begräbnis erfüllt diese Funktionen der Lösung und der Wiederaufnahme, indem es die Verwesung ermöglicht, gar beschleunigt. Scheint doch hinter der unübersehbaren Vielfalt an Formen und Techniken der Bestattung – eine Vielfalt, die bisher noch nicht nach wichtigen sozialen Variablen strukturiert werden konnte – überall die Absicht zu stehen, den Verfall zu kontrollieren, meist die Freilegung der Knochen des Toten herbeizuführen. Erdbegräbnis, Kremation, Bestattung an der Luft, Endokannibalismus unterscheiden sich unter diesem Gesichtspunkt ihrer Funktion nach nur nach Art und Zeit der Erfüllung. Die Knochen nämlich werden allgemein als Sitz und Garant des Weiterlebens des Gestorbenen angenommen, als Kern der Persönlichkeit, bedürfen daher besonderer Pflege, werden schließlich bei einigen Völkerschaften in einem sogenannten »zweiten Begräbnis« endgültig bestattet.

Robert Hertz hat in einem ausführlichen Aufsatz unter dem Aspekt des »zweiten Begräbnisses« Bedeutsames zur Analyse der Totenriten beigetragen[19]: die Leiche wird im ersten Grab gewissermaßen nur deponiert. Die Zeit zwischen diesem ersten Begräbnis und der endgültigen Bestattung variiert bei den indonesischen Völkern zwischen mehreren Monaten und mehreren Jahren. In jedem Falle dient die provisorische Bestattung dazu, das Ende der Verwesung, die Freilegung der Knochen abzuwarten. Dabei spielt die Form der Bestattung nach Hertz eine periphere Rolle: der Zweck sei die Reinigung der Knochen. Die Zeit zwischen provisorischer und endgültiger Bestattung entspricht dem Übergang des Gestorbenen aus der realen Gesellschaft der Lebenden in die imaginäre der Toten. Noch hat der Tote nicht alle seine sozialen Beziehungen lösen können, er steht intermediär zwischen beiden Welten und erhält Eintritt ins Totenreich erst mit dem zweiten Begräbnis, das sich vollzieht in einer Vereinigung der Gebeine des Toten mit den Knochen aller verstorbenen Vorfahren. Aus einem durch den unabgeschlossenen Verwesungsprozeß zum Schatten bestimmten Toten wird damit ein Ahne.

Nicht überall läßt sich die Institution des zweiten Begräbnisses so deutlich beobachten und analysieren. R. Hertz ver-

19 *Robert Hertz,* a. a. O. – Vgl. auch *Lucien Lévy-Bruhl:* Die Seele der Primitiven, a. a. O., S. 253 ff., sowie *M. A. Holland,* a. a. O., S. 51 ff. Ursula Schlenther erklärt übrigens Doppel- und Mehrfachbestattungen – anders als Hertz – aus der Überlagerung verschiedener Kulturen. *Ursula Schlenther:* Brandbestattung und Seelenglauben, Verbreitung und Ursachen der Leichenverbrennung bei außereuropäischen Völkern, Berlin 1960, S. XII.

weist darauf, daß die Einrichtung Regressionen unterliegen mag. Bei manchen Primitiven wird der Sarg noch einmal geöffnet, danach das Grab endgültig geschlossen. Oder das Grab wird durch ein Monument endgültig versiegelt. Schließlich korreliert die Trauerzeit häufig mit der Zeit zwischen provisorischer und endgültiger Bestattung, d. h. mit dem Verlauf des Verwesungsprozesses. Diese Institution vermag die oben angeführten Momente primitiver Todesvorstellung näher zu beleuchten. Der Tod ist hier nicht Ereignis, sondern hat Ablaufsgestalt, die sozial reguliert wird; der Tod ist nicht einfach Negation des Zustandes der Lebendigkeit, sondern eröffnet neues Leben, wenngleich wieder nur vermittels sozialer Regeln und Riten.

Zusammengenommen verweisen beide deutlich darauf, daß der Tote nicht als Leiche perzipiert und behandelt wird, sondern als in irgendeiner Weise lebendes Agens. Ohne jeden Dingcharakter besitzt der Tote sowohl während der durch die Verwesung gesetzten Lösungs- und Übergangszeit wie auch danach in modifizierter Weise Möglichkeiten, in die Welt der Lebenden einzugreifen. Diese Potenz ist ursprünglich geknüpft an den Körper, nicht etwa an irgendeine den Körper zurücklassende Seele, an den Toten als Ganzen.[20] Darauf hatte oben das schon von Mandelbaum beschriebene Beispiel verwiesen, daß die Witwe während der Zeit bis zur zweiten Bestattung von ihrem toten Manne empfangen kann, darauf deutet aber auch der auf Timor und anderswo bekannte Brauch, erst nach dem zweiten Begräbnis eines Führers seinen Nachfolger zu proklamieren.[21]

Aus diesem Zusammenhang allein ist eine ganze Fülle von Einrichtungen und Vorstellungen der primitiven Gesellschaften zu verstehen. In ihnen wird mit der Leiche als mächtigem

20 *Lucien Lévy-Bruhl:* Die Seele der Primitiven, a. a. O., S. 246 f.; sowie *Konrad Theodor Preuss:* Glauben und Mystik im Schatten des höchsten Wesens, Leipzig 1926, S. 17, der, gegen Tylors Animismus sich wendend, das Weiterleben als körperlich betont.

21 *Robert Hertz,* a. a. O., S. 79 f.

Feind oder Widerpart gerechnet, in ihnen gar definiert sich die Todesangst der Primitiven ihrem Inhalt nach nicht als Angst vor dem Tode, sondern als Angst vor dem Toten. Als Lösungsmechanismen betrachtet verraten die Totenriten eine ungeheure Angst vor der Wiederkehr der Verstorbenen in den Kreis der Lebenden, vor ihrer Rache oder ihren übelwollenden Eingriffen. Von den Anthropologen oft als brave Pietät gedeutet, erweisen sich die auf einen Todesfall folgenden Bräuche als durch Angst bestimmt. Sie sind Versuche der Abwehr der ungünstigen Kräfte des Toten, Versuche, sich von der ansteckenden Macht des Todesfalles zu reinigen, den Toten daran zu hindern, andere Mitglieder der Gesellschaft nach sich zu ziehen. Solche Abwehr- und Reinigungsriten sind in großer Zahl bei allen primitiven Gesellschaften zu finden und lassen sich ohne Mühe bis heute im ländlichen Brauchtum aufdecken. Der Gestorbene wird durchs Dach aus der Behausung getragen oder mit den Füßen nach vorn, damit er den Weg zurück nicht findet. Der Weg zwischen Behausung und Bestattungsplatz mag durch symbolische Gräben unterbrochen werden. Die Totenwache bis zur Bestattung dient der Abwehr, ebenso die häufig zu beobachtende Lärmentfaltung, die bestimmte Bräuche begleitet.

Exakt müssen die Totenriten befolgt werden, auf daß dem Verstorbenen kein Grund zur Beschwerde und damit zur Rückkehr gegeben werde. Bestattung ist oft genug verbunden mit einer Verstümmelung der Leiche, oder die Bestattungsform selbst bietet Gewähr genug gegen die Wiederkehr der als lebend vorgestellten Leiche. Leichenfesselung, Erdbegräbnis, auch Leichenverbrennung, Sarg und Monument dienen nicht allein oder primär dem Ausdruck von Pietät, sondern ursprünglich der magischen Abwehr, der Versicherung, daß der Tote den Übergang in seinen neuen Status auch wirklich vollzieht und nicht wiederkehrt und schadet. Allgemeiner formuliert der Ethnologe K. T. Preuss: »Wenn man die Tatsachen über den Glauben der Naturvölker an ein Fortleben durchgeht, so findet man, daß Befürchtungen für das Wohl der Überlebenden und die Sorge, sich von dem Toten dauernd zu befreien, die Hauptsache sind.«[22]

Die Hinterbliebenen sind mannigfachen Einschränkungen unterworfen. Sie müssen sich Speise- und Kommunikationstabus unterwerfen, bedürfen ritueller Reinigung, werden oft zeitweilig isoliert, als ob von ihnen eine tödliche Ansteckung weiterwirken könnte. Trauer und die Gesamtheit der sozial bestimmten Verhaltensweisen der Hinterbliebenen lassen sie wirklich als vom Tode affiziert auftreten. Es scheint, als ob sie am Zustande des Gestorbenen und an seinem Status der Gefährlichkeit und mit der Verwesung gegebenen Tabuiertheit teil hätten, ihn gewissermaßen ein Stück seines Weges begleiteten, um am Ende der Trauer, das typisch mit der zweiten Bestattung, der Bestattung der Knochen zusammenfällt, ihren normalen Status in der Gemeinschaft zurückzuerlangen.[23]

Welchen Grad an Eindringlichkeit diese Art von Todesfurcht gehabt haben muß und in welcher Deutlichkeit der Tote als lebend vorgestellt wurde, darauf verweisen mannigfache Relikte dieses Komplexes in neuerer Zeit, insbesondere solche aus der Sphäre des Strafrechts. Die Lex Salica nennt noch explizit den weiterlebenden Toten als Rechtssubjekt. Der Rechtshistoriker H. Schreuer vermerkt: »Solange die Persönlichkeit auch nach dem Tode wesentlich in körperlicher Erscheinung gedacht ist, bleibt sie auch – in schroffem Wider-

22 *Konrad Theodor Preuss:* Glauben und Mystik im Schatten des höchsten Wesens, a. a. O., S. 19; weiter *Felix Scherke,* a. a. O., S. 167. Daß Leichenverbrennung im gleichen Zusammenhang gefaßt werden kann, meint Mackensen. *Lutz Mackensen:* »Die Entstehung des Leichenbrandes«, Zeitschrift für Ethnologie 55 (1923), S. 49 f.

23 Vgl. hierzu *Lucien Lévy-Bruhl:* Die Seele der Primitiven, a. a. O., S. 228 ff.; sowie *Sigmund Freud:* Totem und Tabu. Einige Übereinstimmungen im Seelenleben der Wilden und der Neurotiker, Frankfurt a. M. und Hamburg, 2. Aufl. 1961, S. 61–66; und *Felix Scherke,* a. a. O., S. 106–130. Angemerkt werden muß, daß Lévi-Strauss Totenfurcht als Motiv für das Verbot, den Namen des Toten auszusprechen, nur als sekundäre Erklärung gelten lassen will. *Claude Lévi-Strauss,* a. a. O., S. 245.

spruch mit dem modernen Denken – konsequent, ›naturgemäß‹ des gewohnten irdischen Rechtsverkehrs voll teilhaftig.«[24] Die Kumulation mehrerer verschiedener Todesstrafen auf einen Delinquenten war im Mittelalter selbstverständlich, das, was mit dem Toten nach der ersten Hinrichtung geschah, war Bestandteil der Sanktion, streng geregelt und ganz und gar nicht gleichgültig. Der Kopf von Geköpften wurde aufgesteckt. Gehängte mußten hängen bleiben, oft jahrelang. Wer sie vorzeitig abschnitt, wurde bestraft.[25] Tote wurden hingerichtet, gar mehrfach. »Wer die Todesstrafe durch irgendein Delikt verwirkt hatte, wurde hingerichtet, ganz gleich, ob er lebte oder schon tot war.«[26] Noch im Mittelalter treten Leichen vor Gericht als Kläger und Beklagte auf, die Leiche ist noch im 14. Jahrhundert im Gerichtssaal präsent und Prozeßpartei. Bekannt ist die Klage des Papstes Stephan im Jahre 897 gegen seinen Vorgänger Formosus, der als Leiche auf die Anklagebank kam. Noch 1690 wurde ein Hingerichteter in Celle vor Gericht gebracht, weil er während der Hinrichtung gottlose Reden geführt haben soll.[27] Endlich muß noch an die Übung erinnert werden, einem Toten die Bestattung zu verweigern und ihn in Schuldhaft zu nehmen, wenn er in Schulden gestorben war. Der letzte Fall solcher Schuldhaft einer Leiche trug sich 1811 in der Nähe von Shoreditch zu.[28]

Aus diesem Auftreten des Toten als Rechtssubjekt oder Sanktionsobjekt bis in neueste Zeit läßt sich die Zähigkeit ersehen, mit der die Vorstellung vom lebenden Leichnam, vom Toten als machtvollem Agens sich gehalten hat. Die heute in Übung stehenden Totenriten verraten davon und von der alten Angst vor den Toten noch immer einiges. Zu denken

24 *Hans Schreuer:* »Das Recht der Toten. Eine germanistische Untersuchung«, Zeitschrift für vergleichende Rechtswissenschaft 33 (1916), S. 343 sowie 349 ff.

25 Vgl. *Paul Fischer:* Strafen und sichernde Maßnahmen gegen Tote im germanischen und deutschen Recht, Düsseldorf 1936, S. 9 f.

26 *Paul Fischer,* a. a. O., S. 28.

27 *Paul Fischer,* a. a. O., S. 41 ff., und *Hans Schreuer,* a. a. O., S. 419 ff.

28 *Encyclopaedia of Religion and Ethics,* a. a. O., S. 420.

ist etwa auch an das seit der Antike verbreitete Bild vom Tode als Skelett und Knochenmann, in dem der Tod selbst als Toter dargestellt ist. Relativ unabhängig aber davon, ob die Toten als Leiche oder als Geist fortleben, scheint die Todesfurcht in den primitiven Gesellschaften ihrem Inhalte nach primär Furcht vor den Toten gewesen zu sein, an der Abwehr und an den Reinigungsgeboten läßt sich ablesen, daß die Toten Tod bringen, die Macht haben, andere nach sich zu ziehen.

Neben dieser Macht sind den Toten meist noch andere Gewalten zugeschrieben: sie sind gegenwärtig im alltäglichen Geschehen, greifen ein und determinieren die Auseinandersetzungen der Menschen untereinander und mit der Natur, haben Einfluß auf Zufall und Glück, die Resultate von Jagd, Krieg und Ackerbau. Aus diesem allgemeinen Wirkungsbereich der Toten läßt sich ein besonderer wieder herausschälen: sie haben die Macht, die Normen der Gesellschaft zu garantieren, soziale Kontrolle auszuüben. Die Ahnen erzwingen bei den westafrikanischen Tallensi Konformität mittels ihrer Macht über Leben und Tod. Die Repräsentanten von Norm und Tradition, die Eltern beziehungsweise die Alten, nehmen ihre Funktionen der Kontrolle mit ins Totenreich und regieren von dort weiter: Ahnenverehrung stellt sich dar als eine Übersetzung der Autoritätsbeziehungen zwischen Kindern und Eltern ins Jenseits. Der in der Kindheit gelernte und der – bei den Tallensi jedenfalls – die ganze Gesellschaftsstruktur durchziehende Respekt vor den Eltern hört bei deren Tod nicht auf, sondern wird Grundstein der Ahnenverehrung und der Macht der Ahnen zur sozialen Kontrolle.[29] Dieses

29 *Meyer Fortes:* Ödipus und Hiob in westafrikanischen Religionen, a. a. O., S. 62–64. – Unter Umständen garantieren die Ahnen nicht nur die normative Kontinuität der Gesellschaft, sondern auch die biologische. Unter der Voraussetzung, daß die biologischen Bedingungen der Geburt lange unbekannt waren, wurde auch die Geburt neuer Mitglieder dem Eingriff der Ahnen zugeschrieben. Vgl. hierzu *Hans Kelsen*: »Seele und Recht«, in H. Kelsen: Aufsätze zur Ideologiekritik, Neuwied am Rhein und Berlin 1964, S. 58; sowie *Bronislaw Malinowski:* »Mutterrechtliche

Motiv aufnehmend sucht Kelsen[30] die oben benannte ungeheure und überdeutliche Totenfurcht in den primitiven Gesellschaften zu erklären: ausgehend von der Macht der Toten, sich an den Lebenden zu rächen, die ihnen Unrecht getan haben oder gar auf magische Weise für ihren Tod verantwortlich sind, werden die Toten, d. h. später die Ahnen, zum Inbegriff des Vergeltungsprinzips und der Geltung der Normen. Die Totenfurcht der Primitiven nähre sich so primär aus dem schlechten Gewissen, aus der Erinnerung, in dieser oder jener Weise das Reglement der Gruppe verletzt zu haben, aus der Angst, daher der Vergeltung unterworfen zu sein. Diese Angst vor den Toten, so interpretiert Kelsen weiter, führt dann später zur Entstehung der griechischen Gottheiten, die ursprünglich auch als Mächte der Vergeltung und damit der sozialen Kontrolle entworfen waren. Tradition, Beharrung einer Gesellschaft auf dem einmal erreichten Zusammenhang von Normen und Regelungen, wird sich so nicht zuletzt der Kontrollinstanz des Totenreiches verdanken.

Die Momente primitiver Todesauffassung scheinen somit für unsere Zwecke ausreichend bestimmt und am Material illustriert. Darüber hinaus soll noch kurz auf die wichtigsten sozialen Faktoren eingegangen werden, die sich in den Todesbildern reflektieren.

Der Grad der Naturbeherrschung in allen primitiven Gesellschaften ist – gemessen wenigstens an dem der modernen Gesellschaft – gering. Natur ist »vergesellschaftet« fast nur durch

Familie und Ödipus-Komplex«, in B. Malinowski: Eine wissenschaftliche Theorie der Kultur, Zürich 1949, S. 214.

30 *Hans Kelsen*, a. a. O., S. 63 ff.; für das Folgende vgl. auch *Richard Weiss:* Volksschule der Schweiz. Grundriß, Erlenbach und Zürich 1946, S. 19 f., und *Edgar Morin*, a. a. O., S. 97 und 142 ff. Folgende Differenz in der Argumentation der Autoren muß angemerkt werden: während Kelsen die Totenfurcht als starke Motivation einsetzt, meint Meyer Fortes dagegen: »Nicht Furcht, Unwissenheit oder Aberglauben, sondern die moralischen Bande der Kind-Eltern-Beziehung sind der Ursprung der Ahnenverehrung bei den Tallensi.« *Meyer Fortes:* Ödipus und Hiob in westafrikanischen Religionen, a. a. O., S. 76.

Magie, durch Deutung. Davon machen die natürlichen Prozesse, die das Leben der Menschen tragen, keine Ausnahme. Der Schluß, daß diese praktische Hilflosigkeit vor natürlichen Gesetzen einer der Gründe für die Gewaltsamkeit ist, die sich im primitiven Todesbild hat aufdecken lassen, liegt nahe. Dazu müssen auch die Formen der sozialen Gewalt bedacht werden. Durch diesen Bezug wird der primitive Vorstellungskomplex noch viel weniger als Irrtum, als mangelnde oder unentwickelte Einsicht in die Gesetze der Natur erscheinen. Gewaltsamer Tod war doch in vielen primitiven Gesellschaften gewiß die Regel. Häufige kriegerische oder kriegsähnliche Auseinandersetzungen, daneben eine Reihe anderer sozialer Einrichtungen waren dafür verantwortlich. Die Tötung oder Aussetzung von Kindern, Kranken, Alten und Sterbenden waren weitverbreitete Sitten. Die Burjäten kleideten die Alten besonders gut, führten sie bei einem Trinkgelage zum Ehrensitz und erstickten sie danach. Die Jakuten begruben die Alten lebendig oder ließen sie verhungern. Manche Völkerschaften in Tibet befragten die Sterbenden nach ihrer Absicht, wiederzukehren. Bejahten sie dies, wurden sie erdrosselt.[31] Diese zwar nicht universale, wohl aber weit verbreitete Sitte der Tötung von Alten, Kranken und Sterbenden scheint auf verschiedene Motive zurückzugehen. Nach John Koty korreliert diese Sitte auch nicht mit genau begrenzbaren Stadien ökonomischer oder sozialer Entwicklung. Bei manchen Primitivkulturen galt nur der gewaltsame Tod als ehrenvoll und garantierte den Eingang ins Jenseits. Bei anderen ist die Tötung der Sterbenden im Zusammenhang mit Abwehrmaßnahmen gegen schädliche Einflüsse der Toten zu verstehen, in anderen Zusammenhängen wieder aus den Nöten der sozialen Reproduktion in widriger Umwelt.[32] Zweifellos

31 *Edgar Herzog,* a. a. O., S. 34 ff.

32 Vgl. *John Koty,* a. a. O., S. 333 und S. 337 f. John Koty gibt in Teil I seines Buches eine ungeheure Materialfülle zur Tötung von Alten, Kranken und Sterbenden bei den Naturvölkern, zum Teil aber auch bis in die Neuzeit europäischer Völker hinein. Vgl. dazu auch *Edgar Herzog,* a. a. O., Kapitel 2 »Vom Töten«.

hängen diese Einrichtungen auch zusammen mit einem gewissen Unvermögen, den Tod im Sinne von Todesmoment zu realisieren. Dies ist im oben erörterten Bild des Todes als Ablauf und Übergang schon beschrieben worden. Rivers gibt dazu ein instruktives Beispiel: die Melanesier kennen kein Wort, das der Bedeutung unseres Wortes »tot« entspräche. Es steht ihnen von der Sprache her nur ein Terminus zur Verfügung, der Alte, Kranke und Tote subsumiert. Dem entspricht im Bereich der Institutionen, daß Alte und Kranke häufig lebend begraben werden.[33] Die Sitte als die Konsequenz der sprachlichen Vorgegebenheit anzunehmen, wäre gewiß uneinsichtig. Dennoch aber ist daran zu denken, daß die Unterschiede zwischen Tod und Leben oft genug nicht adäquat realisiert werden, daß »Ohnmachten, schwere pathologische Schlafzustände, Krampfanfälle von Epileptikern und dergleichen ... oft nicht vom Tod unterschieden werden ...« können[34], daß die Bergdama jede schwere Krankheit »Tod« nennen, den Todeseintritt nur sehr unbestimmt konstatieren können.[35]

Die Sitten der Tötung oder Aussetzung von Kindern, Alten und Kranken, hier als bezeichnende Beispiele genommen für soziale Ursachen gewaltsamen Todes, hängen gewiß eng zusammen mit der Todesvorstellung einer magisch agierenden Macht. Eine Gesellschaft, in der niemand stirbt, weil er biologisch am Ende ist, in der die Alten und Sterbenden unter mehr oder weniger Aufwand an Riten getötet werden, wird sich den Tod nicht anders als gewaltsam vorstellen können.

33 *W. H. R. Rivers*, a. a. O., S. 398 f., sowie *Felix Scherke*, a. a. O., S. 208.

34 *Reallexikon der Vorgeschichte*, hgg. von Max Ebert, Bd. 13, Berlin 1929, S. 419.

35 *Reallexikon der Vorgeschichte*, hgg. von Max Ebert, Bd. 10, Berlin 1927/28, S. 298. – Die Nähe von Krankheit und Tod dokumentiert sich aus Kotys Verfahren, in die Behandlung von Alten und Kranken bei den Naturvölkern auch die der Sterbenden einzuschließen, » . . . die eine gewisse Verwandtschaft mit der Frage der Haltung der Naturvölker gegenüber den Kranken hat«. *John Koty*, a. a. O., S. 2, Fußnote 6.

Tod und Tötung erscheinen so identisch. In solchen Einrichtungen bemächtigt sich die Gesellschaft des Todes durch reale Gewalt und macht das Sterben zu einem sozialen Ereignis, kommt der Natur zuvor.

Die Todesvorstellungen ihrerseits sind auf Art und Verlauf des Sterbens nicht ohne Einfluß. Das Wissen des Sterbenden, daß er es nicht mit natürlichen Prozessen, sondern mit einem feindlich gesinnten Agens zu tun hat, läßt ihn den Tod als Interaktion erleben, als Todeskampf nämlich. Das Sichfügen in die Notwendigkeit biologischer Abläufe, wie es heutige Sterbende teilweise zeigen, wird einen ganz anderen Sterbeverlauf erbringen als jene Annahme des Primitiven, daß sein Zustand auf einen mächtigen Feind zurückgeht und allenfalls durch bestimmte gleicherweise mächtige Gegenmittel bekämpft werden kann. Diese Überzeugung des Primitiven wird beim zufälligen Ausbleiben beziehungsweise der Nichtverfügbarkeit des Gegenmittels zum Tode führen.[36] Beziehungen von Todesvorstellung und Todesart sind in der kulturanthropologischen, aber auch medizin-soziologischen Literatur an einem Extremfall genauer untersucht worden, und zwar am sogenannten Tabu- oder Voodoo-Tod.[37] Es handelt sich dabei um einen Todeseintritt, der ohne somatisch konstatierbare Ursache ist. Er geht zurück auf eine schwerwiegende Normenverletzung. Die Sanktion gegen solche Klassen von Normenverletzungen ist der Ausschluß aus dem sozialen Verband, die soziale Todeserklärung. Der Betroffene weiß sich unaus-

36 Vgl. hierzu *B. W. Aginsky:* »The Socio-Psychological Significance of Death among the Pomo Indians«, American Imago 1 (1940), S. 9 ff.

37 *Marcel Mauss:* »Effet physique chez l'individu de l'idée de mort suggérée par la collectivité« in Marcel Mauss: Sociologie et Anthropologie, Paris, 2. Aufl. 1960, S. 311–330. Zu diesem Thema vgl. weiter: *H. Ellenberger:* »Der Tod aus psychischen Ursachen bei Naturvölkern (›Voodoo Death‹)«, Psyche 5 (1951/52), S. 333–344; *Manfred Pflanz:* Sozialer Wandel und Krankheit. Ergebnisse und Probleme der medizinischen Soziologie, Stuttgart 1962, S. 343 ff.; *Rudolf Bilz:* »Der Vagus-Tod«, in Rudolf Bilz: Die unbewältigte Vergangenheit des Menschengeschlechts, Frankfurt a. M. 1967, S. 242–275.

weichlich gebannt in die Abfolge von Schuld und Sanktion. Die Wahrnehmung der Ausweglosigkeit führt dazu, daß er die Sanktion durchs eigene Sterben erfüllt.
In diesem Abschnitt ist versucht worden, aus der Fülle kulturanthropologischer und anderer Materialien über die primitiven Gesellschaften die wichtigsten Vorstellungen vom Tode zu einem abstrakten Orientierungstyp zusammenzuziehen. Er soll in der Folge dazu dienen, im Kontrast zu dem Begriff des natürlichen Todes, den wir als Repräsentanten moderner Orientierungen einsetzen wollen, heutige Vorstellungen vom Tode als eher archaisch oder eher rational einzuschätzen. Die Beziehung der einzelnen Momente dieses Orientierungstyps auf die in den primitiven Gesellschaften typisch gewaltsamen Todesarten, und damit auf den Stand der Naturbeherrschung und die Formen der sozialen Gewalt, läßt diese Momente als »realistische« Vorstellungen verstehen und nicht einfach als Irrtümer abtun. Zugleich stützt sie die oben gemachte Annahme, daß Todesbilder abhängen von bestimmten Elementen der Gesellschaftsverfassung, insbesondere von Naturbeherrschung und von sozialer Gewalt. Umgekehrt wurden Anhaltspunkte gefunden, daß die sozio-kulturellen Orientierungen den faktischen Verlauf des Sterbeprozesses und -erlebnisses strukturieren: gewaltsame Todesbilder wirken in den Kranken unter Umständen so stark, daß sich wirklich ein »magischer« Tod einstellt.

b. Genese moderner Bilder

Negativ sind im vorhergehenden Abschnitt über das primitive Todesbild Momente moderner Vorstellungen bereits angezeigt. So aber, wie es aus methodischen und sachlichen Gründen nur gelungen war, das primitive Todesbild als einen abstrakten Orientierungstyp anzugeben, der selbst für keine konkrete primitive Gesellschaft repräsentativ ist, so wenig wird es gelingen, für die modern-profane Todeserfahrung ein zugleich in sich konsistentes und historisch eindeutig zu verortendes Todesbild zu entwickeln. Anders als beim primitiven Todesbild hat dies weniger Gründe in der Ökonomie des hier eingeschlagenen Verfahrens, das das primitive Todesbild nicht in aller ethnologischen Differenzierung benötigte. Hier sind es Gründe der Sache selbst. Es gibt kein konsistentes und historisch eindeutig zu verortendes modernes Todesbild. Der Rationalität ist es bislang nicht gelungen, mit dem Tode fertig zu werden, ein Sachverhalt, der sofort erinnerlich wird aus dem dunklen und irrationalen Charakter bloßer Assoziationen zum Reizwort »Tod«. Nach wie vor ist der Tod, der sich bislang der Naturbeherrschung weitgehend gesperrt hat und damit auch der rationalen Durchdringung und Abbildung, Repräsentant härtester Natur. Unter bestimmten Aspekten mag sogar davon gesprochen werden, daß sich Natur heute gewissermaßen im Tode zusammengezogen hat.

Die Geschichte der Ansätze zur Konstitution rationaler, das heißt hier profaner und säkularer, Todesbilder ist gewiß reich an Autoren und Werken. Der Versuch, soziale wie individuelle Todeserfahrung in den Prozeß der Aufklärung hineinzunehmen und Todesangst, Zeichen unbewältigter und übermächtiger Natur, zu entschärfen, geht durch die ganze europäische Geistesgeschichte und kulminiert in neuzeitlicher Philosophie. Zu keiner Zeit aber haben diese Versuche und Entwürfe allgemeine gesellschaftliche Geltung erlangt, sind solche Entwürfe widerspruchslos eingegangen in den Satz sozio-kultureller Verhaltens- und Orientierungsnormen. Im Gegenteil wird sich zeigen, daß Archaik wenigstens der Form nach die heute verbindlich geltenden Sitten und Gebräuche determiniert. Wollte man aber bei der Konstatierung dieser langen und fortdauernden sozialen Schwäche bleiben, wäre ganz und gar kein Bezugsrahmen gewonnen für die nähere Analyse der modernen sozialen Todeserfahrung nach ihren Gehalten an Archaik und eventueller Säkularisation. So soll denn in einer methodisch ebenso fragwürdigen Konstruktion, wie sie gerade fürs primitive Todesbild unternommen wurde, versucht werden, aus einigen Anläufen moderner Rationalität, den Tod in die weltliche Immanenz zu nehmen und mit rein profanen Katagorien zu fassen, Momente eines modernen Todesbildes zu entwickeln, immer unter der Voraussetzung, daß genauere historische Analyse einen solchen Orientierungstyp sehr wohl in Details der Geschichte gesellschaftlichen Bewußtseins nachweisen könnte. Dabei wird sich zeigen, daß insbesondere bestimmte Formen des philosophisch-aufklärerischen Todesbegriffs fähig sind, als Maßstab verwendet zu werden für die Orientierungen zum Tode in der heutigen Gesellschaft. Zwar sind solche Begriffe vom Tod explizit oder implizit häufig auf eine erst zu verwirklichende Gesellschaftsform gerichtet und beziehen von dorther ihren Wahrheitsgehalt, richten sich zuerst auf die endlich als autonom zu etablierende bürgerliche Gesellschaft, später dann auf eine sozialistische. In beiden Formen sind diese aufklärerischen Todesbegriffe mit gesellschaftskritischen Intentionen durchsetzt. Gerade aber solche antizipierenden Begriffe, die sich wenigstens partiell auch in einigen Entwicklungen des gesellschaftlichen Substrates niedergeschlagen haben, geben Anhaltspunkte vor, um in der dauernden Konfrontation mit dem oben entwickelten primitiven Todesbild den heute möglichen Todesbegriff, und das heißt die heute mögliche Rationalität am Tode zu beurteilen, zumindest abzuschätzen. Von daher wird sich dann die entscheidende Frage stellen, weshalb jene wenngleich nur ansatzweise explizierten und meist nur in der Philosophie aufgekommenen Todesbegriffe der Profanität und ausschließlichen Immanenz heute noch keine eindeutige und widerspruchslose Geltung gewonnen haben.

Wesentliche Momente primitiver Todesbilder wurden in der Religion fortgeführt, unter den neuen Inhalten der Erlösung beibehalten, allerdings im ganzen nicht ohne signifikante Modifikationen. Die inhaltliche Nähe, gar Kongruenz der Vorstellungen vom Tode in primitiven Gesellschaften und der der Hoch- oder Erlösungsreligionen ist unübersehbar. Sie wird etwa im Werk des Religionswissenschaftlers Mircea Eliade darin deutlich, daß generalisierend von *dem* religiösen Menschen gesprochen wird gegenüber dem aus der Immanenz lebenden, daß auch die inhaltliche Darstellung der Momente *des* Religiösen alle Formen und Stufen dieser Kategorie in sich begreift.[1] Solche Verallgemeinerungen über die Geschichte hinweg werden ermöglicht durch die reale Persistenz zentraler Muster der religiösen Gedankenwelt.

Christliche Religion hat die wichtigsten Themen primitiver Todesvorstellung in sich aufgenommen und bis heute fortgeführt, hat aber zugleich in einigen Punkten der Ausbildung eines profanen Todesverständnisses Vorschub geleistet. Fortgeführt ist in ihr, daß der Tod sich dem mehr oder weniger gewaltsamen Eingriff einer jenseitigen oder jedenfalls fremden Macht verdankt, daß der Tod nicht irreversibles Ende allen Lebens ist, sondern neues Leben eröffnet, schließlich daß der Tote, in welcher Weise auch immer, wirkende Kraft bleibt und durchs Todesereignis nicht völlig depotenziert wird. Einige Momente eines so grob und undifferenziert angedeuteten christlichen Todesverständnisse weisen aber über das primitive Todesbild hinaus in Richtung auf Profanisierung. Zwar eröffnet sich nach dem Tode neues Leben, aber die Erlangung solch neuen Lebens hängt nicht mehr ab von der rituellen Bestattung der Knochen des Verstorbenen und anderen sozialen Dispositionen, sondern primär vom Verhältnis des Sterbenden zu seinem Gott. Zudem schiebt sich zwischen Tod und neues Leben eine Zeit des wirklichen Totseins, die nämlich bis zum Jüngsten Gericht. Wo der Gestorbene bzw. dessen Seele bis dahin sich aufhält und unter welchen Bedingungen, ist aus der christlichen Dogmatik nicht klar zu ersehen. Relikte allerdings der sozialen Dispositionsmacht für die Erlangung neuen Lebens haben sich erhalten in den Totenriten, insbesondere den Totenmessen und anderen formalisierten Möglichkeiten, das Dasein des Toten von hier aus zu verbessern. Die Aufbewahrung der Gebeine der Heili-

1 *Mircea Eliade*, a. a. O.

gen in Kirchen verweist auf noch ältere Vorstellungen. In der offiziellen kirchlichen Dogmatik aber herrscht – abgesehen von der Auferstehung des Fleisches am Ende der Tage – der Gedanke vom irreversiblen Verfall des Körpers und von der Möglichkeit neuen Lebens für die nicht verfallende Seele vor. Mit der in der Neuzeit eintretenden Problematisierung der Existenz einer ewigen Seele hat sich dann schon gegen Ende des Mittelalters deutlich die Aufmerksamkeit auf den Verfall des Körpers gewendet, dahinter den Eingang der Seele in die Transzendenz zurücktreten lassen. Dem gewöhnlich für christlich gehaltenen Dualismus von verfallendem Körper und ewiger Seele wird in der modernen Theologie zunehmend widersprochen. Katholische wie protestantische Theologen bezeichnen diesen Dualismus als aus griechischer Philosophie in die Theologie eingedrungen und bestehen darauf, daß der Christ ganz und als ganzer stirbt, um durch die Macht seines Gottes neues Leben zu erhalten.[2] Insofern enthält christliche Religion selbst bereits Ansätze zu säkularen Todesbildern, die zu dem Zeitpunkt sich verselbständigen konnten, zu dem aufgrund zunehmender Säkularisierung des Bewußtseins der Menschen die Macht jenseitiger Instanzen problematisch wurde, gar der Indifferenz oder Leugnung verfiel.

Vom christlichen Todesbegriff hat dieser Prozeß der Verselbständigung, parallel zur Abschattung und Depotenzierung jenseitiger Macht, zur Konstitution profaner Todesbilder geführt oder ihr doch Vorschub geleistet. Die auf Ambrosius zurückgehende mors triplex christlicher Theologie – bestehend aus dem physischen Tod als Ende irdischen Daseins, dem geistigen Tod als Verfassung der Menschen, die außerhalb christlichen Glaubens stehen oder sich außerhalb gestellt haben, schließlich der mors mystica als Teilnahme am Göttlichen noch während des irdischen Lebens –[3] zerfiel in ihre

2 *Josef Pieper:* »Tod und Unsterblichkeit«, Universitas 16 (1961), S. 1265–1280, und *Helmut Thielicke*, a. a. O.

3 Vgl. hierzu *Jacques Choron:* Der Tod im abendländischen Denken, Stuttgart 1967, S. 92.

Komponenten. Der körperliche Tod gewann schon früh als Vorstellung einiges Eigengewicht, verbreitete sich mit dem fortschreitenden Verblassen christlicher Seelen- und Fortlebenslehre, wenngleich ohne zu irgendeiner Zeit in den Katalog allgemein geltender kultureller Werte und Orientierungsregeln aufgenommen zu werden.
Zwar ist der körperliche Tod – den ewigen Tod geistiger Verdammnis hatte Christus durch sein Opfer von den Menschen genommen – in christlicher Religion keineswegs als gerecht und selbstverständlich konzipiert, sondern geht zurück auf die Urschuld, wurde von Gott als Buße für die Erbsünde in die Welt gesetzt, ist der Sünde Sold. Dies trifft sich mit primitiven Konzeptionen, daß das Sterben durch ein Unglück, eine Schuld oder einen Fehler der ersten Menschen in die Welt gekommen ist, daß der Tod also seinem Wesen nach gar nicht zum Menschen gehört, ihm fremd und aufgezwungen ist. Absplitterungen vom offiziellen Gang der Geschichte christlicher Religion versuchten aber schon früh, die Notwendigkeit des Todes aus diesem Zusammenhang mit Schuld und Buße herauszubrechen und die natürliche Herkunft des Todes zu propagieren: so vertrat der Pelagianismus einen solchen aus natürlichen Ursachen – und nicht aus der sich durch die Urschuld rechtfertigenden strafenden göttlichen Macht – herrührenden Tod.[4] Impliziert aber war diese Vorstellung seit je in dem in der christlichen Religion geltenden Wissen vom völligen und endgültigen Verfall des Körpers, ein Wissen, dem das von der Wiederauferstehung des Fleisches nur teilweise und unvollkommen entgegnen konnte.
Langsam nur und, gemessen an den in der Gesellschaft herrschenden Einrichtungen und Vorstellungen, in der Sphäre relativer Machtlosigkeit setzt sich in der Geschichte das durch, was Tod heute heißt: endgültiges Ende. Es scheint unmöglich, für die Durchsetzung dieser gegenüber Magie und Religion als aufklärerisch anzusehenden Vorstellung eine exakte

4 Vgl. hierzu *Walther Rehm:* Der Todesgedanke in der deutschen Dichtung vom Mittelalter bis zur Romantik, Halle a. d. Saale 1928, S. 22.

historische Datierung anzugeben. Auf jeden Fall aber handelt es sich um eine sehr spät aufgekommene Einsicht. So schreibt Sigmund Freud: »Für den Primitiven wäre die Fortdauer des Lebens – die Unsterblichkeit – das Selbstverständliche. Die Vorstellung des Todes ist etwas spät und nur zögernd Rezipiertes, sie ist ja auch für uns noch inhaltsleer und unvollziehbar.«[5]

Sind so für die Genese moderner Todesbilder Ausgangspunkte in Religion selbst, in der Verselbständigung einiger Momente christlicher Dogmatik angegeben, soll für die eindrucksvollere, wenngleich immer noch marginale Durchsetzung dieser modernen Todesbilder zu Beginn der bürgerlichen Gesellschaft eine zweite Wurzel in der Geschichte sozialen Bewußtseins aufgewiesen werden. Die Philosophie der Stoa hat nicht nur bis heute in mannigfachen Inhalten und Problemkreisen die Reflexion über den Tod beeinflußt und befruchtet, sondern ihrerseits Vorleistungen für einen profanen Todesbegriff erbracht. Der Tod als Geschehen (nicht als Aktus) gehört auf gleiche Weise zu den allgemeinen Gesetzen der natürlichen Ordnung wie die Geburt. Tod soll von dieser normalisierenden Kategorisierung unter allgemeine und neutrale (und nur in letzter Instanz von göttlicher Vorsehung regulierte) Naturgesetze her sein Grauen verlieren und die Möglichkeit würdiger Hinnahme eröffnen.

Zusätzlich muß allerdings angemerkt werden, daß die stoische Lehre in ihren Färbungen durchaus auch Unsterblichkeits-

5 *Sigmund Freud:* Totem und Tabu, a. a. O., S. 87. Behandelt hier Freud den Tod als phylogenetische (wie ontogenetische) Errungenschaft, so ist für die zweite Hälfte seines Lebenswerkes die Polarität von Lebens- und Todestrieb kennzeichnend. Damit stellt Freud sich in die Reihe der Autoren, die den Tod zur psychischen (und biologischen) Immanenz erklären und ihn mehr und mehr zum Prinzip der individuellen Lebensführung werden lassen. Diese zweite Konzeption, die in der kritischen Rezeption meist abgelehnt wurde, braucht hier nicht weiter behandelt zu werden. – Auch Jacques Choron spricht von der historisch spät aufgekommenen Erkenntnis vom Tode als völliger Vernichtung. Vgl. *Jacques Choron,* a. a. O., S. 22–26.

hoffnungen hegte, daß vor allem der Naturbegriff nicht in solcher Weise neutralisiert und immanent vorgestellt war wie der heutige der Naturwissenschaft: dennoch aber hat dieser Begriff in einem geistesgeschichtlichen Prozeß der Auflösung und Verselbständigung einzelner Momente zur Genese moderner Todeserfahrung an der Wende vom Feudalismus zur bürgerlichen Gesellschaft beigetragen.

Die in Momenten des christlichen Todesbegriffs und den Ansätzen antiker Philosophie implizierten Versuche der rationalen Aufhellung des Todes gewinnen während des Feudalismus nicht an Boden. Im Gegenteil scheint es zu Regressionen zu früheren Vorstellungen zu kommen, indiziert insbesondere durch die allgemein übliche Personifizierung des Todes: »Mit naiver Selbstverständlichkeit reden Chrétien, Dante, die Troubadours und andere so vom Tode, als ob er *jemand* wäre . . .«, die strafende Macht Gottes wird personalisiert zur Macht Tod, zum »Beamten Gottes«[6], zum von Gott eingesetzten Lehnsherrn. Dieser Beamte verlangt Fügsamkeit und Unterwerfung unter seine Willkür, die ihm Gott gestattet. Gegen ihn aufzubegehren, hätte eine Rebellion gegen Gott selbst bedeutet.

Am Übergang vom Mittelalter zur Neuzeit, der sich sozialhistorisch beschreiben läßt durch die Rezession feudaler Einrichtung der Gesellschaft gegenüber dem Aufkommen bürgerlich-kapitalistischer Produktions- und Lebensformen, erfährt das Todesthema eine deutliche Aufwertung. Eine Fülle von Traktaten und Lehrgedichten, die sogenannte ars moriendi-Literatur, beschäftigt sich mit der Möglichkeit, das Sterben zu lernen, in der Hoffnung, das Sterben sei lernbar und damit Todesangst überwindbar. Diese Hoffnung auf Rationalisierung des individuellen Todeserlebnisses hat seit Plato und

6 *Johannes Kleinstück:* »Zur Auffassung des Todes im Mittelalter«, Deutsche Vierteljahresschrift für Literaturwissenschaft und Geistesgeschichte 28 (1954), S. 41. Kleinstück widerspricht im übrigen der von Walter Rehm und anderen Autoren vorgenommenen Trennung zwischen Mittelalter und Renaissance für die Geschichte des Todesgedankens.

dann vor allem der Stoa eine lange Geschichte, tritt jetzt aber symptomatisch wieder auf und erreicht schließlich einen Höhepunkt in der Philosophie Montaignes.

Eine Aufwertung erfährt das Todesthema in dieser Zeit vor allem in den Totentänzen und der verwandten Kunst, auch in den sich davon ableitenden Formen der Volkskunst. In doppelter Weise bedeuten die Totentänze eine Hinwendung zu profanen Todesbildern: Tendenziell wenigstens verliert der Tod hier seinen Charakter als Initiation zu neuem Leben, als Übergang und Neubeginn. Nicht mehr das Eintreten in die Transzendenz steht im Vordergrund der Aufmerksamkeit, sondern das in Bildern und Sprache mehr als deutlich dargestellte Todesereignis, das Ende irdischen Lebens und seine Konsequenzen, Leichnam und Verwesung. Die anfängliche Absicht der Totentanzkunst, an die Vergänglichkeit und Eitelkeit des diesseitigen Lebens zu mahnen und aufs neue Leben drüben zu verweisen, schlägt um in eine Lektion über das Grauen und die Schrecken des Todesereignisses und der Verwesung, die kein Jubel über Transzendenz mehr zu verdecken weiß. Der unerbittlich jedem bevorstehende Verfall wird seit etwa 1400 n. Chr. Thema der darstellenden Kunst und bleibt es in der Volkskunst noch lange: bis ins 16. Jahrhundert zeigen die Grabmale Darstellungen der verwesenden Leiche. Auf diese Weise verblaßt gegen Ende des Mittelalters die Transzendenz vor dem offenbaren Grauen körperlichen Verfalls.

In einer zweiten Richtung scheint uns die Totentanzkunst eine Abkehr vom magisch-religiösen Todesbild anzuzeigen: in der Darstellung der Sündhaftigkeit und damit der Todesverfallenheit aller Stände und Berufe ist der Hinweis auf die Gleichheit im Tode nicht zu übersehen. Die Gewißheit, daß der Tod für alle Menschen das gleiche bringt und ist, galt nicht in aller Geschichte, sondern ist ebenfalls neueren Datums. Für eine in das dem Tode folgende Leben projizierte Klassentrennung ließen sich aus vielen Gesellschaften Beispiele anführen. Auf diese Ungleichheit im Tode deuteten die oben angeführten Beispiele unterschiedlicher Trauerrituale und unterschiedlicher Beunruhigung der Gruppe beim Tode etwa eines Führers oder eines Sklaven oder Kindes. Ungleichheit impliziert auch der Katalog von Todesarten, die als »schlecht« benannt sind, was fürs Trauer- und Bestattungsritual wie auch die meist daran geknüpfte Teilhabe am jenseitigen Leben Konsequenzen hatte. Ebenso wie nicht immer bekannt und anerkannt war, daß alle Menschen Menschen sind, so wenig war seit je bekannt, daß alle in gleicher Weise sterben.[7] Daß also der Tod gleichmacht, daß er für alle grundsätzlich die gleichen Wege öffnet, hat die christliche Religion durchgesetzt mit der Instanz des Jüngsten Gerichts und einer Reihe weiterer egalitärer Züge.

In den Totentänzen des Spätmittelalters aber wird dies Gleichheitspostulat profan im Nachdruck auf die Allgemeinheit der Vergänglichkeit, auf Verfall und Verwesung als das, was jedem – unabhängig von seiner sozialen Position und seiner Todesart – bevorsteht. Im Aufweis der Allgemeinheit des Endes steckt so »die Lektion der gesellschaftlichen Gleichheit ...«[8]

Dieser Aufweis kann als am Tode explizit gewordener, gegen den Feudalismus gerichteter Gleichheitsanspruch bürgerlicher Schichten interpretiert werden. E. Döring-Hirsch schreibt dazu: »Wenn ... für den Beschauer oder Leser der ›Totentänze‹ der Gedanke etwas Tröstliches hat, daß der Tod alle gleich macht, keinen verschont, auch die Höchsten dieser Welt nicht, wie Kaiser und Papst, ... so liegt darin etwas von dem demo-

7 Vgl. *Ernst Topitsch:* »Seelenglaube und Selbstinterpretation«, in Ernst Topitsch: Sozialphilosophie zwischen Ideologie und Wissenschaft, Neuwied am Rhein und Berlin 1961, S. 162 ff., und *Edgar Morin,* a. a. O., S. 40 ff.

8 *Johan Huizinga:* Herbst des Mittelalters. Studien über Lebens- und Geistesformen des 14. und 15. Jahrhunderts in Frankreich und in den Niederlanden, Stuttgart, 8. Aufl. 1961, S. 202. Zum Totentanz vgl. weiter *Werner Block:* Der Arzt und der Tod in Bildern aus sechs Jahrhunderten, Stuttgart 1966, S. 20; *Will-Erich Peuckert:* Die große Wende, Bd. I: Das apokalyptische Saeculum und Luther, Darmstadt 1966, S. 95 f.; *Walter Rehm,* a. a. O., S. 70.

kratischen Zuge der Zeit, der sich ja in den religiösen und sozialen Umwälzungen des 16. Jahrhunderts zu revolutionären Ausbrüchen steigert.«[9] Beide in den Totentänzen angezeigten Entwicklungen, die Reduzierung des christlichen Todes auf körperlichen Verfall und die endgültige Abkehr von Differenzierungen in der Bedeutung des Todes für Inhaber verschiedener sozialer Positionen, werden in ihrer Tendenz auf Verweltlichung ergänzt durch eine dritte. Der Tod beginnt sich zu lösen von seiner engen und ausschließlichen Verknüpfung mit jenseitigen Mächten. Für diese letztere Entwicklung ist erster und der Zeit nach überraschender Beleg die Schrift des Johannes von Tepl: »Der Ackermann aus Böhmen. Ein Streit- und Trostgespräch vom Tode«.

Diese in den ersten Jahren des 15. Jahrhunderts verfaßte Schrift ist ein Zeugnis verzweifelter und zugleich gezielter Empörung gegen den Beamten Gottes. Dem Tode wird sein Amt, unter Berufung auf Gott wohl noch, bestritten, seine Legitimitätsgrundlage in Frage gestellt: »Ihr seid der Übeltäter: darum wüßte ich gerne, wer Ihr seid, was Ihr seid und wo Ihr seid, von wannen Ihr stammt und wovon Ihr tüchtig seid, daß Ihr so viele Gewalt habet ...«[10] In nie gehörter Weise beschimpft der Ackermann den Lehnsherrn Gottes und ruft gegen ihn den Spruch Gottes, aber auch die Macht der ganzen Schöpfung auf: »Nach allem meinem Vermögen will ich Euch ewiglich widerstreben; die ganze Schöpfung soll mir Beistand leisten, wider Euch zu wirken. Euch befehde und hasse alles, was da ist im Himmel, auf Erden und in der Hölle!«[11]

Zum ersten Male wird der Tod als Buße für die Erbschuld

9 *E. Döring-Hirsch:* Tod und Jenseits im Spätmittelalter, Berlin 1927, S. 77.

10 *Johannes von Tepl:* Der Ackermann aus Böhmen, Stuttgart 1963, S. 56.

11 *Johannes von Tepl*, a. a. O., S. 48. Vgl. *Walther Rehm*, a. a. O., Kapitel V. Auch Paracelsus will gegen den Tod die Kräfte der Natur einsetzen. Vgl. dazu das Zitat bei *Will-Erich Peuckert:* Die große Wende. Bd. I, a. a. O., S. 96.

nicht mehr hingenommen: der Ackermann rechtet, verhandelt mit dem Tode, verurteilt und überführt ihn, als ob er nicht länger eine von Gott eingesetzte Gesetzlichkeit sei. Dieser Aufruhr, wiewohl am Ende des Streitgesprächs von Gott zurechtgerückt und in seine Schranken verwiesen, ignoriert im Kerne Gott, klagt den Tod als Instanz an und ruft zu seiner Bekämpfung programmatisch die Kräfte der ganzen Schöpfung auf. Programmatisch ist dieser Aufruf in der Tat: mit dem Aufstieg der bürgerlichen Schicht, mit dem Renaissance, Reformation, Aufklärung als Gestalten des Geistes verknüpft sind, wird der Tod aus dem transzendentalen Zusammenhang befreit, weltimmanenten Ursachen zugerechnet und damit virtuell durch weltimmanente Kräfte beherrschbar, wenigstens durchschaubar. Nicht mehr unabänderliches Schicksal und Richtspruch ist er, sondern Feind und Gegner, gegen den die Kräfte der Natur aufgeboten werden sollen.

Dieser weltimmanente Ursachenkomplex, dem nun der Tod zugerechnet wird, ist die in der Wiederaufnahme antiker Philosophie und in der Tendenz auf Beobachtung und Beherrschung der Dinge sich konstituierende Ordnung der Welt, die Natur heißt. In ihr sind alle Vorstellungen, die die Außenwelt betreffen, zu einer gegenüber religiösen Mächten mehr und mehr neutral und unabhängig werdenden Ordnung von aus sich selbst wirkenden Ursachen organisiert. Diese Ordnung ist in ihrer Gesetzlichkeit zwar erkennbar, daher manipulierbar und partiell beherrschbar, entspringt aber weder dem Willen des Schöpfers noch dem der Menschen.

Sie hat ihre direkte Bedeutsamkeit für die Menschen, die sie als Schöpfung ehedem hatte, verloren, tritt ihnen nicht länger als beabsichtigt entgegen, sondern als neutraler Bereich der Tatsachen, der auch ohne die Menschen bestehen könnte. Ein solcher Naturbegriff und die Konzeption natürlicher Gesetze ist implizit ein Protest gegen die mit göttlichem Gesetz innig verknüpfte feudale Einrichtung der Gesellschaft.

Im Rahmen dieses hier gewiß allzu pointiert gezeichneten bürgerlich-neuzeitlichen Naturbegriffs erhält der Tod eine neue Bestimmung. Nicht mehr als Dämon oder Gott erscheint er jetzt, als aus dem Jenseits einbrechende Macht oder als Konsequenz magisch-religiöser Konstellationen, sondern als am Ende der biologischen Kräfte des Menschen wirkende natürliche Gesetzlichkeit. Die Vorstellungen gewaltsamer und religiös-legitimierter Todesmacht verblassen. Nicht mehr Allmutter Erde verschlingt die Menschen; Osiris und die vielgestaltigen Todesgötter, die Parze und der Sensenmann, auch der durch den christlichen Gott eingesetzte Sendbote verlieren nach und nach ihr Amt.

Dies kann allerdings nur als Tendenz gefaßt werden, die volle soziale Durchsetzung ist bis heute ausgeblieben. Besonders der Bereich der Folklore, d. h. der von Volkssitte und Aberglaube, erweist sich gegen diese Tendenz resistent. So erhalten sich im Bewußtsein der ländlichen Bevölkerung, aber auch im Zusammenhang des pauschal als Aberglauben bezeichneten Bereichs die Vorstellungen vom magisch-gewaltsam verursachten Tod noch lange. Die mannigfaltigen Zeichen, die in diesen Zusammenhängen auf Unglück und Tod deuten, die ganze Kasuistik von Todesvorzeichen stellt sich die Welt nach wie vor als durchsetzt mit magischen Instanzen vor, die künftige Todesfälle anzeigen. Die Volkskunde hat diese Zusammenhänge ausführlich dokumentiert: »Neben Orakel und unbeabsichtigten Vorzeichen des Todes, die von besonderen Personen, Dingen und Orten, von Sternen und Träumen, von Klageweibel und Winselmutter oder von dämonischen Tieren ausgehen, gibt es eine unabsehbare Zahl von Vorzeichen ...: wenn eine Henne kräht, eine Runkelrübe ganz weiße Dickwurzelblätter zeigt, ein Apfelbaum im Herbst noch einmal blüht, ein Baum plötzlich dürr wird, wenn der Spiegel, ein Bild oder Glas fällt, wenn ein Licht blakt, die Pendeluhr eigentümlich tickt oder stehenbleibt, wenn eine Tür allein aufgeht ...«[12] Daß Personen und Dinge unwillkürlich die Macht haben, den Todesfall anzuzeigen,

12 *Wörterbuch der deutschen Volkskunde*, begründet von O. A. Erich und R. Beitl, Stuttgart, 2. Aufl. 1955, S. 757. Vgl. dazu auch *Erwin Rudolf*

werden wir als Rest der archaischen Vorstellung werten können, daß sie die Macht haben, den Todesfall herbeizuführen. Tendenziell wenigstens heißt der Tod seit der Konstitution des modernen Naturbegriffes ein durch biologische Ursachen nach einem ausgelebten Leben herbeigeführtes unwiderrufliches Ende der Menschen. Francis Bacon formuliert das deutlich: »Sterben ist ebenso natürlich wie Geborenwerden ...«[13] So liegt in diesem Begriff des natürlichen Todes die Abkehr von der jenseitig begründeten Bedeutung des Todes fürs Leben. Als natürliches Faktum ist er nicht länger Übergang zu neuem Leben oder göttlich legitimiertes telos. Nicht länger wird er glorifiziert und idealisiert zum Zeichen, daß das Leben aus der Transzendenz seinen Sinn gewinnt. Als bloßes natürliches Faktum kommt er den Menschen als Teil der Natur zu, bleibt aber den Menschen fremd, weil diese nicht nur Teil der Natur sind.[14]

Die Ablösung vom telos-Charakter des Todes ist keineswegs abrupt vorzustellen. Zudem ist der Begriff des natürlichen Todes in sich durchaus widersprüchlich und unterlag und unterliegt historischen Wandlungen und Regressionen. Eine Rückkehr zu Anklängen an den telos-Charakter ist zu sehen

Lange: Sterben und Begräbnis im Volksglauben zwischen Weichsel und Memel, Würzburg 1955, bes. S. 64.

13 *Francis Bacon:* Essays, Bremen 1916, S. 9. – Die Bestreitung der persönlichen Unsterblichkeit ist seit Pomponazzi und Pico della Mirandola für die Philosophie der Renaissance verbindlich. Vgl. dazu *Jacques Choron,* a. a. O., S. 101 ff.

14 Vgl. dazu *Herbert Marcuse:* »The Ideology of Death«, in: The Meaning of Death, herausgegeben von Herman Feifel, New York, Toronto, London 1959, insb. S. 64 f. Hier ist diese Dichotomie von Faktum und telos scharf entwickelt. – Die Kritik am telos-Charakter wird in der Kritik an neueren philosophischen und metaphysischen Konzeptionen immer schärfer erhoben, akzentuiert sich insbesondere in der Ablehnung des Freudschen Todestriebes. Vgl. hierzu *Igor A. Caruso:* »Bemerkungen über den sogenannten ›Todestrieb‹. Beitrag zur Entmythologisierung der Tiefenpsychologie«, Schweizer Archiv für Neurologie und Psychiatrie 70 (1952), S. 250, sowie *R. Brun:* »Über Freuds Hypothese vom Todestrieb. Eine kritische Untersuchung«, Psyche 7 (1953/54), S. 97.

in dem gleichfalls bürgerlich konzipierten intimen Verhältnis von Individuum und Tod. Das auf dem Markte und in der Sphäre der Öffentlichkeit sich autonom setzende Individuum wird im ganzen Reichtum seiner Bildung und seiner ökonomisch-politischen Freiheit durch den Tod vernichtet. Durchs Ende bestätigt sich Individualität. Auf das Dilemma der Sterblichkeit der Individuen und der Kontinuität der sozialen Prozesse hatte schon Comte verwiesen, in einem mit der Affirmation der bürgerlichen Individualität: »Die Kontinuität der aufeinanderfolgenden Anstrengungen kann unter verschiedenen Individuen nur bezüglich höchst einfacher und fast gänzlich materieller Operationen vollkommen hergestellt werden . . ., sie kann niemals in wirklich befriedigender Weise für die schwierigsten und bedeutendsten Arbeiten hergestellt werden . . .«[15] So erweist sich der Tod, indem er die glatte Weitergabe aller Errungenschaften einer bestimmten Generation, besonders bei hoch individualisierten, an die folgende in Frage stellt, als den Fortschritt störender Faktor. Von diesem in seiner Einzigartigkeit und Unabhängigkeit sich mächtig dünkenden Individuum aber fiel ein Abglanz auf den Tod. Er vernichtet diese Einzigartigkeit ganz und gar, er konstituiert die Einzigartigkeit und Besonderheit des Individuums als nicht wiederholbare. Von daher datiert die Rede vom Tode als dem, was dem Individuum intim zugehört, dem Tod als dem jeweils eigenen und in der Vernichtung des Einzigartigen selbst einzigartigen, die Rede von meinem Tod, die heute unter Berufung auf Rilke so oft noch zu hören ist.[16]
Fortsetzung fand die Vorstellung vom natürlichen Tod als

15 *Auguste Comte:* Soziologie, Bd. I, Jena 1907, S. 465.

16 Vgl. dazu Paul Ludwig Landsberg: »Daraus, daß die Bedeutsamkeit des Todes gerade in der Bedrohung des durchaus Individuellen, Einmaligen und Unersetzlichen in jedem Menschen erfahrungsmäßig gelegen ist, geht hervor, daß jeder einzelne Tod etwas ganz Besonderes bedeutet, und einen ganz besonderen Charakter trägt.« *Paul Ludwig Landsberg:* Einführung in die philosophische Anthropologie, a. a. O., S. 58. – Vgl. weiter T. W. Adorno: ». . . das emphatische Bild des Todes, der das Individuum, das Substrat allen bürgerlichen Verhaltens und Denkens, ganz auslöscht.

irreversiblem in der neueren Todesphilosophie. Über die Identifizierung des biologischen Lebens mit dem biologisch verursachten Tod steigert sich diese philosophische Tendenz, die sich nirgendwo zur gesellschaftlichen Geltung durchgesetzt hat, zu einem Todesbegriff, der Leben meint, Leben als Weg zum Tode. Die Identifikation von Leben und Tod, wie sie uns die nachhegelsche Todesphilosophie bietet, tendiert dazu, dem individuellen Lebensprozeß in allen Details eine »Todesrichtung«[17] zu unterlegen. Gegen die Parzenvorstellung des von außen wirkenden Todes argumentieren diese Philosophen, daß im Leben selbst der Tod wirke. Systematische Auslegung hat dieses Todesbild in der Philosophie Heideggers gefunden. Hier bezieht nicht mehr der Tod von der Einzigartigkeit des Individuums seinen Glanz, sondern richtet sich umgekehrt das Individuum an der Einzigartigkeit seines Todes auf.

Die Vorstellung vom natürlichen Tod, auf die wir zu Beginn der Neuzeit gestoßen waren, setzt Einsicht in natürliche Gesetzmäßigkeiten voraus, einen entwickelten Stand der Naturbeherrschung also. Die ungeheure Erweiterung der bekannten Welt, die Anfänge moderner empirischer Naturwissenschaft, die Erfindungen in Technik sind in der Tat hervorstechende Kennzeichen jener Epoche. In diesem Zusammenhang wird

Er war der absolute Preis des absoluten Wertes.« *Theodor W. Adorno:* Minima Moralia, Reflexionen aus dem beschädigten Leben, Frankfurt a. M., 2. Aufl. 1962, S. 311. – Herbert Marcuse legt den Zusammenhang von Tod und der nur in ihm alle Schranken überwindenden Monade dar: ». . . vollendete Hingabe erscheint einer Gesellschaft, in der das Gegeneinander der Interessen das principium individuationis ist, rein nur im Tode. Denn nur der Tod beseitigt alle jene äußerlichen, eine dauernde Solidarität zerstörenden Bedingtheiten . . . Er erscheint nicht als das Aufhören des Daseins im Nichts, vielmehr als die einzig mögliche Vollendung der Liebe und so gerade als ihr tiefster Sinn.« *Herbert Marcuse:* »Über den affirmativen Charakter der Kultur«, in: Kultur und Gesellschaft I, Frankfurt a. M. 1965, S. 79. – Ein solcher Zusammenhang von Tod und Liebe ist ausführlich formuliert in der Todesphilosophie von Ludwig Feuerbach.

17 *Max Scheler:* »Tod und Fortleben«, in: Schriften aus dem Nachlaß, herausgegeben von Maria Scheler, Bern, 2. Aufl. 1957, S. 20, sowie *Georg Simmel,* a. a. O., S. 110.

auch die Konzeption eines natürlichen Todes gesehen werden müssen. Die mit Macht einsetzende naturwissenschaftliche Denkweise sah mehr und mehr von der Sonderstellung des Menschen im Bereich der Schöpfung ab und stellte ihn in den Bereich der Natur, d. h. des Sterblichen.[18] Die Entzauberung der Welt betraf auch den Tod.

Näher auf den Tod bezogen wären insbesondere zwei Wege zu nennen, die Naturbeherrschung eingeschlagen hat. Zum einen die Leichensektionen zum Zwecke wissenschaftlicher Forschung und Lehre. In den Kontroversen um diese Einrichtung werden wir ein Indiz für die wenigstens partielle Durchsetzung eines neuzeitlichen Todesbegriffs sehen können. Leichensektion geht davon aus, daß der Tote alle Merkmale seines früheren Lebens verloren hat, daß die Leiche sich wie ein Ding behandeln lasse. Dieser Topos der Leiche als Ding bezeichnet eine entscheidende Abkehr von allen früheren magisch-religiösen Vorstellungen des Fortlebens des Toten, negiert im Kerne alle Lehren vom Leben nach dem Tode oder von der Auferstehung, vom Toten als in welcher Weise auch immer noch mit Lebenskräften ausgestatteten Agens.

Der in der Medizin übliche Todesbegriff des exitus letalis geht auf den gleichen Inhalt. Negativ wird dies deutlich in einer kritischen Argumentation gegen diesen medizinischen Todesbegriff und die darin vernachlässigte »existentielle Mächtigkeit des Todes«: »Der existentiale Charakter des Todes ist

18 Vgl. hierzu *Adolf Portmann:* »Unsterblichkeit«, in: Luyten, Portmann, Jaspers, Barth: Unsterblichkeit, Basel 1966, S. 21–29. Weiter: *Claude C. Bowman:* »Sozialpsychologische Aspekte der nuklearen Bedrohung in den USA«, in: Politische Psychologie als Aufgabe unserer Zeit (»Politische Psychologie«, Nr. 1), Frankfurt a. M. 1963, S. 61. Vgl. auch Meyers Conversations-Lexikon aus dem Jahre 1851: ». . . und wenn die noch ganz im physischen Sinn gebundenen Alten den Tod sich nicht ohne unmittelbare Einwirkung irgend eines selbständigen Wesens denken konnten, so mußte dagegen die Todesanschauung sich immer mehr läutern, je tiefer die Menschen ihr Verhältnis zur Natur und den Zusammenhang zwischen ihrer physischen und geistigen Existenz erfaßten.« *Meyers Conversations-Lexikon,* Amsterdam, Hildburghausen, Paris und Philadelphia 1851, Bd. 11, S. 1127.

dem medizinischen Denken der neueren Zeit durch ein naturwissenschaftliches Apriori verhüllt geblieben. Weil man das Sterben ausschließlich von der Natur her ins Auge faßte als das ans Ende gebrachte Leben, hat man es stets nur als einen wesenlosen *Naturzufall* . . . erfahren.«[19] Die hierin wieder auftretende Dichotomie von Naturfaktum und telos erfährt nähere Bestimmung, indem das natürliche Faktum als von der naturwissenschaftlichen Heilkunst vertreten beschrieben wird. Gestattet der Begriff des natürlich verursachten Todes einerseits die Verwendung der Leiche als Material, so gestattet er andererseits den Protest gegen den Zeitpunkt des Todesereignisses, den Protest gegen die Kürze des Lebens. Kommt der Tod nicht mehr aus der Willkür jenseitiger Mächte, sondern aus Ursachen, die in den Menschen als Teil von Natur wirken, so wird sich die Aufgabe stellen, diese von Natur gesetzte Lebensspanne allererst zu realisieren durch die Abwendung des vorzeitigen, zufälligen oder gewaltsamen Todes. So erweist sich, daß der Begriff des natürlichen Todes in dieser Perspektive eine säkularisierte Form der alten Vorstellung ist, jedem sei eine bestimmte und feststehende Lebenszeit durch Schicksal, Gott oder die Ahnen zugewiesen. Die Natur ist es jetzt, die zugewiesen hat. Indem aber die Natur verantwortlich wird für Lebensdauer und Todeseintritt, erscheinen beide wie alle anderen Konstellationen natürlicher Wirkkräfte als beobachtbar, erklärbar und damit der Möglichkeit nach lenkbar. Naturbeherrschung erhält von hier, innig verknüpft mit der Geschichte der Medizin, den Charakter einer Todesprävention. Die naturwissenschaftlich-medizinischen Versuche, dem natürlich verstandenen Tod mit natürlichen Mitteln zu begegnen, sind zu Beginn der Neuzeit an Zahl und Anspruch bedeutend. Paracelsus setzt sich dies Ziel der Verlängerung des Lebens und der Verhinderung des Todes. Die Arkanmethoden der Medizin sollen ihm dabei helfen.[20]

19 *Achim Mechler:* »Der Tod als Thema der neueren medizinischen Literatur«, Jahrbuch für Psychologie und Psychotherapie 3 (1955), S. 381.
20 *Will-Erich Peuckert:* Die große Wende, Bd. I, a. a. O., S. 97 ff.

Francis Bacons Hervorhebung der medizinischen Aufgabe der Lebensverlängerung ist gleichfalls nicht zu übersehen: »We devide medicine into three parts, or offices: viz., 1st the preservation of health; 2nd the cure of diseases; and 3rd the prolongation of life.« »We make the third part of medicine regard the prolongation of life: this is a new part, and deficient, though the most noble of all.«[21]

Seitdem die Aufgabe der Lebensverlängerung und der Hinauszögerung des Todes so in die Charter der medizinischen Einrichtungen aufgenommen worden ist, hat sie, wenngleich nicht unwidersprochen, mehr und mehr die Funktion dieser Einrichtungen bestimmt, so daß es heute so scheinen kann, als ob die Abschaffung des Todes seit jeher Wunschtraum der Medizin gewesen sei.

Einige weitere Wandlungen des gesellschaftlichen Substrats lassen sich anführen, in denen die Vorstellung des natürlichen Todes sich langsam durchgesetzt hat. Damit können wenigstens einige Punkte angegeben werden, durch die das dem modernen Todesbild von vornherein mitgegebene Prädikat gesellschaftlicher Machtlosigkeit und Ausgeschlossenheit vom kulturellen Orientierungssystem eingeschränkt wird. Verwiesen werden soll hier auf den juristischen Niederschlag der Depotenzierung der Toten. In einem fortschreitenden Prozeß der Profanisierung, entscheidend stimuliert durch Reformation und Säkularisation, haben die Toten die Möglichkeit mehr und mehr verloren, Rechtssubjekt zu sein. Rechtssubjekte waren die Toten bis ins Mittelalter gewesen, wenngleich bei den Laien-Toten bereits verblassend und ausgeprägt nur noch bei den Heiligen der katholischen Kirche. Diese konnten Geschenke weltlicher Art entgegennehmen und Stiftungen besitzen. »Der Protestantismus«, so schreibt Hans Schreuer in

21 *Francis Bacon:* »The Dignity and Advancement of Learning«, in: The Physical and Metaphysical Works of Lord Bacon ... London 1904, S. 159 und 166. Vgl. dazu die Aufzählung von Gesundheit und Langlebigkeit garantierenden Vorrichtungen in *Francis Bacon:* »Neu-Atlantis«, in: Der utopische Staat, herausgegeben von K. J. Heinisch, Hamburg 1960, S. 205 ff.

seiner rechtshistorisch-germanistischen Studie, »und die Aufklärung – auch innerhalb der katholischen Kirche – haben der Rechtspersönlichkeit des Toten – auch der Heiligen – ein Ende gemacht. Trotz der prinzipiell begrifflichen Möglichkeit eines Verkehrs zwischen Lebenden und Toten, insbesondere Heiligen, ist deren Rechtssubjektivität erloschen. Das Vermögen der Heiligen, die Zuwendungen an die Seele wurden umgedeutet. Das Rechtssubjekt ist nicht mehr der Tote.«[22] Für die heutige Rechtswissenschaft gelte dies inzwischen allgemein: »Nach moderner Anschauung erlischt mit dem Tode die Rechtspersönlichkeit. Das Rechtssubjekt ist gewesen.«[23] In der Konsequenz schreibt dies der Leiche den Charakter der Sache, gar des Abfalls zu, eine Konsequenz, die allerdings in vielfältiger Weise von entgegenlaufenden Tendenzen überlagert ist.[24]

Schneidet diese in der Geschichte der juristischen Normen zu verfolgende und zu Beginn der Neuzeit entscheidend vorangetriebene Entwicklung der Profanisierung die Rechtssubjektivität des Toten ab, nimmt ihm die Fähigkeit zu Besitz und macht Ehe zu einem beim Tode eines der beiden Partner endenden Verhältnis, so beendet die gleiche Entwicklung, in der das Todesereignis als Schlußpunkt der Rechtsfähigkeit genommen wird, alle bisher geltenden Institutionen, die dem physischen Tod nahekamen. Soziale Ächtung, Bann, das Institut der Friedlosigkeit und vor allem des sogenannten »bürgerlichen Todes«, aber auch die Initiationsriten beim Eintritt ins Kloster hatten bisher Verlust der Rechtsfähigkeit noch zu Lebzeiten bedeutet, den Tod damit in gewisser Weise sozial verhängt. Der Begriff des natürlichen Todes ist insofern rechts-

22 *Hans Schreuer*, a. a. O., S. 431.

23 *Hans Schreuer*, a. a. O., S. 333.

24 Vgl. *Hans Schreuer*, a. a. O., S. 425. Hier auch *Jürgen Gaedke:* Handbuch des Friedhofs- und Bestattungsrechts. Göttingen, 2. Aufl. 1963, Kapitel 4: »Die Leichenbeförderung«, S. 183–191. Dort ist von einem »Leichenpaß« die Rede, der für die Beförderung nach außerhalb des Sterbeortes notwendig wird, ist davon die Rede, daß für den Transport mittels Eisenbahn in der Regel eine Begleitperson erforderlich ist, etc.

wissenschaftlich Gegensatz zum Institut des bürgerlichen Todes.[25] Indem jene benannten Sanktionen entfallen, die zumindest symbolisch, im Bann und in der Friedlosigkeit aber auch real Tod bedeuteten, erhält das Konzept des natürlichen Todes ein Stück mehr juristischer Anerkennung. Der Fortfall jener Instrumente der sozialen Kontrolle, die Ausschluß aus dem sozialen Verband androhten oder bewirkten, geht vermutlich zurück auf die wachsende Geltung der Menschenrechte, deren Garantien von Eigentum, Sicherheit und Rechtsfähigkeit damit unverträglich waren.

Unter einem verwandten Gesichtspunkt läßt sich das Verhältnis zwischen Lebenden und Toten als einer historischen Tendenz zur Neutralisierung unterliegend beschreiben, einer Tendenz, die gleichfalls aufs engste mit den Momenten des modernen Todesbegriffs verknüpft ist. War der Tote ehedem nicht nur als lebendes Agens vorgestellt worden, sondern zudem qualifizierend als unheimlicher Feind, vor dem man sich zu schützen hat, oder als mächtiger Helfer, den man sich durch Gebete und andere Praktiken unter Umständen dienstbar machen konnte, so scheint das neuzeitliche Verhältnis zwischen Lebenden und Toten immer mehr den Charakter der Indifferenz anzunehmen.[26] Mit der Depotenzierung des Toten zur Leiche, enthalten im Konzept des natürlichen Todes, erübrigten sich – tendenziell wieder – die bisher mehr oder weniger institutionalisierten Wege der Kommunikation mit dem Toten, wird das Verhältnis zwischen Lebenden und Toten frei von qualifizierenden Beziehungen.

Das wiederum hat seine Konsequenzen für die Entmächtigung des Totenreichs und seiner Substitute als Garanten der normativen Identität und Kontinuität der Gesellschaft. In der Furcht vor den Toten als Instanz, die die Einhaltung der sozialen Regelungen überwacht und mittels ihrer Macht über Leben und Tod erzwingt, war die normative Kontinuität

25 Vgl. *Meyers Conversations-Lexikon,* Amsterdam, Hildburghausen, Paris und Philadelphia 1851, Bd. 11, S. 1128.

26 Vgl. hierzu *Felix Scherke,* a. a. O.

der Gesellschaft ganz allgemein im Sinne von Tradition gesichert. »Die toten Vorfahren erscheinen als die eigentlichen Traditionswächter, welche die herkömmliche Ordnung garantieren ... Dort, wo durch die Entwurzelung und Individualisierung modernen Lebens das Bewußtsein, Glied in der Kette zu sein, geschwunden ist, da hat die Tradition ihren ursprünglichen Nährboden verloren ...«[27]

Nur zu deutlich erscheint hierin die Absetzung der Toten aus ihrem Amt als Garanten normativer Kontinuität verknüpft mit dem für die bürgerliche Gesellschaft immer wieder angegebenen Kennzeichen der prinzipiellen Traditionslosigkeit, positiv gefaßt im emphatischen Fortschrittsbegriff. Die zu Anfang der modernen Gesellschaft vollzogene oder wenigstens begonnene Abkehr von der die Expansion des kapitalistischen Marktes hemmenden Kraft der Tradition steht so in enger Interdependenz mit der Entmächtigung des Totenreiches als Wächter dieser Tradition.

Erhalten haben sich verhaltensanweisende und verhaltensdirigierende Funktionen des Totenreiches allerdings, das muß zugefügt werden, in den Formen des Aberglaubens, insbesondere des Spiritismus und verwandten Vorstellungskomplexen, die etwa Mitte des 19. Jahrhunderts entstanden sein dürften. Deren Totenreich garantiert lange nicht mehr die normative Identität der Gesellschaft. Meist nur auf ausdrückliches Befragen geben die Geister dieses Totenreiches Handlungsanweisungen oder wirken in diese Welt hinein. Beide Aktivitäten haben nicht länger etwas mit dem Bestand des Gesamtsystems zu tun.

Der so in einiger Ausführlichkeit explizierte Begriff des natürlichen Todes, der seiner historischen Genese nach aus einer Vielzahl von Gründen nicht genau datiert werden kann, meint also: Tod kommt aus natürlichen Ursachen, bedeutet Aufhören der biologischen Lebensprozesse, mit denen als ihrer Voraussetzung alle anderen Lebensprozesse gleichfalls enden. Was bleibt, ist ein Ding, die Leiche.

27 *Richard Weiss*, a. a. O., S. 20.

Als Voraussetzung für die Möglichkeit eines solchen Begriffes wurde ein entwickeltes Stadium der Naturbeherrschung und Naturwissenschaft angegeben. Für seine allgemeine Geltung als Todesbild aber erfordert dieser Begriff aus sich heraus eine weitere Voraussetzung. Ist einmal eingesehen, daß die Menschen aufgrund natürlicher Prozesse sterben müssen, daß alle anderen Todesursachen nicht aus dieser biologischen Todesnotwendigkeit kommen, sondern sich direkt oder indirekt den spezifischen Lebensumständen verdanken, erhebt sich das Postulat, den natürlichen Tod allererst zu ermöglichen. Erst gesellschaftliche Praxis muß die Lebensspanne herstellen, die den Menschen als Spezies zukommt, die Natürlichkeit des Todes ist nur als eine sozial produzierte zu denken. Insofern enthält der Begriff des natürlichen Todes ein Postulat, ist er mit gesellschaftskritischer Potenz ausgestattet. Er verlangt eine gesellschaftliche Verfassung, in der ein solcher natürlicher Tod die Regel ist oder mindestens zur Regel werden kann. Jedem muß es möglich sein, am Ende seiner Kräfte zu verlöschen, ohne Gewalt und Krankheit oder vorzeitigen Tod seine biologischen Lebenskräfte bis an ihre Grenze auszuleben. Wie anders könnte man von natürlichem Tod reden! So kündet sich in dieser inhaltlichen Bestimmung des natürlichen Todes als gewaltlosem Lebensende die bürgerliche Hoffnung auf eine friedliche Reproduktion der Gesellschaft an. In der Absetzung von den Gewaltprinzipien des Feudalismus hatte doch das Bürgertum seine Prinzipien von Produktion, Markt und Tausch verstanden als endliche Überwindung aller sozialen Gewalt.[28] Das im Begriff des natürlichen Todes beschlossene Postulat, daß allen ein durch Krankheit und Tötung unbehelligtes Lebensende zukommen solle, scheint in diesem Zusammenhang der gewaltfeindlichen frühbürgerlichen Ideologie

28 Vgl. hierzu das Inkompatibilitätstheorem von industrieller Gesellschaft und militärischer Gewalt bei den Klassikern der Soziologie. *Ludwig von Friedeburg:* »Zum Verhältnis von Militär und Gesellschaft in der Bundesrepublik«, in: Studien zur politischen und gesellschaftlichen Situation der Bundeswehr, 2. Folge, herausgegeben von Georg Picht, Witten und Berlin 1966, S. 10 ff.

die Vorstellungen von der gewaltsamen und aus anderen Welten zuschlagenden Todesmacht zurückgedrängt zu haben. Auf diesen Charakter des neuzeitlichen Todesbegriffs als postulatorisch gewaltlosem kann nicht deutlich genug verwiesen werden. Dieser Charakter geht so weit, daß selbst Krankheit als Form der Gewalt oder wenigstens neben Gewalt auftritt. Dies ist nicht ohne weiteres einsichtig, wird doch Krankheit im common sense als pure Natur gedacht. Sie könnte allerhöchstens als natürliche Gewalt erscheinen. Demgegenüber scheint die Gleichsetzung oder gar Identifizierung von Krankheit und Gewalt vor dem Bilde des natürlichen Todes sich auf die gesellschaftliche Beteiligung an der Ursachenkonstellation, die zur Krankheit führt, zu beziehen. Der rezente Begriff der Zivilisationskrankheit meint das gleiche.

Belege, daß im Gegensatz von natürlichem und gewaltsamem Tod Krankheit zum gewaltsamen Tod gerechnet wird, lassen sich beliebig aus Nachschlagewerken und Lexika, den Kompendien bürgerlichen Geistes und Wissens, beitragen. So schreibt Meyers Großes Konversations-Lexikon aus dem Jahre 1909: »In betreff der Ursache des Todes muß man den *natürlichen* Tod von dem *gewaltsam* herbeigeführten unterscheiden. Als natürlich bezeichnet man auch den durch Krankheiten und innere Ursachen herbeigeführten T., obwohl die Krankheiten oft sehr gewaltsam wirkende Todesursachen liefern ... und strenggenommen nur der infolge von Altersschwäche eintretende T. als der naturgemäße Abschluß des Lebens zu bezeichnen wäre.«[29]

Auf solche Weise impliziert die Einsicht in die natürliche Verursachung des Todes die Einsicht, daß nicht allen Menschen

29 *Meyers Großes Konversations-Lexikon,* Wien und Leipzig, 6. Aufl. 1909, Bd. 19, S. 584. Vgl. dazu Kirchners Wörterbuch der philosophischen Grundbegriffe: »Der abnorme Tod« als Gegensatz zum natürlichen »erfolgt entweder durch Krankheit ... oder durch Gewalt, durch mechanische oder chronische Störungen.« *Kirchners Wörterbuch der philosophischen Grundbegriffe,* Leipzig, 6. Aufl. 1911, S. 1006. – Der natürliche und normale Tod ist allein der »... ohne vorhergegangene Krankheit, ohne nachweisbare

die Ausschöpfung der dem Leben innewohnenden Möglichheiten gewährt ist. Insofern enthält dieser Begriff wesentlich Gesellschaftskritik, nämlich den Protest gegen Krankheit und Gewalt. Darin reflektiert sich die allgemeinere Funktion der Aufklärung über die Immanenz des Todes: war doch die Einsicht in die Irreversibilität des Endes des Lebensprozesses, die Entschleierung aller Fortlebens- und Unsterblichkeitslehren ein ungemein starker Stimulus gewesen, das so verkürzte und auf die Immanenz eingeschränkte Leben so gut und gerecht wie möglich einzurichten.

Wiewohl die Vertreter der bürgerlichen Philosophie und Soziologie die Unvereinbarkeit von Gewalt und der auf gewaltlose Verhältnisse angewiesenen Produktions- und Tauschsphären betonen, ist diese Behauptung der Inkompatibilität selbst Postulat geblieben. Daß Gesellschaft sich friedlich und ohne Krieg reproduziert, blieb Utopie. Ein durch Krankheiten und Gewalt unbehelligtes Lebensende blieb nur einem Teil der Menschen vorbehalten. In Anbetracht dieser Unerfülltheit hatte schon Montaigne den Begriff des natürlichen Todes als Trugbild verworfen: »Was für ein Irrtum ist es nicht, darauf zu rechnen, man werde erst an dem Abgange aller Kräfte sterben, welcher eine Wirkung des Alters ist, und sich dieses Ende noch dazu sicher zu versprechen, da dieses doch die seltenste Todesart ist, welche nur vorkommt! . . . Das sind glatte Worte, mit denen wir uns nicht schmeicheln lassen dürfen. Es wäre besser, wir nennten das natürlich, was gewöhnlich, täglich und allgemeinhin eintrifft.«[30]

Anders als der resignierende Montaigne sind sich die französischen Aufklärer, und hier besonders Condorcet, zwar sehr wohl der Unerfülltheit der im natürlichen Todesbegriff implizierten Hoffnung auf friedliches Verlöschen bewußt,

spezielle Ursache . . .« eintretende. *Allgemeine deutsche Real-Encyclopädie für die gebildeten Stände*. Conversations-Lexikon, Leipzig, 10. Aufl. 1855, Bd. 15, 1. Abt., S. 112.

30 *Michel de Montaigne:* Gesammelte Schriften, herausgegeben von O. Flake und W. Weigand, 2. Bd.: Essays, I. Buch, München und Leipzig 1908, S. 296 f.

halten aber an dieser Hoffnung fest. Condorcet formuliert explizit diese Bedeutungsseite des natürlichen Todesbegriffs und ist darin zum Ausgangspunkt mancher späterer Todesutopien geworden, insbesondere der in der Arbeiterbewegung vorgebrachten. Wegen dieser zentralen Stellung Concordets mag sein Entwurf des längeren zitiert werden: »Man spürt, daß die Fortschritte der vorbeugenden Medizin, welche durch den Fortschritt der Vernunft, den Fortschritt in der Ordnung der Gesellschaft noch mehr sich auswirken, die übertragbaren oder ansteckenden Krankheiten und jene allgemeinen Erkrankungen, welche ihren Ursprung im Klima, in der Nahrung oder der Art der Arbeit haben, auf die Dauer zum Verschwinden bringen müssen. Es würde nicht schwerfallen zu beweisen, daß diese Erwartung auch für fast alle anderen Krankheiten zutrifft, Krankheiten, deren entfernte Ursachen man wahrscheinlich eines Tages wird erkennen können. Und würde es nach alledem widersinnig sein vorauszusetzen, daß die Vervollkommnung des Menschengeschlechts eines unbegrenzten Fortschritts fähig ist; daß eine Zeit kommen muß, da der Tod nur mehr die Wirkung außergewöhnlicher Umstände oder des immer langsameren Abbaus der Lebenskräfte sein wird; vorauszusetzen schließlich, daß die mittlere Dauer der Zeit von der Geburt bis hin zu diesem Abbau keiner bestimmbaren Grenze unterliegen wird?«[31] Solange aber ein solcher aufgrund des Abbaus der Lebenskräfte eintretender Tod nicht die Regel ist, ist ja die natürliche Grenze menschlichen Lebens nicht bekannt, ist überhaupt ungewiß, ob die Natur eine solche Grenze auf immer gesetzt hat. Darin über-

31 *Jean Antoine Nicolas de Condorcet:* Entwurf einer historischen Darstellung der Fortschritte des menschlichen Geistes, Frankfurt a. M. 1963, S. 395 ff. – Siehe hierzu August Bebels Hoffnung: »Der moralische und physische Zustand der Gesellschaft, ihre Arbeits-, Wohn-, Nahrungs-, Kleidungsweise, ihr geselliges Leben, alles wird dazu beitragen, Unglücksfälle, Erkrankungen und Siechtum möglichst zu verhüten. Der natürliche Tod, das Absterben der Lebenskräfte, wird dann mehr und mehr zur Regel werden.« *August Bebel:* Die Frau und der Sozialismus, Berlin, 59. Aufl. 1959, S. 556.

schreitet Condorcet seinen Entwurf und problematisiert den Begriff des natürlichen Todes im Ansatz. Solange nicht alle Menschen den natürlichen Tod am Ende eines ausgelebten Lebens sterben, wird dieser Todesbegriff als Utopie zu gelten haben. Ihr Inhalt ist die vermittels gesellschaftlicher Praxis hergestellte Natürlichkeit des Todes.

Der heute gebräuchliche Begriff des natürlichen Todes ist, so wurde schon oben angedeutet, keineswegs konsistent, sondern bezieht seinen Inhalt aus der Konfrontation mit mehreren älteren Vorstellungen. Zwei, die zentral scheinen und zudem mehr und mehr sich amalgamiert haben, wurden hier dargestellt: gegen das magisch-religiöse Todesbild gewendet besteht der Begriff des natürlichen Todes auf dem Tod als einer natürlichen, einer weltimmanenten Kategorie. Darin bereits angelegt meint das zweite Moment des modernen Todesbegriffes, daß der Tod ein friedliches, gewaltloses Verlöschen ist oder sein sollte. Die Verbindung beider Momente gibt das Recht, diesen Begriff als den fortgeschrittensten, gemessen an Rationalität und Humanität in einem, zu bezeichnen. In ihm trifft sich der Versuch der Rationalität, die magisch-religiösen Trugbilder zugunsten naturwissenschaftlicher Untersuchung aufzugeben, mit dem gesellschaftskritischen Postulat, daß eine Gesellschaft so eingerichtet sein muß, daß sie allen ihren Mitgliedern ein von Gewalt unbehelligtes Leben ermöglicht.

Die mit dem Aufstieg des Bürgertums, der Durchsetzung bürgerlicher Produktions-, Tausch- und Lebensverhältnisse verknüpften Gestalten des Geistes, Renaissance, Reformation, Aufklärung, sind Zeichen der fortschreitenden Auflösung feudaler Verhältnisse und Gedanken. Die neue Schicht, die sich in diesem Prozeß durchsetzt, hat sich tendenziell von aller Transzendenz gelöst, lebt und handelt nach innerweltlichen Maximen und Bezügen, aus der Gewißheit, »daß es . . . prinzipiell keine geheimnisvollen unberechenbaren Mächte gebe, . . . daß man vielmehr alle Dinge – im Prinzip – durch *Berechnen beherrschen* könne. Das aber bedeutet: die Entzauberung der Welt. Nicht mehr, wie der Wilde, für den es solche

Mächte gab, muß man zu magischen Mitteln greifen, um die Geister zu beherrschen oder zu erbitten. Sondern technische Mittel und Berechnung leisten das.«[32]

Zu seiner Selbstdefinition bediente sich das aufsteigende Bürgertum der Distanzierung von der gläubigen, mit Wundern, Heiligen und Transzendenz weiterlebenden agrarischen Unterschicht. Im Gegensatz zu ihr stellte sich die Welt dem Bürger dar als berechenbare, voraussehbare, zu bearbeitende. Sein Handel und seine Unternehmen waren möglich nur in einer Welt, die alle unberechenbaren Eingriffe ausschloß oder in die Restkategorie der »höheren Gewalt« verdrängte. Wunder, Sünde und Gnade waren mit der Rationalität von Tausch und Kalkulation kaum vereinbar. Magische und religiöse Verhaltensanweisungen und Orientierungsmuster wurden, gemessen an der Berechenbarkeit der neu sich entwickelnden Arbeits- und Wirtschaftswelt, zunehmend irrelevant. Die Welt des neuzeitlichen Bürgers »... bedarf nicht einmal bestimmter Deutungen, um in sich selbst zu bestehen. Sie ist in der Lebenserfahrung selbst fest verwurzelt. Es ist die als bekannt gesetzte Welt, die Welt, die ›unser‹ ist. Der Bürger hat ihr ihre Fremdheit genommen.«[33]

In einer groß angelegten Inhaltsanalyse von Predigten und pädagogischen Schriften aus dem Frankreich des 17. und 18. Jahrhunderts expliziert B. Groethuysen exemplarisch die Entstehung dieses bürgerlichen Bewußtseins. Mit besonderem Interesse verfolgt er dabei, wie das aufkommende Pathos bürgerlicher Rationalität, gegründet auf die ungeheure Vermehrung der bekannten Welt und der beherrschbaren Natur, mit

32 Max Weber schrieb diese Passage zur Charakterisierung dessen, was bei ihm Rationalisierung und Intellektualisierung heißt. Sie wird für eine allgemeinere Beschreibung bürgerlichen Geistes genommen werden dürfen. *Max Weber:* »Vom inneren Beruf zur Wissenschaft«, in: Soziologie, Weltgeschichtliche Analysen, Politik, hgg. von J. Winckelmann, Stuttgart, 2. Aufl. 1956, S. 317.

33 *Bernhard Groethuysen:* Die Entstehung der bürgerlichen Welt- und Lebensanschauung in Frankreich. Bd. I: Das Bürgertum und die katholische Weltanschauung, Halle a. d. Saale 1927, S. X.

dem Tode zurechtkommt. Seine Analyse soll hier in einiger Breite verfolgt werden, weil an ihr sich ablesen läßt, wie partiell sich die oben skizzierten profanen Todesbilder durchsetzten, wie wenig das oben als progressivstes beschriebene Bild des natürlichen Todes an gesellschaftlicher Geltung gewann.
Groethuysen verfolgt die Genese bürgerlichen Selbstbewußtseins, einer neuen Einstellung zur Welt, insbesondere zum traditionellen Thema der Religion, in der Diskussion zwischen Bürgern und Vertretern der Kirche. Dabei ist die Ausbildung dieses neuen Bewußtseins nicht als große Abfallbewegung zu verstehen: die Bürger werden in ihrer Majorität keine Freigeister, wohl aber wendet sich die Funktion des Glaubens: er trägt zum aktuellen Lebensvollzug nicht mehr direkt bei, sondern ist eine zusätzliche und seiner inhaltlichen Bestimmung nach nicht notwendige Weltdeutung.
Die Vertreter der Kirche nun benutzten gegen diese Diesseitigkeit bürgerlicher Arbeit und bürgerlichen Lebens, gegen fortschreitenden Unglauben immer wieder ein und dasselbe Argument: die Vergänglichkeit menschlichen Lebens. Gegen die bürgerliche Autonomie in der Einrichtung und Lenkung der Welt soll der Kirche die Erinnerung an den Tod zur Seite stehen. Mit aller Wortgewalt und allen zur Verfügung stehenden Schreckensbildern wird Todesfurcht evoziert, zugleich aber in eine Furcht vor der ewigen Verdammnis gelenkt, der Tod damit gewissermaßen substituiert durch das, was hinter ihm liegt. In der Einsicht in die jedem bevorstehende Vergänglichkeit, überhöht noch durch Schuld und Höllenangst, soll der Kirche ein Instrument gegen bürgerliche Immanenz erwachsen. Paradigmatisch schreibt Bossuet: »Nichts offenbart und beweist mehr die Allmacht Gottes und seiner Herrschaft über uns, als der Tod ... (Er) zerbricht, zermalmt, zerstört, vernichtet alles, Größe, Macht, Herrschaft, Könige, Kaiser, Herrscher, die Großen und die Kleinen der Erde, niemand kann sich des Todes erwehren.«[34]

34 *Bossuet,* zitiert bei *B. Groethuysen,* a. a. O., S. 81 f. – Schon der Tod im Ackermann aus Böhmen hatte gegen das Aufbegehren des Ackermann

Solcher Nachdruck, oben noch in den Totentänzen als Gleichheitsanspruch aufstrebender bürgerlicher Schichten verstanden, trifft jetzt das bürgerliche Bewußtsein in ganz anderer Weise: die Instrumentalisierung des Todes im Dienste kirchlicher Apologetik, der Verweis auf die Fremdheit und Unverfügbarkeit des Todes relativiert das Pathos bürgerlicher Rationalität und Autonomie entscheidend. Daher weigern sich die Bürger kurzerhand, dem Tode allzuviel Gedanken zu schenken; selbst Todesfurcht verfällt dieser Weigerung, weil sie in ihrer Irrationalität an die Unverfügbarkeit des Todes erinnert: »Was auch der gebildete Laie gegen die Religion einwenden mag, so sicher auch sein Auftreten ist, wenn es sich darum handelt, den alten Glauben kurzerhand abzutun und die Geistlichen zu verspotten: alle Sicherheit scheint er doch zu verlieren, sobald es ans Sterben geht; er vermag dem Tod nicht ins Angesicht zu schauen ... Der gebildete Laie möchte am liebsten überhaupt nicht davon sprechen.«[35] Nicht neue Bilder vom Tode also setzen die Bürger an die Stelle der alten; die Lösung von den alten ist schwer genug gefallen. Nur langsam und qualvoll gelang die Befreiung von dem Grauen, der Schuld und der Angst, die die kirchliche Apologetik mit dem Tode identifiziert hatte. Die Höllenpein, die in dieser Apologetik ganz und gar die ewige Seligkeit verdrängt hatte, verblaßte nur nach und nach.

Sobald sich aber die Bürger weigern, an Tod und Todesfurcht überhaupt zu denken, beginnt sich die Instrumentalisierung des Todes im Dienste kirchlicher Absichten gegen sich selbst zu kehren: Todesfurcht selbst erscheint als überwindbar durch bürgerliche Diesseitigkeit. Das Argument, daß man sich an den Tod erinnern und ihn fürchten müsse, um rechtschaffen leben zu können, wendet seinen Sinn: »Es gibt ein sehr einfaches Mittel, um sich von der Todesfurcht zu heilen: seid

die Nichtigkeit und Vergänglichkeit menschlicher Anstrengungen schadenfroh herausgekehrt. Vgl. *Johannes von Tepl,* a. a. O., S. 47 f. und 78 f.

35 *B. Groethuysen,* a. a. O., S. 95. – Zum Widerspruch zwischen Furcht und Rationalität vgl. a. a. O., S. 113.

rechtschaffen, ... oder tut alles, was in eurer Macht steht, um es zu werden. So werdet ihr den Tod nicht mehr fürchten.«[36] Rechtschaffenes Handeln, bürgerliche Arbeit vermag so dem Tod seine Qualität als das Leben überschattendes telos zu nehmen. Aufklärung über die von der Kirche in und hinter dem Tode angehäuften Schrecknisse und Greuel vermag Todesfurcht zu reduzieren und die Vernunft selbst vor dem Tode in ihre Rechte zu setzen. Im Artikel »Mort« der Encyclopédie heißt es: »Da nun einmal der Tod etwas so Natürliches ist wie das Leben, warum denn sich so sehr vor dem Tode fürchten? ... Die Menschen fürchten sich vor dem Tode, wie die Kinder sich vor der Dunkelheit fürchten und nur deswegen, weil man ihre Phantasie mit ebenso eitlen wie schrecklichen Gespenstern angefüllt hat.«[37] Der Rückgang der angstevozierenden Besetzung des Todes wurde erreicht. Die durch solchen Rückgang eröffnete Möglichkeit eines neuen, rationalen Todesbildes blieb aber unerfüllt. Das profane Todesbild blieb ohne Konturen, setzte sich nicht zu allgemeiner gesellschaftlicher Geltung durch, blieb wie alle bisher besprochenen Versuche der Rationalität, den Tod zu verweltlichen und durchschaubar zu machen, Versuch. Der Tod blieb im aufgeklärten Weltbild des französischen Bürgers des 17. und 18. Jahrhunderts eine Ungewißheit, ein Ungeklärtes. »In dem sonst so klaren Bild, das das bürgerliche Bewußtsein sich geschaffen hat, bleibt etwas Dunkles, Unbekanntes.«[38]

Diese Dunkelheit hat ihre Ursache darin, daß der Tod, auch

36 *De Bonnaire,* zitiert bei *B. Groethuysen,* a. a. O., S. 132.
Werner Sombart gibt im Zusammenhang mit der bürgerlichen Zeitökonomie Stellen von Benjamin Franklin wieder, in denen dieser gegen die Verschleuderung von Zeit gewendet schreibt, daß man im Grabe solche Ökonomie nicht mehr nötig haben wird, daher zuvor sparsam sein solle. *Werner Sombart:* Der Bourgeois. Zur Geistesgeschichte des modernen Wirtschaftsmenschen, München und Leipzig, 2. Aufl. 1920, S. 152 f.

37 *Encyclopédie,* zitiert bei *B. Groethuysen,* a. a. O., S. 131.

38 *B. Groethuysen,* a. a. O., S. 131. Vgl. auch a. a. O., S. 134: »Das Toderserlebnis selbst wirkt wie etwas Fremdes, Widerspruchsvolles, in einer Weltanschauung, die auf der Autarkie der Lebenswerte begründet ist.«

der profan und natürlich konzipierte, den wichtigsten Postulaten bürgerlicher Rationalität widerspricht: dem Wert des Individuums, dem Fortschritt und der Autonomie der Zivilisation, der Berechenbarkeit und Lenkbarkeit der Dinge. Im scharfen Widerspruch schließlich steht der Tod zu den in Verfassungen und Deklarationen institutionalisierten Prinzipien des bürgerlichen Humanismus.

In diesem von Groethuysen so breit analysierten und hier zugespitzten Konflikt zwischen den Postulaten der bürgerlichen Vernunft und der Unverfügbarkeit und in diesem Sinne Natürlichkeit des Todes scheint ein zentrales Problem getroffen zu sein. Trat dieser Konflikt doch implizit schon in den Bemerkungen über Struktur und Inhalt der Todesverdrängungsthese auf: die moderne Wandlung von Todesattitüden erschien oft genug zusammen mit dem modernen Glauben an die Berechenbarkeit und Machbarkeit aller Dinge. Aufklärung, so dürfen wir aus Groethuysens Material schließen, konnte daher am Tode nur halb gelingen, solange der Tod von den Vertretern kirchlicher Apologie zu Recht als Zeichen eines Bereichs der Unverfügbarkeit beschworen wurde.

Die ausführliche Rezeption der Analyse und Ergebnisse Groethuysens hat implizit noch etwas anderes zu Tage gebracht. Am Tode zog sich der Konflikt zwischen alter Gesellschaft und Religion auf der einen und der aufstrebenden Bourgeoisie auf der anderen Seite zusammen: daß die Menschen sterben, wurde den Vertretern der Kirche Argument gegen den Laizismus der Bürger. In dieser Konstellation scheinen wir die Genese der rezenten Theorie von der Verdrängung des Todes in der modernen Gesellschaft gefunden zu haben. Der Konflikt zwischen bürgerlicher Diesseitigkeit und Religion, expliziert an der theologischen Drohung mit Tod und Verfall, ist nicht ausgetragen worden, hat sich perpetuiert, wenngleich neue Formen angenommen. Insbesondere konservative Kulturkritik hat jene alte theologische Drohung übernommen und für ihre Zwecke weitergeführt. Der Verweis aber, daß der Tod eine der letzten Konstanten darstelle, vor der die Rationalität der industriellen Gesellschaft geprüft und für zu leicht befunden werde, bezieht seine Argumente mit Gewißheit aus jener von Groethuysen so ausführlich dargestellten Auseinandersetzung zwischen Kirche und Bourgeoisie. Mag dieser Hinweis inzwischen auch den Bezug auf Transzendenz eingebüßt haben, seine grundsätzliche Struktur hat sich erhalten: der Tod, Mal aller Unverfügbarkeit, soll helfen gegen die Diesseitigkeit der modernen Gesellschaft.

In diesem Abschnitt war von der Genese moderner Todesbilder die Rede. Der Begriff des natürlichen Todes hat sich dabei in zwei Momenten als das »progressivste« Bild aufweisen lassen. Er widerspricht allen magischen und religiösen Vorstellungen vom Leben nach dem Tode, indem er die Ursachen und Folgen des Todes als natürlich angibt. Im zweiten Schritt führt er zur Erkenntnis, daß nicht alle Menschen an natürlichen Ursachen sterben, und weiter zur Forderung nach gewaltloser Einrichtung der Gesellschaft. In der Einsicht, daß der Tod auf Natur zurückgeht, reflektiert sich ein entwickelter Stand der Naturbeherrschung und Naturkenntnis. Im zweiten, gegen soziale Gewalt gerichteten Moment erhält das Bild vom natürlichen Tod normativen Charakter. Es tritt aus dem Bereich der sozio-kulturellen Orientierungen im eigentlichen Sinne heraus und muß unter diesem zweiten Aspekt zu den zentralen Wert- und Ordnungsvorstellungen gerechnet werden, die das Handeln aller Mitglieder der Gesellschaft beeinflussen. Diese Wertvorstellung verlangt, daß Leben erhalten werden soll, daß alle nicht-natürlichen Todesursachen ausgeräumt werden. Insofern gibt der Begriff des natürlichen Todes selbst an, welche Voraussetzungen erfüllt sein müssen in der Verfassung der Gesellschaft, damit er als Orientierung allgemeine Geltung erlangen kann.

III. Heutige Todesbilder

a. Formeln in Todesanzeigen

Die sprachlichen Gebilde, in denen der Tod heute benannt wird, werden meist unzureichend als verschleiernd kritisiert und erklärt. Es kommt darauf an, nicht bei der Konstatierung der verschleiernden Funktion von Sprache stehen zu bleiben.

Todesbilder lassen sich prima facie überhaupt nicht mit empirischen Methoden fassen, oder jedenfalls nicht mit deren konventionell gebräuchlichen Ermittlungsanordnungen. Die Schwierigkeiten lassen sich folgendermaßen zusammenfassen: Todesbilder gehören in unserer Gesellschaft einem stark kommunikationsgehemmten Bereich an. Die Konventionalität vorgegebener und vorgestanzter religiöser beziehungsweise weltanschaulicher Stereotypen wird sich vermutlich durch Befragungstechnik einfangen lassen. Verlorengehen aber wird der Substitutionsprozeß, in dem aller Vermutung nach die Unsicherheit und das Unwissen der Befragten auf den Stimulus »Tod« überschoben wird durch vorgegebene Bilder. Der Übergang von angstvollem Unwissen zur Reproduktion von Stereotypen wird bei den konventionellen Methoden der empirischen Sozialforschung gewiß unter den Tisch fallen. Bestenfalls wird das bekannt werden, was man vorher aus bloßer gesellschaftlicher Primärerfahrung schon wußte: Todesbilder sind standardisiert und in ihren dürren Inhalten am einfachsten und direktesten zu ermitteln durch eine Durchsicht der konventionell vorgegebenen Stereotypen.

So soll hier dieser letztere Weg eingeschlagen werden: Unter der Voraussetzung, daß Todesbilder in sehr starkem Maße den Charakter des Konventionellen und stereotyp Vorgegebenen haben, sollen sie vom institutionellen Bereich her gefaßt werden. Todesbilder werden in unserer Gesellschaft selten nur in der Rede expliziert, weil sie im allgemeinen einen so hohen Grad an Bewußtheit oder Reflektiertheit nicht erreichen. Die von den Individuen gehegten Vorstellungen vom Tode sind primär in Institutionen symbolisiert und vorgezeichnet, sekundär erst in den Gedanken der Einzelnen bewußt. Anhaltspunkte dafür, daß selbst das individuelle Erleben des Sterbens abhängig ist von sozialen Vorgegebenheiten nach Grad und Inhalt der Todesängste, ließen sich durchaus anführen. Auf keinen Fall soll damit schon unterstellt sein, daß auch das Todeserlebnis des Sterbenden durch bloße Durchsicht des Katalogs von sozialen Orientierungsmustern geklärt werden kann.

Konkret werden Todesanzeigen in Zeitungen zur Aufzählung und als Ausgangspunkt zu weiterführender Reflexion benutzt werden. Hier sind die Formeln, in denen der Tod beschrieben ist, leichter identifizierbar als in Grabsteininschriften, Nachrufen oder Leichenpredigten. Zur Rechtfertigung des gewählten Verfahrens muß hinzugefügt werden, daß in alltäglicher Kommunikation über den Tod nur sehr selten differenziertere sprachliche Mittel benutzt werden als die in den Todesanzeigen vorfindbaren. Nur die Formeln der Vulgärsprache bleiben so unberücksichtigt.

Korrelationen zwischen Typen von Todesbildern und irgendwelchen sozial-statistischen Daten lassen sich aufgrund mangelnder Angaben nicht herstellen. Eine sinnvolle Grundgesamtheit kann nicht angenommen werden: männlichen Verstorbenen und Angehörigen oberer Schichten werden Todesanzeigen wahrscheinlich regelmäßig gewidmet, nicht aber Frauen, Kindern und Angehörigen der unteren Schichten. Korrelationen zwischen einzelnen Momenten der Formeln, die in Todesanzeigen sich vorfinden lassen, scheinen wenig ergiebig in Anbetracht der Beliebigkeit, mit der der Text normalerweise zustande kommt: durch Auswahl aus einer Mustersammlung. Qualitative Analyse wäre in Anbetracht der Dürre der Inhalte vergeblich. So werden die in den magischen Sätzen wiederkehrenden Momente in einer illustrierenden

Formelsammlung aufgezählt werden als Anlaß zu einigen weiterführenden Reflexionen. Benutzt wurden zu diesem Zweck alle Todesanzeigen in der Frankfurter Rundschau (Frankfurt am Main) der Ausgaben vom 17. 5. 1965 bis zum 28. 5. 1965. Durch kursorischen Vergleich mit den entsprechenden Spalten in anderen Tageszeitungen, unter anderem Frankfurter Allgemeine Zeitung (Frankfurt am Main), Die Welt (Hamburg), Der Tagesspiegel (Berlin), Spandauer Volksblatt (Berlin), Westfälische Rundschau (Dortmund), Ruhrnachrichten (Dortmund), Süddeutsche Zeitung (München), ließ sich übersehen, daß sich Todesanzeigen der inhaltlichen Struktur nach überall gleichen. Die Häufigkeiten, mit denen verschiedene Formeln in verschiedenen Regionen Deutschlands eingesetzt werden, mögen allerdings variieren. Insgesamt wurden etwa 1 200 Todesanzeigen durchgesehen, und zwar nur Familienanzeigen. Genau nachgewiesen ist die Stelle nur bei offensichtlich seltenen Formeln.

Exakt informieren Todesanzeigen den Leser so gut wie immer über die persönlichen Daten des Verstorbenen, also Name, Geschlecht, Todesdatum; Geburtsdatum und Familienstand, Verwandtschaftsbeziehungen, Anschrift der Hinterbliebenen und die Daten der Bestattung sind sehr häufig. Seltener erscheinen Beruf und Würden des Toten, in wenigen Fällen nur Konfession und genauere Angaben zur Todesursache. Darüber, was der Tod bedeutet, wer er ist, erfahren wir indirekt etwas durch die Formulierung des Todesfalles. Als Gesichtspunkt für eine Gruppierung aller den Tod bezeichnenden Termini bietet sich an, ob der Tod dem Gestorbenen als Aktivität zugeschrieben wird, oder ob er als Tat einer außerhalb des Verstorbenen gelegenen Instanz erscheint. Diese sinnhafte Einteilung, die vorderhand sich keineswegs deckt mit der Einteilung in eher profane oder eher archaisch gefärbte Todesbilder, geht fast immer zusammen mit der grammatikalischen Einteilung in Aktiv und Passiv. Ausgenommen werden müssen jedoch von einer solchen Anordnung jene Anzeigen, die auf verbale Mitteilung des Todesfalls verzichten und statt dessen nur ein Kreuz aufweisen oder nur die Lebensdaten mitteilen, Sprachlosigkeit vor dem Tode demonstrieren.

Die häufigste Bezeichnung, die den Tod grammatikalisch als Tat des Toten beschreibt, ist

»sterben« oder

»versterben«.

Dies ist unter allen gewiß die realistischste und auf den ersten Blick am wenigsten verschleiernde Bezeichnung. Die Etymologie allerdings kann zeigen, daß selbst diese Vokabel andere Bedeutungsinhalte hatte als irreversibles Ende: sterben hieß ursprünglich »starr werden«.

Mit nahezu gleicher Häufigkeit tritt das Bild des Todes als Schlaf auf, und zwar in den Formeln

»entschlief«

»entschlief sanft«

»entschlief ruhig«

»ist für immer eingeschlafen«

»schloß die Augen für immer«.

Von Josef Pieper wird dies Bild nun als christlich in Anspruch genommen. Es stelle eine Ersatzlösung dar für die Unklarheit christlicher Dogmatik über den Zustand des Toten zwischen Tod und Jüngstem Gericht, zwischen Verfall und Auferstehung des Fleisches.[1] Andere Hinweise dagegen lassen das Todesbild des Schlafes eher aus dem Zusammenhang profaner Tendenzen verstehen: der Tod als Schlaf scheint seine Wurzel in antiken Vorstellungen zu haben, scheint dann in Zusammenhang mit bürgerlicher Aufklärung und Freigeisterei zu neuer Geltung gelangt zu sein. Darauf deutet auch der während der Französischen Revolution unternommene Versuch, das Todesbild des Schlafes zu institutionalisieren: »Am 10. Oktober 1793 verfügte der Konventsdelegierte Fouché in Nevers den Wegfall aller religiösen Zeremonien bei Beerdigungen. Sie sollten auf Feldern vor sich gehen, die mit Bäumen bepflanzt werden sollten. Unter ihrem Schatten sollte eine Bildsäule, die den Schlaf darstellte, errichtet werden. Das Tor zum

1 *Josef Pieper*, a. a. O., S. 1278.

Friedhofsfelde sollte die Inschrift erhalten: ›Der Tod ist ein ewiger Schlaf.‹ Den gleichen Beschluß faßte der Pariser Gemeinderat einige Tage später. Diese Verfügungen sind aber weder an dem einen noch an dem anderen Orte ausgeführt worden.«[2]

Daß der Tote nicht einfach zu Ende ist, sondern seinen Weg anderswohin gegangen ist, wird im Todesbild des Abschieds oder der Abreise festgehalten:

»verschied«
»ist (für immer) von uns gegangen«
»hat uns (für immer) verlassen«
»ist aus unserer Mitte geschieden«
»wir verabschieden uns von«
»wir nehmen (traurig, in Dankbarkeit) Abschied von«
»Das Hinscheiden«
»ging zu einem höheren Leben ein«
»ist zur ewigen Ruhe gegangen«

Die Beschreibung des Todes als Abschied oder Abreise ist verknüpft mit dem Bild einer Wanderung zu neuem Dasein, neuem Leben, und entspricht darin primitiven Bildern. Die Abreise stellt den Tod aber zugleich dar als Aktivität des Toten, der Tote ist Urheber seines eigenen Todes. Dies entspricht gleichermaßen Vorstellungen aus älteren Zusammenhängen: aus manchen primitiven Gesellschaften wird berichtet, daß die Trauernden den Toten anklagen, er habe sie ohne Grund verlassen. Ein Zusammenhang dieses Motivs mit neueren philosophischen Konzeptionen, in denen der Tod als Aktus des Sterbenden angezielt ist, ist allerdings auszuschließen. Läßt sich doch generell sagen, daß die Begriffe neuerer Todesphilosophie, d. h. von Lebensphilosophie, Phänomenologie und Existentialontologie, auf die gängigen Todesbilder ohne Einfluß geblieben sind.

Daß der Tote jetzt anderswo zu Hause ist, dort, wo er einmal hergekommen, verdeutlicht das Bild der Rückkehr:

2 *Grab und Friedhof der Gegenwart*, hgg. von Stephan Hirzel, München 1927, S. 45.

»ist heimgegangen«
»ist in Frieden heimgegangen«
»ist ins Reich Gottes heimgegangen«

Diese Beschreibung erinnert an das primitive Geister- und Ahnenreich, das sowohl die Neugeborenen in die Welt sandte wie die Sterbenden in sich zurücknahm.

Die Formeln, in denen der Tod als Wirkung fremder Macht, Gottes, des Todes oder einer nicht näher genannten Instanz beschrieben ist, haben deutlich eine stärker magisch-religiöse Färbung als die zuerst aufgeführte Gruppe. Zuerst zu nennen wäre dabei das Bild der Wegnahme oder des Verlustes. In ihm spiegelt sich, soweit die wegnehmende Instanz nicht genannt ist, deutlicher als in anderen die Position der Hinterbliebenen als vermindert (im Gegensatz etwa zur Formel: »Wir nehmen Abschied«). Der Tod scheint primär die Lebenden betroffen zu haben; was mit dem Toten geschah, ist erst aus diesem Zusammenhang zu erfahren:

»wurde uns (für immer) genommen«
»wurde aus unserer Mitte genommen«
»wurde uns entrissen«
»wir verloren«
»hat Gott zu sich genommen«
»Gott (der Herr) nahm in sein ewiges (himmlisches) Reich«
»hat ein sanfter Tod von uns genommen«

Daß neben Gott und dem Tode die Toten selbst wegnehmen können, hat sich gänzlich entstellt noch erhalten. Mit einiger Plausibilität lassen sich die beiden folgenden Sentenzen auf diese nachziehende Gewalt der Toten selbst hin interpretieren:

»folgte ihrem Mann und unserer lieben Mutter, deren Tod ihr die Lebenskraft genommen hat, in die Ewigkeit«.

»am Beisetzungstag ihres Bruders« (Frankfurter Rundschau vom 26. und 24. 5. 1965).

Bemerkenswert ist hier das Moment der Unfreiwilligkeit, das dem Toten unterstellt wird. In den im folgenden aufgezählten Todesbildern der Abberufung und der Erlösung steckt dies zwar ebenso, aber gemildert und legitimiert durch die Unterwerfung unter den Willen der planenden jenseitigen Macht. Vorstellungszusammenhänge, in denen der Tod als durch gewaltsamen Eingriff verursacht dargestellt ist, haben eine lange Geschichte und finden sich heute noch recht häufig. So geht etwa die Rede vom Todeskampf zurück auf die Vorstellung eines Ringens zwischen dem Sterbenden und dem personifizierten Tod.[3] Das Moment von Unfreiwilligkeit und Unterliegen unter Gewalt erhält seine Bedeutung aber erst, wenn es bezogen wird auf die alten Ängste vor den zu früh und daher ungern Gestorbenen. Diese sind, weil ihnen die vorbestimmte Lebenszeit nicht gewährt war, besonders gefährliche Tote. Sie können sich nur schwer vom Diesseits trennen.

Im Todesbild der Wegnahme ist vor allem die Situation der Hinterbliebenen charakterisiert, nicht der Tote hat etwas verloren – sein Leben –, sondern die Hinterbliebenen ihn. Edmund H. Volkart hat diese Position der Hinterbliebenen generalisiert und vorgebracht, daß in unserem soziokulturellen Kontext jeder Todesfall als Verlust definiert werde, als Verlust für die Überlebenden, meist für die näheren Familienangehörigen.[4] Diese in der heutigen amerikanischen Gesellschaft geltende Definition, durchaus nicht in allen sozialen Zusammenhängen vorfindbar, beschreibe die Rolle des Hinterbliebenen durch die Betonung von Verlusterlebnis und Frustration. Dies aber sei keineswegs immer psychologisch funktional. Die übermäßig starke Betonung von Verlust führe unter Umständen gemeinsam mit anderen kulturellen Regelungen zu schwerwiegenden Problemen mentaler Gesundheit: wird einerseits Tod als Verlust definiert und die Notwendigkeit des Ersatzes des Interaktionspartners gesehen, anderer-

3 Vgl. *Karl Bergmann:* »Der Tod im Spiegel der Sprache. Eine sprachliche Allerseelenbetrachtung«, Westermanns Monatshefte 68 (1923/24), S. 261 f. Hier sind noch weitere Beispiele angegeben.

4 *Edmund H. Volkart:* »Bereavement and Mental Health«, in: Death and Identity, a. a. O., S. 272–293, besonders S. 278 und S. 288 ff.

seits aber jeder engere Interaktionspartner als einzigartig und unersetzlich in seiner Rolle angesehen, gibt es kaum Möglichkeiten spannungslosen Ersatzes. Ähnliche Konflikte, heraufbeschworen durch Widersprüche zwischen verschiedenen sozialen Vorgaben, werden an späterer Stelle dieser Arbeit (IVb) genauer beschrieben werden.

Steckt im Todesbild der Wegnahme ein fast protestierendes Moment gegen die Unkalkulierbarkeit des Todesfalles, so zeigt das Bild der Abberufung Einverständnis mit der Macht, die die Lebensdauer determiniert:

»wurde (in die Ewigkeit, aus unserer Mitte) abberufen«
»wurde durch Gott abberufen«
»Gott rief zu sich (in die Ewigkeit)«
»hat Gott heimgerufen«.

Ein noch stärkeres Einverständnis mit dem Eingriff der fremden Macht ist im Todesbild der Erlösung gemeint:

»wurde (von Leiden) erlöst«
»wurde durch einen sanften (gnadenvollen) Tod erlöst«
»Gott der Herr hat von langer Krankheit erlöst«
»wurde nach schwerem Leiden[5] von ihrem Erdendasein erlöst«
»dem Herrn über Leben und Tod hat es gefallen, die Last des Lebens abzunehmen«

Bilder des Kriegstodes wie »gab sein Leben«, »fiel im Kampf für«, »kam ums Leben« sind im vorliegenden Material begreiflicherweise nicht zu finden. Eine Ausnahme macht folgender Text: »fiel im Kampf für die Freiheit des vietnamesischen Volkes« (Tagesspiegel vom 6. 2. 1966).

Diese zweite Gruppe der Todesbilder – mit Ausnahme der »Wegnahme« –, in denen der Tod sich als Wirkung heteronomer Macht darstellt, tritt häufig auf gemeinsam mit das implizite Einverständnis noch verstärkenden Zusätzen. Die

5 Hinter der Formel »schweres Leiden«, »schweres, unheilbares Leiden« verbirgt sich eine Krankheit, die ihrerseits selten offen ausgesprochen wird: Krebs. Vgl. hierzu den Artikel »Die letzte Seuche«, *Spiegel* vom 10. 2. 1965, S. 74.

Allmacht der jenseitigen Instanz wird darin noch einmal gerechtfertigt:

»Gott der Herr«

»Gott der Allmächtige«

»Gott der Herr über Leben und Tod«

»nach Gottes unerforschlichem Ratschluß (heiligem und unerforschlichem Willen)«

»Gott (dem Allmächtigen) hat es gefallen«

»Was Gott tut, das ist wohlgetan«.

Die Resignation, selbst den Todesfall in seiner Unverfügbarkeit und Undurchschaubarkeit nicht verstehen zu können, tröstet sich in der Unterwerfung unter die jenseitige Macht. Sie wenigstens kann verfügen und kalkulieren.

Todesanzeigen enthalten weiter häufig Angaben darüber, ob sich der Zeitpunkt des Todes hat voraussehen lassen oder nicht. Die Termini meinen in jedem Fall, daß man nicht auf den Tod gefaßt war:

»plötzlich«

»(für uns alle, völlig) unerwartet«

»plötzlich und unerwartet«

»unerwartet schnell (rasch)«

»für uns unfaßbar«

»unerwartet und für uns unfaßbar«

Gegenläufige Ausdrücke sind nicht auffindbar, gehört es doch zum guten Ton, daß man nicht kund tut, wenn man mit dem Tode eines anderen rechnete, ihn vorhergesehen oder gar erhofft hat. Über diese Beteuerung hinaus, die eine subtilere Form der schon angeführten Versicherung der eigenen Unschuld am Tode zu sein scheint, ist im Topos des »plötzlich und unerwartet« ein zentrales Moment der sozial präformierten Todeserfahrung angedeutet. Der unerwartete, dem Zeitpunkt nach unangemessene Tod war ehedem deshalb so furchterregend, weil sich in ihm die Erinnerung an den – für primitive Gesellschaften – in jedem Falle durch feindselige Macht verursachten Tod erhalten hatte.

Dem unerwartet, das heißt also »vorzeitig« Gestorbenen ist,

darin erhält sich die gewaltsame Verursachung, ein schlimmes Schicksal zugestoßen, gar eine Strafe. Unter christlichen Perspektiven verschob sich diese Bewertung dann so, daß der plötzliche und unvermutete Tod keine Gelegenheit zum Empfang der Sterbesakramente ließ, damit bei fehlender Initiationszeremonie den normalen Eingang ins neue Leben beeinträchtigte, wenn nicht gar unmöglich machte. Die Angst vor dem unvermuteten Tod fand dann im Spätmittelalter und in beginnender Neuzeit noch einmal Ausdruck in der dadurch motivierten Furcht, bei nicht vollzogenen Sterbesakramenten die Ewigkeit verwirkt zu haben. Der Kaufmann und Handelsmann war auf seinen Reisen, durch die schlechten Wohnbedingungen in den Städten und nicht zuletzt durch seinen Beruf überhaupt, der ja lange genug als mit kirchlichen Geboten unvereinbar galt, in besonderen Unsicherheiten, die seine Aufmerksamkeit auf den Tod lenkten und ihn besonders den Tod ohne Sakrament fürchten ließen.[6]

Im Prozeß der Emanzipation aber von der kirchlichen Drohung mit der verwirkten Ewigkeit, der Emanzipation von der kirchlichen Instrumentalisierung der Todesfurcht überhaupt, kehrte sich die bisherige Furcht vor dem unvermuteten Tode um: der zufällige und mit dem Leben nicht vermittelte Todeseintritt ist erwünscht, sobald die am Tode aufgetürmten religiösen Ängste abgetragen sind. Bacon formuliert dies eindeutig: »Wer mitten in vollem Schaffen stirbt, ist gleich dem, der in der Erregung verwundet wird, so daß er im Augenblick kaum die Wunde fühlt. Deshalb wendet der auf etwas Gutes gerichtete Sinn die Schrecken des Todes ab.«[7] Diese Beziehung von bürgerlicher Arbeit und Todeserfahrung ist oben schon behandelt worden.

Der gleichen Beziehung geht Max Scheler nach in seiner Untersuchung über das Verblassen des Unsterblichkeitsglaubens in der modernen Gesellschaft. Verantwortlich für das Verblassen scheint ihm die Reduktion des Todeserlebnisses

6 Vgl. hierzu *E. Döring-Hirsch*, a. a. O., S. 3 f. und S. 114.

7 *Francis Bacon:* Essays, a. a. O., S. 9.

zum modernen Todesbild des zufälligen Ereignisses. Die Menschen der seit dem Ausgang des Mittelalters entstandenen Gesellschaftsformation lebten nicht mehr angesichts des Todes, seien zu seiner Erfahrung nicht mehr fähig, kalkulierten allein mit dem Tode. Welt überhaupt werde nicht mehr geliebt und kontempliert, sondern berechnet und angegriffen. »Diese neuen triebhaft gewordenen Impulse des grenzenlosen Arbeitens und Erwerbens sind es vor allem, die eine *neue innere Gesamtstellung zum Tode* begründen ... Der Sturz in den Strudel der Geschäfte um der Geschäftigkeit selbst willen, das ist, wie schon Blaise Pascal sagt, die neue fragwürdige Medizin, die dem modernen Menschentypus die klare und leuchtende Idee des Todes verdrängt und die Illusion eines endlosen Fortganges des Lebens zur unmittelbaren Grundhaltung seiner Existenz werden läßt ...«[8]

Das Bild des Todes als Zufall, als Wand, gegen die man unerwartet stößt, setzt Scheler ab von der im Feudalismus erfahrenen Lebenstotalität. Der Mensch der Neuzeit, »... dieser neue Typ lebt – wörtlich genommen – ›hinein in den Tag‹, bis merkwürdigerweise plötzlich kein neuer Tag mehr da ist. Er ›rechnet‹ mit dem Tode wie mit Feuers- und Wassergefahr – als ginge es ihn so wenig an wie Feuer und Wasser; d. h. er rechnet mehr und mehr nur mit seinem Kapitalwert und -unwert.«[9] Die moderne Leistungs- und Erwerbsmotivation und ihre Handlungskonsequenzen haben gegen Todesfurcht immun gemacht, die intuitive Gewißheit von der Notwendigkeit des Todes zu »bloßem urteilsmäßigem Wissen«[10] verdrängt. Geblieben sei die verdünnte Erfahrung des Todes als banaler Zufall, als Katastrophe, als Wand, gegen die man unerwartet stößt.

Diese These Schelers von der heutigen Todeserfahrung als mit dem Lebensvollzug unvermitteltem Bruch findet sich bei einer Reihe neuerer Autoren wieder. Sie beklagen sich darüber, daß

8 *Max Scheler*, a. a. O., S. 29 f.
9 *Max Scheler*, a. a. O., S. 31.
10 *Max Scheler*, a. a. O., S. 15.

die Menschen heute einen plötzlichen und unvermuteten Tod jeder anderen, etwa dem zeitlichen Verlauf nach genau abzusehenden Form des Sterbens vorziehen.[11] Diese Klage erweitert sich kulturkritisch leicht zur Klage darüber, daß die Erfahrung des Leidens heute gemieden werde und daher nicht mehr ihre zentrale Bedeutung für die Menschlichkeit entfalten könne. Übereinstimmung besteht jedenfalls darüber, daß der Wunsch nach einem schnellen, nicht erwarteten und daher möglichst schmerz- und leidenslosen Tod heute dominant ist.[12] Er soll die Menschen ohne Ankündigung überkommen und erst gar nicht Zeit zur Vorbereitung auf Schmerz und Leid lassen. Dieser Wunsch nach dem Tode als plötzlichem und leidenslosem Bruch, ohne jede Verbindung mit dem Lebensvollzug, nimmt verschiedene Facetten an, darunter die des Zufalls. Sigmund Freud verweist darauf in einer Passage: »Wir betonen regelmäßig die zufällige Veranlassung des Todes, den Unfall, die Erkrankung, die Infektion, das hohe Alter, und verraten so unser Bestreben, den Tod von einer Notwendigkeit zu einer Zufälligkeit herabzudrücken.«[13] Als Zufall im Sinne medizinischen Fehlschlages erscheint der Tod eher durch die vorläufigen Unzulänglichkeiten der medizini-

11 Vgl. hierzu *Arthur Jores:* »Arzt und Lüge«, Universitas 4 (1949) S. 1198. Thomas Regau kritisiert, daß der Tod nicht länger als Sinnerfüllung des Lebens gelte, sondern als Betriebsunfall und Malheur, für den Mediziner als unter Umständen vermeidbarer Fehlschlag. *Thomas Regau,* a. a. O., S. 154 ff. Vgl. schließlich auch *Walter Schulte:* »Das Altern als Indikationsfeld für den Psychotherapeuten«, Wege zum Menschen 14 (März 1962), S. 89.

12 Vgl. hierzu *Herman Feifel:* »Attitudes toward Death in Some Normal and Mentally Ill Populations«, in: The Meaning of Death, hgg. von Herman Feifel, New York, Toronto, London 1959, S. 119; *Jacques Choron,* a. a. O., S. 297; weiter *Robert Fulton* (Hg.): Death and Identity, a. a. O., S. 81. Implizit ist darin mitgeteilt, daß auch heute nicht der abstrakte Tod gefürchtet ist, sondern die eine Art des Sterbens mehr als eine andere. Vgl. hierzu *James C. Diggory* und *Doreen Z. Rothman:* »Values Destroyed by Death«, in: Death and Identity, a. a. O., S. 153.

13 *Sigmund Freud:* »Zeitgemäßes über Krieg und Tod«, in: Das Unbewußte, Frankfurt a. M. 1960, S. 202.

schen Einrichtungen verursacht als durch natürliche Gesetzlichkeit. Nicht immanent-biologische Konstellationen repräsentiert der Tod, sondern den unvorhersehbaren Einschnitt der medizinischen Technologie. Am Ende verdünnt sich das Zufallsbild zur banalen »unvorhersehbaren Situation«. So wird in einem Lehrbuch der Umgangsformen der Tod unter dieser Überschrift neben folgenden Situationen behandelt: »Barschaft geraubt«, »Mißgeschick im Ausland«, »Biß eines wütenden Hundes«.[14]

Dies im Topos »plötzlich und unerwartet« implizierte Todesbild des Zufalls, Unfalls oder Zwischenfalls scheint aber nicht nur, wie oben schon angeführt, im Zusammenhang mit dem älteren, gefürchteten »vorzeitigen« Tod zu stehen. Die Wendung zur Wünschbarkeit eines unvermuteten Endes wird sich den gleichen historischen Prozessen der Säkularisierung und Profanisierung verdanken wie das Konzept des natürlichen Todes. Transzendenz und jenseitige Macht entfallen, im versachlichten Prinzip des Zufalls erhält sich ähnlich wie in der nichtvorhersehbar wirkenden natürlichen Gesetzlichkeit ein Rest an blind wirkender fremder Macht. Das Moment der Unvermitteltheit mit dem Lebensvollzug unterscheidet allerdings den Topos des Zufalls scharf von dem des natürlichen Todes. Insofern könnte ersterer als Regressionsform des zweiten interpretiert werden.

Informationen darüber, in welchem Zusammenhang der Todeszeitpunkt mit dem Leben oder bestimmten Lebensabschnitten des Gestorbenen steht, erlauben eine Gruppierung unter dem Aspekt der Legitimität des Todeseintritts, bezogen aufs Leben des Gestorbenen. Dieser Aspekt kann seinen Ausdruck schon im Todesbild selbst finden: der Tod als Erlösung bedeutet in jedem Falle, daß der Zeitpunkt von den Hinterbliebenen als angemessen angesehen wird. Darüber hinausgehende Wendungen lauten so:

14 *I. Wolter, R. Christian-Hildebrandt* und *D. Kellermann:* Das Buch der guten Umgangsformen, Wiesbaden o. J., S. 73 ff.

a) Der Todeseintritt war legitim:
»im gesegneten Alter«
»nach erfülltem Leben«
»nach erfolgreichem Leben«

b) der Todeseintritt war nicht legitim:
»im blühenden Alter«
»viel zu früh«
»allzufrüh«
»jäh«
»herausgerissen mitten aus einem arbeitsreichen Leben«
»auf der Höhe seiner Schaffenskraft«
»in gutem Glauben auf Genesung«
»in der festen Hoffnung auf Genesung«
»einen Monat nach seiner Pensionierung«.

Angaben über die Nähe des Todesdatums zu einem Geburtstag, also:
»kurz vor Vollendung des x. Lebensjahres« oder
»kurz nach Vollendung des x. Lebensjahres«
sind häufig und werden auch unter dem Gesichtspunkt der Angemessenheit des Zeitpunkts begriffen werden können.
Solche Angaben über die Legitimität des Datums machen deutlich, daß sich über die Unberechenbarkeit des Todeseintritts so etwas wie eine unausgeführte Skala sozialer Einschätzung gelegt hat. Sie gibt an, wann, in welchem Lebensjahr, vor oder nach welchem Ereignis der Tod eintreten darf, ohne daß dies als unangemessen gilt. Diese Einschätzung der Angemessenheit ist allerdings relativ gleichgültig gegenüber dem bestimmten Leben und seinen bestimmten Inhalten und orientiert sich wohl eher an der Zahl der Lebensjahre. Die Herkunft dieser Skala aus den älteren Vorstellungen vom guten oder schlechten, vorzeitigen oder angemessenen Tod ist offenbar.
Endlich, dies mag als letztes Moment von Wichtigkeit für die hier in Rede stehende Problematik von Archaik und Rationalität aufgenommen werden, finden sich häufig Versicherungen der Hinterbliebenen, daß man den Toten nicht

vergessen werde. Man werde sein Gedächtnis ehren, seiner sich immer erinnern. Unter Umständen tritt dies Moment auf zusammen mit der Betonung, wie sehr der Tote fehle, welch große Lücke in den sozialen Zusammenhang ein Todesfall gerissen habe.
Das Gedächtnis an die Toten ist auch mit sehr alten Motiven durchsetzt. Im primitiven Zusammenhang lebte der Tote im Jenseits nur so lange, wie man sich seiner erinnerte. Im christlichen Reich der Totenseelen war jeder prinzipiell im kollektiven Gedächtnis aufbewahrt, niemand ganz vergessen und damit vergangen. Im Prozeß der Durchsetzung bürgerlicher Verhältnisse wurden solche älteren Lehren vom Fortleben im Gedächtnis der religiösen Gemeinde übersetzt in säkulare und diesseitige. Das neue Leben, das Religion seit je versprochen hatte, wird transponiert ins Fortleben in den Nachfahren, im Unternehmen, in der Firma, im Buch, im Erbe – im Werk. Die den Tod der Einzelnen überdauernden Resultate ihrer Arbeit sind ihnen Garanten, daß man ihrer gedenken wird. Vermögen oder ein Werk zu vererben und anderen zur Weiterverwaltung zu übergeben, wird, und ist unter Umständen heute noch, eine starke Motivation zu bürgerlicher Arbeit. Der Beitrag des Einzelnen zum allgemeinen Wohl und zum Fortschritt des Gemeinwesens und der Zivilisation garantiert ihm, daß er mit dem Tode nicht ganz verloren ist. Die Hinterlassenschaft an materiellen oder geistigen Werken wird Bestandteil der Kultur und zeugt darin auf ewig vom Urheber. Die Unsterblichkeit ist zwar nicht direkt erreichbar, wohl aber durch indirekte, über Arbeit und Innovation vermittelte Teilhabe am Fortschritt des Gesamtsystems.[15] Das Gesamtsystem aber muß, sollen die Werke

15 Paul Ludwig Landsberg beschreibt die »Menschheitsreligion« bei St. Simonisten, Comte, Proudhon und Marxisten und sieht das Wesen des Sozialismus als Verlagerung des Lebenssinnes in die »sozialrelevante Tätigkeit des Menschen«. *Paul Ludwig Landsberg:* Einführung in die philosophische Anthropologie, a. a. O., S. *66* ff.
Max Horkheimer formuliert dies, allerdings ohne die kritischen Konnotationen Landsbergs: »Die Vorstellung, das Dasein anderer Individuen freier

Fortleben garantieren, selbst als nicht sterblich vorgestellt sein. Der Einzelne fällt heraus, übergibt in seinen letzten Momenten die Erträge seines Lebens der Gesamtheit, die sie in unendlichem Prozeß mit sich fortträgt.
Im Zusammenhang solcher säkularisierter Fortlebensbilder, in denen das Gedächtnis dem Toten einen Rest an Lebendigkeit zuweist, tauchen mehrmals Vorschläge auf, das Totengedächtnis zu institutionalisieren, in einer ungeheuren Liste, einer manifesten Erinnerung der Menschheit, über die Toten Buch zu führen. Zu denken ist hierbei an die in amerikanischen Friedhöfen übliche Sitte, jeden Tag ein großes Buch mit den Namen der jeweils vor Jahr und Tag Verstorbenen aufzuschlagen und für den Besuch der Hinterbliebenen auszulegen. Weiter wäre zu denken an den Vorschlag eines der Klassiker der amerikanischen Psychologie, G. S. Hall, eine Institution nach Art eines »court of the dead« einzurichten. Um die hier in Rede stehende Komponente von Todesangst, die Angst, vergessen zu werden, für eine Stärkung der »ethischen Kultur« auszunutzen, sollte dieses Gremium jedes einzelne Leben untersuchen, um die »good lessons« und »meanings« aufzubewahren. Wenn jedes einzelne Leben mit den Kriterien des allgemeinen Wohles von einem unabhängigen Tribunal beurteilt würde, selbst ohne daß diese Zensuren bekannt würden, so würde das Verhalten der Menschen sich stärker an ethischen Werten orientieren. »The fear of death, instead of wasting itself in abortive ways, would be set to

und glücklicher zu gestalten, vermochte stets die Fassung eines Menschen zu erhöhen. Insofern die Zwecke, welche sein eigenes Leben bestimmen, nicht mit ihm zu Grunde gehen, sondern auf dem Wege der Gesellschaft weiter verfolgt werden, darf er die Hoffnung hegen, daß sein Tod nicht zugleich das Ende seines Willens bezeichnet ... das Ende erscheint ihm daher nicht bloß als Vernichtung ...« *Max Horkheimer:* »Bemerkungen zur philosophischen Anthropologie«, Zeitschrift für Sozialforschung 4 (1935), S. 7f. Vgl. weiter Elisabeth Ströker, die mit Scheler »die Illusion endlosen Fortschritts als Ewigkeitssurrogat« kritisiert. *Elisabeth Ströker:* »Der Tod im Denken Max Schelers«, in: Der Mensch und die Künste, Festschrift für Heinrich Lützeler, Düsseldorf 1962, S. 77.

work for the normalization of lives.«[16] Dieser Vorschlag erinnert stark an die Heiligsprechungsprozesse der katholischen Kirche, in denen gleichfalls – wenn auch zu anderen Zwecken – das Totengedächtnis zensiert wird.
Über bloßen Wunsch nach Unsterblichkeit hinaus steckt in diesem Vorschlag G. S. Halls deutlich eine Tendenz zur Instrumentalisierung dieses profanisierten Wunsches im Dienste sozialer Kontrolle. Die Instanzen, die das Andenken beurteilen und einschätzen, sind gewissermaßen irdische Äquivalente des göttlichen Gerichts am Ende der Zeiten. Der Mechanismus, mit dem das göttliche wie das irdische Gericht soziale Kontrolle ausüben, ist der Struktur nach derselbe: Todesangst und Fortlebenswunsch werden für den Konformitätszwang eingesetzt vermittels der Drohung, die Nonkonformen nach ihrem Tode zu vergessen. Ein weiteres Beispiel mag diese Verbindung von Fortleben in Andenken und in sozialer Kontrolle verdeutlichen: ein Zitat aus einer Schrift des sowjetischen Ethikers A. F. Schischkin: »Der sowjetische Mensch strebt danach, daß er einen guten Ruf hinterläßt und daß man ihn als ein würdiges Mitglied der ehrenhaften Armee der Erbauer des Kommunismus denkt . . . Das Volk bewahrt sein Andenken nur an jene, die für die gesellschaftlichen Interessen gelebt haben und dem allgemeinen Wohl ehrlich dienten.«[17]
Institutionalisiert ist die Erinnerung an die Toten in Friedhöfen, Kriegerdenkmalen oder Erinnerungstafeln, in den Namen von Straßen und Plätzen, Schulen und Kirchen und vielerlei anderen Einrichtungen, in denen das kollektive Gedächtnis sich manifestiert. Neuerdings publizierte Namenslisten aus den Totenbüchern der Konzentrationslager dienen dem gleichen Zweck. In ihnen ist zudem der Versuch gemacht, die Anonymität des Todes in den Vernichtungsmaschinerien

16 *G. S. Hall:* »Thanatophobia and Immortality«, American Journal of Psychology 26 (1915), S. 582 f.

17 zitiert nach *Arnold Buchholz:* Der Kampf um die bessere Welt, Stuttgart 1961, S. 174.

wenigstens nachträglich aufzuheben und die in Massen Gemordeten fürs Gedächtnis der Menschheit zu identifizieren. Das Andenken dieser Toten unterliegt im übrigen laut § 189 des geltenden Strafgesetzbuches besonderem Schutz: wird die »Verunglimpfung des Andenkens Verstorbener« sonst nur auf Antrag verfolgt, so wird die Verfolgung aus öffentlichem Interesse motiviert, »wenn der Verstorbene sein Leben als Opfer einer Gewalt- und Willkürherrschaft verloren hat und die Verunglimpfung damit zusammenhängt«.

Stark profanisierte Fortlebenswünsche finden sich ausgedrückt in der heute herrschenden »Ikonomanie«[18], den Wünschen, auf Bildern, Photographien und durch andere Mittel der technischen Reproduzierbarkeit festgehalten zu werden und so fürs Gedächtnis der Hinterbliebenen sicherer überleben zu können. Ahnengalerien finden sich heute in nahezu jeder Familie als Sammlung von Photographien der verstorbenen Mitglieder des familiären Zusammenhangs. Die Reklame für den Absatz von Photoapparaten und Filmen hat sich diesen Wunsch inzwischen zunutze gemacht: »Opa ist nicht mehr. Für uns raucht er immer noch sein geliebtes Pfeifchen. Filmen Sie. Damit ein Stück Leben bleibt.«[19]

Die Aufzählung der in Todesanzeigen manifest werdenden Todesbilder und ihre Einbeziehung in den Kontext der Argumentation haben zeigen können, daß es heute kein einheitliches und konsistentes Todesbild gibt: archaische Bilder sind noch nicht abgetan, moderne noch nicht an ihre Stelle getreten. Zwar haben eine Reihe der aufgeführten Formeln keineswegs nur magische oder religiöse Bestandteile: so entspricht der Terminus »sterben« dem Begriff des natürlichen Todes am ehesten insoweit, als dieser endgültiges Ende bedeutet, der Terminus »entschlafen« insoweit, als dieser friedliches

18 *Günther Anders:* Die Antiquiertheit des Menschen. Über die Seele im Zeitalter der zweiten industriellen Revolution, München 1956, S. 56 ff; sowie *Siegfried Kracauer:* »Die Photographie«, in: Das Ornament der Masse. Essays, Frankfurt am Main 1963, S. 34 ff.

19 Werbespot im *Spiegel* vom 22. 5. 1967, S. 64.

Verlöschen postuliert. Im ganzen aber besteht eine deutliche Übermacht archaischer Vorstellungen. Der Widerspruch zwischen archaischen und rationalen Todesbildern und zwischen dem Bereich der Todesbilder als im ganzen eher archaischen Inhalts und der Rationalität der modernen Gesellschaft werden in der Folge zu erklären sein. Bevor das angegangen wird, sollen einige eher psychologische Probleme bedacht werden, um einerseits die benannten Widersprüche zu präzisieren, andererseits einen psychologischen Erklärungsweg als Alternative zu erwägen.

b. Attitüden und Kommunikationshemmung

In den letzten Jahren sind in einiger Fülle Arbeiten zur Erforschung von Einstellungen zum Tode publiziert worden. Diese empirischen Studien haben in der Regel das Ziel, verschiedene Grade der Todesangst mit anderen Variablen in Verbindung zu bringen, Religiosität vor allem, aber auch Selbstwertgefühl, geistige Gesundheit, körperliche Gesundheit, Alter, Geschlecht, Residenz und so weiter. Todesangst und Todesverdrängung werden kurzerhand als »attitudes« behandelt, mit einem Begriff der Psychologie also, der deshalb sich so breit durchgesetzt hat, weil er sich sowohl für Dispositionen wie für Erlerntes gebrauchen läßt. Die Grade der Todesangst beziehungsweise der Verdrängung werden häufig durch konventionelle Befragungsmethoden untersucht, seltener schon mit indirekten Erhebungsmethoden wie dem TAT oder anderen von der Psychologie angebotenen Instrumenten. Diese Arbeiten haben bisher einander widersprechende empirische Daten gefördert und zu widersprechender Interpretation geführt, irgendeinen Konsens nicht erreicht.[1]

1 Vgl. hierzu und zum folgenden den Überblick, den Robert Fulton gibt: *Robert Fulton* (Hg.): Death and Identity, a. a. O., S. 79 ff. In einem Trendbericht wird ebenfalls mangelnder Konsens konstatiert: *Mary Williams:* »Changing Attitudes to Death: A Survey of Contributions in Psy-

Eine der zentralen Fragestellungen dieser Arbeiten ist die nach dem Zusammenhang von Religiosität und Todesangst. Können religiöse Attitüden die Todesangst bannen oder wenigstens mildern, oder sind sie im Gegenteil verantwortlich für höhere Grade der Todesangst? Diese Fragestellung führt als Thema die Behauptung der aufklärerischen Religionskritik fort, daß Religion erst den Tod zu einem angsterregenden Ereignis gemacht hat, und will sie empirisch überprüfen. Swenson berichtet dazu als klares Ergebnis, daß Befragungspersonen mit häufiger religiöser Aktivität oder fundamentalistischer Theologie eine positiv gefärbte Todesattitüde aufweisen, während die Gegengruppe Todesfurcht oder Ausflucht zeige.[2] Dagegen weisen die Befunde von Christ[3] dahin, daß die Variablen Todesangst und Religiosität in keinem Zusammenhang miteinander stehen. Die gleiche Meinung vertreten einige andere Autoren implizit in ihrer Interpretation: so Rhudick und Dibner, die Todesfurcht in einer Konstellation von eigentlichen Persönlichkeitsfaktoren analysieren, ebenso auch Adlerstein und Alexander, denen die Grade der Todesangst mit den das individuelle Leben durchziehenden Wellen wechselnder Ichstärke und Ichsicherheit verknüpft erscheinen.[4]

chological Abstracts over a Thirty-year Period«, Human Relations 19 (1966), S. 405–423. Ein Versuch zur Strukturierung der widersprüchlichen empirischen Daten findet sich bei *Alois Hahn*, a. a. O., S. 26 ff. Besonders pessimistisch beurteilt David Lester den Stand der empirischen Forschung zu diesem Thema: *David Lester:* »Experimental and Correlational Studies of the Fear of Death«, Psychological Bulletin 67 (1967), S. 27–36.

2 *Wendell M. Swenson:* »Attitudes toward Death Among the Aged«, in: Death and Identity, a. a. O., S. 108 f.

3 *Adolph E. Christ:* »Attitudes toward Death among a Group of Acute Geriatric Psychiatric Patients«, in: Death and Identity, a. a. O., S. 146 bis 152.

4 *Paul J. Rhudick* und *Andrew S. Dibner:* »Age, Personality, and Health Correlates of Death Concerns in Normal Aged Individuals«, in: Death and Identity, a. a. O., S. 123–131. *Irving E. Alexander* und *Arthur M. Adlerstein:* »Studien zur Psychologie des Todes«, in: Perspektiven der Persönlichkeitsforschung, hgg. von J. C. Brengelmann und H. P. David, Bern und Stuttgart 1961, S. 55–74.

Robert Fulton und David Lester versuchen in ihren Übersichten über diesen Bereich der Attitüdenforschung eine Reihe von Erklärungen für diese mangelnde Konvergenz der empirischen Ergebnisse, die nicht nur etwa die Beziehung zur Religiosität betrifft, sondern auch die zu demographischen und Persönlichkeitsvariablen. Sie nennen die unterschiedlichen methodischen Ansätze, die Nichtvergleichbarkeit der Samples und der Auswahlverfahren, die verschiedenen und häufig inadäquaten Techniken der Datenerhebung und Analyse. Darüber hinaus deutet Robert Fulton darauf, daß etwa Religiosität keine konsistente Kategorie sei: »Religion for the deeply devout person may be ›functional‹ and supportive or it may be ›dysfunctional‹ with the threat of judgement day and eternal damnation overwhelming his hope for Heaven and eternal bliss.«[5] Diese Kritik an der Naivität mancher Attitüdenstudien zum Todesproblem läßt sich erweitern: auch Todesangst ist in sich keine homogene Kategorie. Die Grade der Angst können nicht auf *den* Tod überhaupt bezogen werden, die Dimension Todesangst ist eine Fiktion. Deutlich kritisiert dies David Lester, indem er die Vernachlässigung der verschiedensten Bedeutungen von Tod für die Unübersichtlichkeit der Resultate in diesem Bereich der Forschung verantwortlich macht.[6] Nur von den Graden der Todesangst zu sprechen und dabei die heute bestehenden Unterschiede zwischen natürlichem Tod, christlichem Fortleben und archaischen Bildern kurzerhand im Terminus »Tod« zu vernachlässigen, ist gewiß für einen soziologischen Ansatz unzureichend. Daß die meisten der vorliegenden empirischen Studien über die Attitüden zum Tode zu historisch oder soziologisch angelegten Differenzierungen höchstens im kommentierenden Text, nicht aber in der Erhebung selbst kommen, läßt sich vielleicht daraus erklären, daß sie eher den Disziplinen der Sozialpsychologie und Psychologie angehö-

5 *Robert Fulton* (Hg.): Death and Identity, a. a. O., S. 81. Vgl. *David Lester*, a. a. O., S. 33.
6 *David Lester*, a. a. O., S. 33.

ren. Ausnahme von dieser grundlegenden Pauschalität der Forschungsansätze machen etwa Studien von James C. Diggory. Die Attitüden richteten sich nicht auf den Tod überhaupt, sondern auf verschiedene Todesarten. Die Bilder vom schnellen und leichten, vom gnädigen und sanften, vom grausamen und schrecklichen Tod deuten auf eine Skala von Einschätzungen, die mit den Graden der Todesangst zusammengehen wird. So teilt James C. Diggory eine Reihe von 17 verschiedenen Todesarten mit, die verschiedene Gruppen von Studenten nach dem Grad der Gefürchtetheit einschätzten.[7] Die Ergebnisse zeigen keine Unterschiede in der Rangeinstufung bei den beiden Geschlechtern, wohl aber den Skalenwerten nach. Als die drei gefürchtetsten Todesarten werden Verbrennen, Verbrühen und von einem wilden Tier Gefressenwerden benannt. Krankheit wird etwa in der Mitte eingestuft, die unterste Position erhält »general failure due to age« und ist damit am wenigsten gefürchtet von allen 17 vorgegebenen (meist gewaltsamen) Todesarten. Über solche Differenzierung der Inhalte und Grade der Todesangst hinaus unternimmt der Autor in Ansätzen wenigstens eine historisch orientierte Interpretation: daß Verbrennung am meisten Angst erweckt, wird, so vermutet Diggory, aus der Erinnerung an die Inquisition und die Bestrafung der Häretiker kommen. Bestimmte Formen der Todesangst, so dürfen wir verallgemeinern, sind zum Teil wenigstens Angst nicht allein vor dem natürlichen Ende, sondern Angst vor dem Tode als Instrument sozialer Kontrolle.

Die These von der Verdrängung des Todes in der modernen Gesellschaft hatte behauptet, daß in unserer Gesellschaft selten vom Tode geredet wird, daß man diesem Thema gar mit

7 *James C. Diggory:* Self-Evaluation: Concepts and Studies, New York, London, Sydney 1966, S. 402 f. Vgl. ähnliche Ansätze bei *James C. Diggory* und *Doreen Z. Rothman:* »Values Destroyed by Death«, in: Death and Identity, a. a. O., S. 152–161; *Herman Feifel:* »Attitudes toward Death in Some Normal and Mentally Ill Populations«, in: The Meaning of Death, a. a. O., S. 114–130.

Vermeidungsangst begegne. Dies kann vorwissenschaftlich leicht bestätigt werden. Primärerfahrung aus alltäglicher Kommunikation erlaubt die Feststellung, daß der Tod als Gesprächsthema nicht gelitten ist. Vom Tode reden ist Fehlverhalten und durchbricht die Konvention. Die Sanktionen dagegen sind ähnliche, wie wenn man am Tische von Exkrementen spricht: Indignation, Themawechsel oder Beendigung des Gesprächs, zwanghafter Humor. Christian von Ferber bezeichnet so den Tod in unserer Gesellschaft als mit einer Kommunikationshemmung belastet.[8]

Auch ans Alter wird selten und ungern gedacht, und Kommunikation über Pläne und Aussichten fürs Leben nach der Entlassung aus dem Arbeitsprozeß findet nicht gerade häufig statt. Die Beschränkungen, denen Tod und Alter in Bewußtsein und Kommunikation unterliegen, wären also am Ende wenn nicht gleich, so doch äquivalent einzuschätzen. Ist doch auch nicht zu übersehen, daß das Alter, für die Soziologie primär die Zeit nach der Entlassung aus dem Arbeitsprozeß, in dieser Entlassung aus dem zentralen Bereich des Gesamtsystems Züge des Todes vorwegnimmt. Andererseits hat der Tod heute, trotz aller gelungenen Verhinderung vorzeitigen Todes, weder der Sache noch dem Bewußtsein nach allein als Konsequenz des Alters zu gelten: mors certa, hora incerta. Eine Erklärung für die Kommunikationshemmung vor dem Tode wird sich also von einer Erklärung für die vor dem Alter liegenden Barrieren unterscheiden müssen, solange der Tod – wenn auch offensichtlich mit abnehmender Häufigkeit – in allen Lebensaltern eintritt.

Empirische Arbeiten, die die aufgrund gesellschaftlicher Primärerfahrung konstatierte Kommunikationshemmung untersuchen oder im Untersuchungsgang näher darauf zu sprechen

8 *Christian von Ferber*, a. a. O., S. 339 f. Vgl. hierzu auch *Gotthard Montesi:* »Totentanz 1952. Vom Sterben mit und ohne Make-up«, Wort und Wahrheit 7 (1952), S. 805; *Geoffrey Gorer:* »Die Pornographie des Todes«, a. a. O., S. 60; *Robert Fulton* und *Gilbert Geis:* »Death and Social Values«, in: Death and Identity, a. a. O., S. 69.

kommen, lassen sich schwer finden. So sollen noch einige Studien besprochen werden, die keineswegs immer explizit auf dieses Thema stoßen, wohl aber daraufhin interpretiert werden können. Für die beiden wichtigsten Arbeiten, in denen Kommunikationshemmung zutage tritt, gilt wieder, daß sie eher der Psychologie verpflichtet sind: für die trotz aller Mängel klassisch zu nennende Untersuchung von W. Bromberg und P. Schilder »Death and Dying«[9] und die mehrere Untersuchungsgänge resümierende und die Breite der vorliegenden Literatur rezipierende Arbeit von I. E. Alexander und A. M. Adlerstein »Studien zur Psychologie des Todes«.[10] Beide Arbeiten sollen in einiger Ausführlichkeit besprochen werden.

Die Arbeit von Bromberg und Schilder ist eine der ersten Anwendungen der Befragungsmethode auf das Gebiet der psychischen Reaktionen auf den Tod. Die Intention wird deutlich formuliert: »We endeavored to find out without reference to any theory what is contained in psychological experience concerning death.«[11] Das scheint nun, gemessen am heutigen Raffinement der Methoden empirischer Forschung, nicht gerade gelungen. Keine Hypothese wird vorher formuliert. Der Fragebogen berücksichtigt weder in den items noch in ihrer Anordnung die sich aufdrängende Vermutung, daß die vom Stimulus »Tod« evozierte Angst die Verläßlichkeit und Wahrhaftigkeit der Antworten beeinflußt. Dies mag noch aus dem damaligen Stand der Entwicklung der Untersuchungsmethoden sich erklären lassen. Ein härterer Einwand gegen diese Untersuchung ist aber, daß sie sehr wohl theoretische Annahmen einsetzt und sich nicht nur aufs vorgeblich ohne Vorkenntnisse erhobene Material verläßt. Der Einfluß

9 *Walter Bromberg* und *Paul Schilder:* »Death and Dying. A comparative study of the attitudes and mental reactions toward death and dying«, The Psychoanalytic Review 20 (1933), S. 133–185.

10 *Irving E. Alexander* und *Arthur M. Adlerstein:* »Studien zur Psychologie des Todes«, a. a. O.

11 *Bromberg* und *Schilder:* »Death and Dying«, a. a. O., S. 135.

der psychoanalytischen Theorie auf die Formulierung der items ist nicht zu übersehen. Die Umsetzung der Theoreme dieser Schule in Fragen wirkt in der Vernachlässigung des theoretischen Kontexts der Psychoanalyse nahezu komisch. So zum Beispiel will die Frage 21 offenbar Material zum psychoanalytischen Theorem des Todeswunsches erheben: »21: How often do you wish somebody would die? Who and why? Do you defend yourself against such a wish?«[12] In der Interpretation der Befragungsergebnisse treten dann unvermittelt erneut psychoanalytisch orientierte Reflexionen auf, die die Sache eher noch unübersichtlicher machen.

Die Resultate dieser Untersuchung und einiger damit zusammenhängender[13] lassen sich wie folgt resümieren: Die vor dem Tode liegende Kommunikationshemmung scheint psychisch durch zwei Umstände gestützt zu werden: erstens denken normale Personen sehr selten spontan an den Tod. Todesgedanken treten erst auf Anlässe und Assoziationen hin ins Bewußtsein, das Todesthema scheint durchaus nicht kontinuierlich am Rande des Bewußtseins gegenwärtig zu sein. Zum anderen erbrachte die Befragung die Schwierigkeit, an den eigenen Tod zu denken, sich ihn vorzustellen. Auf die Frage »Is your own death probable to you?«, ein gewiß nicht gerade geschickt formulierter Stimulus, gaben drei Viertel des Samples an, daß ihnen der eigene Tod unwahrscheinlich sei: »... this attitude of extreme unreality and remoteness of one's own death is the normal reaction ...«[14] Die Überzeugung vom eigenen Tode sei nicht weit verbreitet. Die Attitüden gegenüber dem Tode beträfen daher nicht eine psychi-

12 *Bromberg* und *Schilder:* »Death and Dying«, a. a. O., S. 68.

13 *Paul Schilder* und *David Wechsler:* »The Attitudes of Children toward Death«, The Pedagogical Seminary and Journal of Genetic Psychology 45 (1934), S. 406–451. *Walter Bromberg* und *Paul Schilder:* »The Attitudes of Psychoneurotics toward Death«, Psychoanalytic Review 23 (1936), S. 1–25. *Paul Schilder:* »The Attitude of Murderers Towards Death«, Journal of Abnormal and Social Psychology 31 (1936/37), S. 348 bis 363.

14 *Bromberg* und *Schilder:* «Death and Dying«, a. a. O., S. 142.

sche Sache, sondern eher ein Faktum der äußeren Welt. Die Vernachlässigung dieses äußeren Faktums sei daher nicht eigentlich Verdrängung zu nennen. Dies mit unzulänglichen Mitteln erhobene Resultat paßt nur zu gut zu Freuds Theorem von der Todlosigkeit des Unbewußten, der Überzeugung des Es von seiner Unsterblichkeit.

Alexander und Adlerstein reflektieren in extenso die vorliegenden Arbeiten von Bromberg und Schilder und anderen und resümieren deren Ergebnisse folgendermaßen: »Das empirische Material besagt, daß Leute unserer Kultur, gemessen an ihrem bewußten, wörtlichen Verhalten, sich keine sehr ernsthaften Gedanken über den Tod machen.«[15] Gehen diese Ergebnisse zurück auf eine soziokulturelle Vorschrift, Angst und Furcht nicht zu zeigen, auf eine verbreitete Gleichgültigkeit dem Tode gegenüber, oder sind sie primär eine Funktion der Defizienz der Erhebungstechniken? Diese letztere Vermutung, daß die Fragebogentechnik bei einem solcherweise diffizilen und Angst evozierenden Untersuchungsgegenstand das Ergebnis selbst beeinflußt haben mag, greifen die Autoren auf und suchen nach einer quantitativen, zuverlässigeren und leichter kontrollierbaren Methode, die zudem das Untersuchungsziel den Versuchspersonen nicht ohne weiteres offenbart. Alexander und Adlerstein entscheiden sich für die Verwendung eines Wortassoziationstests in Verbindung mit der Messung des psychogalvanischen Reflexes. Die Wortliste, für die Reaktionszeit und PGR getestet wurden, bestand aus neutralen Grundworten, affektiv besetzten Worten über Geschlecht und Schule, und aus Todesworten. Die Versuchspersonen waren männliche undergraduates. Sie verhielten sich auf die drei verschiedenen Wort-sets signifikant verschieden. Ihre Resultate verallgemeinernd schreiben die Autoren: »Aus diesen Beobachtungen ergibt sich, daß Todesworte trotz der

15 *Alexander* und *Adlerstein*, a. a. O., S. 58. Dieses Resümee vorliegender Arbeiten wird etwa der Studie von Paul Schilder und David Wechsler ganz und gar nicht gerecht. Vgl. *Paul Schilder* und *David Wechsler*, a. a. O., S. 408.

von früheren Untersuchern berichteten Gleichgültigkeit und des minimalen Besorgnisses die Fähigkeit aufweisen, die affektiven Antworten einer Gruppe normaler männlicher College-Studenten zu erhöhen. Es sieht so aus, als ob unsere kulturelle Umgebung uns lehre, uns wenig affizieren zu lassen, und dies ist dann auch die Art, in der wir uns mit unseren Worten verhalten. Und doch reagieren wir auf dem primitiveren physiologischen Niveau, wie wenn wir intensiv beeinflußt würden.«[16]

Mit dieser Studie haben Alexander und Adlerstein bedeutsame Resultate zum Verständnis der Kommunikationshemmung vor dem Todesthema beigebracht. Fordern die allgemeinen Verhaltensnormen, daß man sich in der Interaktion ohne Zeichen von Angst, nach Möglichkeit immer souverän und ichstark verhalte, so wird der Widerspruch zwischen dieser Forderung und der innerpsychischen Angst und Erregtheit bei Kommunikation über den Tod in einer Vermeidungstendenz resultieren.

E. Dichters Bericht von einer im Auftrage eines Bestattungsunternehmens angestellten Studie spezifiziert diese Kommunikationshemmung näher. Im Verlaufe der Interviews trat ein »Zögern, diese Unfähigkeit, über den Tod zu sprechen« zutage, neigten die Befragten dazu, statt über den Tod über ihr Leben zu sprechen, dem Stimulus auszuweichen. Nur auf Druck der Interviewer gaben sie Antwort auf die Fragen. Diese Reaktion rührt nach E. Dichter aus der Unfähigkeit zur Antwort und aus einer Indignation über das Thema der Befragung.[17]

16 *Alexander* und *Adlerstein*, a. a. O., S. 61.

17 *Ernst Dichter:* Strategie im Reich der Wünsche, München 1964, S. 160. Der Versuch, dem Stimulus Tod auszuweichen, wird allgemein in der psychiatrischen und psychotherapeutischen Literatur bestätigt. Vgl. dazu zum Beispiel Avery D. Weisman und Thomas P. Hackett: »Even then they couch their language in terms of death, psychiatric patients usually are referring to problems of living.« *Avery D. Weisman* und *Thomas P. Hakkett:* »Predilection to Death«, in: Death and Identity, a. a. O., S. 296. Dichters Erfahrungen aus einer Umfrage finden Ergänzung durch Beobach-

Eine große empirisch angelegte Untersuchung von Geoffrey Gorer über die heutigen Trauersitten in Großbritannien hat in anderem Zusammenhang ein ähnliches Ergebnis. Gorer versuchte zu eruieren, wie Eltern ihren Kindern einen Todesfall in der Familie mitteilen und erklären, und fand, daß aus einer Zahl von 126 näher befragten Personen 56 ihre Kinder mit dem Faktum allein gelassen hatten, ihnen weder Information noch Erläuterung gegeben hatten.[18] Dieser Fund führt Gorer dazu, die Behandlung des Todes als nicht-kommunizierbares Thema für weite Kreise der Bevölkerung anzunehmen.

Ein institutionelles Problem wirft diese Kommunikationshemmung auf in der unter Medizinern, Psychiatern und Psychotherapeuten sowie Theologen häufig und mit einiger Grundsätzlichkeit diskutierten Frage, ob man schwerkranke Patienten über ihren Zustand und über den eventuell zeitlich absehbaren sicheren Todeseintritt aufklären soll, und wem diese Rolle des Informanten zufallen soll, dem Arzt oder dem Seelsorger. Ob Konfrontation mit dem realen Krankheitsverlauf oder vornehme Verheimlichung der Ernstheit der Situation besser für einen eventuellen Heilungsprozeß oder besser im Sinne der humanen Pflichten der Medizin sei, mag hier offen bleiben. Daß aber zu dieser Frage so ausführlich und häufig Stellung genommen wird[19], verweist darauf, daß da-

tungen Moellenhoffs: »Adults often showed a very definite negative reaction when I told them what I was investigating. It consisted in a mixture of slight indignation, momentary fright and the discomfort associated with death that we all know so well.« *Fritz Moellenhoff:* »Ideas of Children about Death. A Preliminary Report.« Bulletin of the Menninger Clinic 3 (1939), S. 153.

18 *Geoffrey Gorer:* Death, Grief, and Mourning in Contemporary Britain, London 1965, S. 28.

19 Vgl. etwa *Hendrik van Oyen:* »Aufklärungs- und Schweigepflicht des Arztes aus der Sicht der Ethik«, Wege zum Menschen 15 (November 1963), S. 385–393; *Eva Schwinn:* »Muß der Arzt die Wahrheit sagen?«, Wege zum Menschen 15 (November 1963), S. 394–398; *Arthur Jores:* »Arzt und Lüge«, a. a. O.; *Revella Levin:* »Truth versus Illusion in Relation to Death«, Psychoanalytic Review 51 (1964), S. 190–200.

hinter ein sehr wichtiges Problem steckt. A. D. Weisman und Th. P. Hackett sehen diese Frage bezeichnenderweise weniger unter dem Gesichtspunkt funktionaler oder werthafter Entscheidungen als unter dem der Kommunikationshemmung: daß der Kranke häufig nicht realistisch über seinen Zustand informiert wird, sei eher determiniert durch »social convention than by clinical value«.[20] Ärzte wie Pflegepersonal sind oft nicht fähig, die kulturell gesetzten Angst- und Schuldgefühle zu überwinden und offen mit den Patienten über ihren nahen Tod zu sprechen.

Unter anderem ist dies begründet in einem Mangel der medizinischen Ausbildung. Glaser und Strauss haben in ihrer Studie »Awareness of Dying«[21] höchst detaillierte Materialien und Unterlagen zu diesem Thema aus Feldbeobachtung und Befragung zusammengetragen. Ärzte wie auch Krankenschwestern zeigen eine deutliche Vorliebe für Arbeitsgebiete, in denen sie nicht oder nicht dauernd mit sterbenden Patienten zu tun haben. Durch die eigentümliche, durch professionelles Wissen, Schweigepflicht und Erlaubnis zur Verletzung bestimmter sozialer Normen gesetzte relative Autonomie der medizinischen Einrichtungen wird dieses institutionelle Problem der Aufklärung der Patienten, deren Wissen über den eigenen Zustand höchst beschränkt ist, verschärft.

Hier allerdings treten zur Erklärung der Kommunikationshemmung noch andere Variablen hinzu: der Mediziner gibt ungern Fälle zu, in denen er nichts mehr vermag, gibt er darin doch zugleich die Begrenztheit des Wissens und der Mittel seiner Profession zu. Zweitens mag die Mitteilung an den Patienten, daß ihm der Tod in absehbarer Zeit sicher sei, im Zusammenhang mit magischen Reminiszenzen wie ein Todesurteil sich anhören oder gar wie ein Todesurteil wirken. Auch davor hat die Gesellschaft Hemmungen gesetzt.

Die Feststellung, daß heute selten und ungern vom Tode

20 *Avery D. Weisman* und *Thomas P. Hackett*, a. a. O., S. 323.

21 *Barney G. Glaser* und *Anselm L. Strauss:* Awareness of Dying, London 1966, S. 3 ff.

gesprochen wird, kann jetzt nicht mehr so glatt akzeptiert werden. Die empirischen Untersuchungen von James C. Diggory und anderen haben deutlich gemacht, daß nicht *der* Tod gefürchtet wird, sondern bestimmte Todesarten mehr als andere. Ist aber Todesangst keine einheitliche Variable, weil sie sich auf ganz verschiedene Inhalte beziehen kann, dann wird es auch problematisch, von *der* Kommunikationshemmung vor dem Tode zu sprechen. Vorwissenschaftliche Erfahrung wieder gibt an, daß einige Formen des Sterbens, darunter vor allem gewaltsame, ohne jede Hemmung besprochen werden können, andere dagegen nicht. Zudem sind die psychischen Konstellationen, die zur Kommunikationshemmung führen, keinesweg identisch: einmal geht sie – bei den Mitgliedern der medizinischen Institutionen – zurück auf das Unbehagen an der permanenten Bedrohung professionellen Wissens und professioneller Praxis durch den Fehlschlag Tod. Dann wieder resultiert Kommunikationshemmung aus allgemeinen Verhaltensvorschriften der modernen Gesellschaft: der Tod als Sinnbild der Unverfügbarkeit widerspricht dem Bilde von der leistungsorientierten und optimistisch-verändernden, »dynamischen« Persönlichkeit, das den Einzelnen dauernd vorgehalten wird. Darin angehalten, das Unverfügbare zu vernachlässigen gegenüber Zusammenhängen, in denen Ichstärke demonstriert werden kann, sprechen die Individuen ungern vom Tod.

Die von Bromberg und Schilder oben benannte fehlende oder nur schwach ausgeprägte Überzeugung von der Notwendigkeit des eigenen Todes findet in dem von der psychoanalytischen Schule beigebrachten Material reiche Bestätigung. Das Unbewußte als Repräsentanz des Lustprinzips kenne nicht die Kategorie der Zeitlichkeit und schätze sich daher selbst als ewig ein. Resultate, die mit den konventionellen Erhebungsmethoden der Psychologie und Sozialpsychologie gefunden wurden, lassen sich dazu nicht anführen. Allerdings rekurrieren einige der hier besehenen empirischen Arbeiten in ihren eher reflektierenden oder resümierenden Abschnitten häufig auf diesen Tatbestand. So etwa Middleton in den Schlußfolgerungen zu seiner Befragung über Todesangst aus einem Sample von 825 Studenten: »Non omnis moriar (I shall not wholly die) – ›I shall not die, but live‹ (Psalms 118) – this is the belief, born of the will-to-live, which is shared perhaps by most individuals.«[22]

Vor dem Hintergrund der hier unternommenen soziokulturellen Differenzierungen des Todesbegriffes will allerdings dieser im Unbewußten lokalisierte Unglaube an den eigenen, persönlichen Tod nicht als eine konstante Disposition des Unbewußten erscheinen, sondern wird eher als Relikt verstanden werden können. Ohne den geringsten Anspruch anzumelden, die Freudsche Theorie in eine historische Theorie aufzulösen und damit für die Soziologie fruchtbar zu machen, mag doch darauf verwiesen werden, daß Freud selbst die Entstehung des Bildes vom Tode als endgültigem Ende in einem historischen Prozeß entstanden sieht: »Für den Primitiven wäre die Fortdauer des Lebens – die Unsterblichkeit – das Selbstverständliche. Die Vorstellung des Todes ist etwas spät und nur zögernd Rezipiertes, sie ist ja auch für uns noch inhaltsleer und unvollziehbar!«[23] Bleibt man im psychische Genese und psychische Topologie verbindenden Modell Freuds, so darf angenommen werden, daß das historisch zunehmende Wissen von der Realität des Todes als Moment des Realitätsprinzips die zutiefst liegenden Bereiche der Psyche noch nicht erreicht hat.

22 *W. C. Middleton:* »Some Reactions towards Death among College Students«, Journal of Abnormal and Social Psychology 31 (1936/37), S. 173 (Fußnote 8). Vgl. dazu *Fritz Moellenhoff*, a. a. O., S. 153 f. Weiter: »Human Beings generally know that they have to die, but most of them actually do not seem to believe it. When they think about death they generally think of it merely as a solution of their own life problems.« *Paul Schilder* und *David Wechsler,* a. a. O., S. 409. Empirisch belegt ist die Tendenz zur Überschätzung der eigenen Lebenserwartung bei *James C. Diggory,* a. a. O., S. 407 ff.

23 *Sigmund Freud:* Totem und Tabu, a. a. O., S. 87.

c. *Kind, Sterblichkeitswissen, Todesangst*

Bilder und Vorstellungen vom Tode wurden bislang unterm historischen Aspekt grob gegliedert und ihre ungefähre Abfolge angegeben. Unberücksichtigt ist dabei geblieben, auf welche Weise der Einzelne zum Wissen vom Tode kommt, wie und wann Todesgewißheit in der Geschichte des Individuums auftritt, welches Verhältnis das Kind zum Tode hat. Bei der Behandlung dieser Fragen sollen zunächst die kognitiven Seiten des Problems im Vordergrund stehen. Auf die Genese der Emotionen, die sich so überdeutlich an den Tod heften, muß dann gewiß eingegangen werden. Die Entstehung von Todesangst beim Kinde aber in aller Breite und in allen Details der kontroversen Positionen bei den Psychologen und Psychoanalytikern zu behandeln, verbietet sich von selbst. Es wird bei einigen mehr oder weniger isolierten Hinweisen bleiben müssen, die sich mit den hier verfolgten Absichten besonders leicht verbinden lassen. Dieses Verfahren hat den Nachteil, daß es den psychoanalytischen Arbeiten nicht ganz gerecht wird: ist doch deren Darstellung der Genese von Todesangst in mancher Hinsicht als ein alternativer Erklärungsversuch zu dem eher kognitiv orientierten Erklärungsversuch der Genese von Sterblichkeitswissen zu werten. Ein dritter Problemkreis schließlich, der sich am Verhältnis von Kind und Tod aufdrängt, wird ganz außer acht bleiben: die Fragestellung, ob ein Kind bei Todesfällen in der Familie oder allgemeiner bei Trennungserfahrungen trauert oder nicht, von welchem Alter an es zur normalen Trauerarbeit fähig ist. Hierzu liegt eine inzwischen recht umfangreiche psychologische Literatur vor, die im einzelnen allerdings durchaus widersprechende Beobachtungen und Materialien enthält.[1]

1 Vgl. die Studie über kindliche Reaktionen auf kriegsbedingte Trennungserlebnisse von *Anna Freud* und *Dorothy T. Burlingham:* War and Children, New York 1943, sowie die an die Arbeiten von John Bowlby sich anknüpfende Diskussion: *John Bowlby:* »Grief and Mourning in Infancy and Early Childhood«, The Psychoanalytic Study of the Child 15

Max Scheler lehnt die Annahme der Genese des Sterblichkeitswissens überhaupt ab. Sein Begriff des natürlichen Todes führt dazu, zwischen dem Tod als empirischem Faktum und dem Tod als Wesensmerkmal des Lebens selbst zu unterscheiden. Könnte jeder seine biologisch mitgegebenen Lebenskräfte ausleben, wäre er nicht spezifischen Umweltbedingungen ausgesetzt, so stürbe er seinen eigenen, seinen natürlichen Tod. Dieser wird nie erreicht. Die Kluft zwischen beiden rückt den faktischen, gewissermaßen nur abgeleiteten Tod in die Bereiche der Erfahrung, stattet aber den nie erreichten Tod, die unabänderlich durch Natur gesetzte Lebensspanne des Individuums wie der Spezies mit dem Charakter eines Wesensmerkmals des Lebens aus. »Der Tod gehört zur Form und zur Struktur, in der uns allein jegliches Leben gegeben ist, unser eigenes wie jedes andere, und dies *von innen und von außen.*« Seinen Grund hat das in der Existenz des »absoluten Todesphänomens, das an das Wesen des Lebendigen geknüpft ist . . .«[2] Das Wissen vom Tode in seiner Notwendigkeit, vom natürlichen Tod, der durch die immerhin denkbare Vermeidung aller umweltbedingten Todesgefahren nicht vermeidbar wird, verdanke sich keineswegs der Erfahrung, der Beobachtung, der Induktion. Von diesem Wesensmerkmal seines eigenen Lebens wisse der Mensch von vornherein. Die Notwendigkeit menschlichen Endes ist uns nach Max Scheler intuitiv gegeben und fortwährend in unserem Bewußtsein gegenwärtig, ein Certum. Solche Gewißheit ist unabhängig von den soziokulturell bedingten und historisch wechselnden Gliederungen des individuellen Lebens in Kindheit, Jugend, Reife,

(1960), S. 9–52; *John Bowlby:* »Childhood Mourning and Its Implications for Psychiatry«, American Journal of Psychiatry 118 (1961), S. 481 bis 498; die Diskussionsbeiträge von *Anna Freud, Max Schur* und *René A. Spitz* in: The Psychoanalytic Study of the Child 15 (1960), S. 53–62, 63–84, 85–94; sowie die Publikationen von *Robert A. Furman:* »Der Tod und das Kind – Einige vorläufige Überlegungen«, Psyche 20 (1966), S. 766 bis 777, und »Tod der Mutter während der Analyse eines Sechsjährigen«, Psyche 20 (1966), S. 778–796.

2 *Max Scheler:* »Tod und Fortleben«, a. a. O., S. 22 und 35.

Alter, unabhängig von allen Motivationen, unabhängig gar von der Todesangst. Erst im Verlaufe der Ontogenese werde die Todesgewißheit mit negativen Affekten besetzt – auf welche Weise, ist von Scheler allerdings nicht zu erfahren. Selbst wenn der Mensch allein auf der Welt lebte und weder das Sterben anderer Menschen wahrnehmen noch von anderen Menschen darüber unterrichtet werden könnte, wäre ihm der eigene Tod gewiß. Solche Autonomie des Todeswissens wird konstituiert durch das »Erlebnis der Todesrichtung«. Diese Todesrichtung des Lebens ist die Lebensrichtung selbst: Leben wird erfahren und gelebt als Abnehmen der vor uns liegenden Zukunft, der fortschreitenden Einengung offener Möglichkeiten, als Anwachsen der gelebten Vergangenheit. Das sich selbst seinem Ende, dem natürlichen Tode, zuneigende Leben enthält in jedem Momente Tod als Todesrichtung.[3] Zusätzlich zu dieser die Autonomie des Todeswissens konstituierenden Lebensstruktur machen andere Phänomene den Tod wahrscheinlich: Krankheit und Alter, Schlaf und Traum.

Die Gegenüberstellung von faktischem, unter den Bedingungszusammenhängen der Umwelt gestorbenen und dem »eigentlichen«, natürlichen Tod führt Scheler zum Konzept der Lebensimmanenz des Todes, wie es in der nachhegelschen Todesphilosophie in verschiedenen Varianten gedacht worden ist. Der natürliche Tod wird ins Wesen des Lebens verlegt und zum telos erhoben, das darüber hinaus auf intuitive Weise gewußt wird. Darin hat sich trotz aller Verklärung der im Grunde utopische Charakter des natürlichen Todes erhalten.

Diese Gedanken Schelers enthalten deutlich, vermittelt über die Lebensimmanenz, das versöhnende Moment, das im Begriff des natürlichen Todes mitgemeint ist: der eigentliche Tod schlägt nicht zu wie der unterm Bedingungszusammenhang der Umwelt gestorbene Tod, sondern gestattet friedliches Verlöschen, langsames Auslaufen der Lebensprozesse. In der

3 *Max Scheler*, a. a. O., besonders S. 16. Vgl. auch *Elisabeth Ströker*, a. a. O., S. 78 f.

Realität aber wird das telos, dem sich das Leben intuitiv bewußt von Anfang an zuneigt, nie erreicht, alle Menschen sterben »vorzeitig«.

An der Autonomie des Sterblichkeitswissens, die Scheler so eindeutig vertritt, ist Kritik unschwer zu leisten. Sterblichkeitswissen tritt nicht als Wissen vom Tode überhaupt auf, sondern immer schon in bestimmten Gestalten: Bilder und Vorstellungen vom Tode, wie und was vom Tode gewußt wird, ist in die Geschichte verflochten und läßt sich nicht zur Todesgewißheit überhaupt abstrahieren. Das Wissen von einer Todesnotwendigkeit, die hinter dem faktisch gestorbenen Tod steht und mit ihm nie identisch ist, solange niemand des natürlichen Todes stirbt, solange gar die Marke des natürlichen Endes nicht feststeht, ist historisch spät entstanden. Übersehen hat Scheler schließlich mit seinem Begriff des Sterblichkeitswissens als wesenhaftem, daß es nicht nur einen phylogenetischen Prozeß zunehmender Erkenntnis vom Tode gibt, von Aufklärung übers Sterben, sondern auch einen ontogenetischen. Die Resultate der Entwicklungspsychologie belegen dies ausführlich. Allerdings bedeuten solche Resultate, die die Zunahme kindlichen Todeswissens angeben, nicht von vornherein einen Widerspruch zum Begriff des Wesenswissens: ließe sich doch sagen, daß das Wesenswissen vom Tode in einem Prozeß der Entfaltung und Auslegung bis zur Erkenntnis der Todesgewißheit beim Erwachsenen leitet. Damit wäre die Annahme einer Genese nicht notwendig impliziert. Erst die Darlegung der Resultate genetischer Psychologie unterm impliziten Rekurs auf das für Soziologie und Sozialpsychologie zentrale Konzept der Sozialisation beziehungsweise Enkulturation macht dies notwendig.

Eine ganze Reihe von empirischen Studien im weiteren Sinne über die Entstehung des Sterblichkeitswissens beim Kinde liegen vor und bezeugen einen hinreichend befriedigenden Konsensus über die Stadien dieser Entwicklung. Sie alle untersuchen die kognitive Dimension des kindlichen Verhältnisses zum Tode und kommen so gut wie ganz ohne psychoanalytische Theoreme aus. Zu nennen sind hier insbesondere die Arbeiten von Paul Schilder und David Wechsler, von Frank S. Caprio, Arnold Gesell und Frances Ilg, von Maria H. Nagy und Erich Stern. Eine zusammenfassende Übersicht über vorliegende Resultate und Interpretationen bietet Bernard Steinzor.[4] Verschiedene Forschungsmethoden der Psychologie werden von diesen Autoren in verschiedenen Konstellationen verwendet: so veranlaßt Nagy ihre 378 kindlichen Versuchspersonen aus Budapest und Umgebung, Aufsätze über das zu schreiben, was ihnen zum Tode einfällt, läßt Zeichnungen zum Thema anfertigen, führt schließlich Gespräche über diese Unterlagen, bei den 3- bis 6jährigen nur Gespräche. Erich Stern zählt direkte Beobachtungen bei Sterbefällen, klinische Beobachtung, Befragung, Test, schließlich Befragung von Erwachsenen über ihre Todesvorstellungen in ihrer Kindheit als verwendete Techniken auf. Dabei erweist sich die zuletzt genannte Methode der Materialerhebung, wie Stern selbst angibt, als relativ unzuverlässig. Frank S. Caprio gibt 100 nach Zufall ausgewählten Erwachsenen die Anweisung, durch freie Assoziation ihre Reaktion auf die Todesvorstellung in der Kindheit anzugeben, reflektiert aber die Unzuverlässigkeit dieser Methode an keiner Stelle. Schilder und Wechsler untersuchen 76 Kinder zwischen 5 und 15 Jahren, wovon nur wenige allerdings psychisch normal waren. Sie diskutieren zuerst über den Tod. Dann zeigen sie den Kindern Bilder, auf denen verschiedene Situationen überwiegend des gewaltsamen Todes dargestellt sind, lassen die Kinder interpretieren, diskutieren erneut. Zuletzt wirft der Forscher eine Puppe

4 *Bernard Steinzor:* »Death and the Construction of Reality«, in: Festschrift for Gardner Murphy, hgg. von John G. Peatman und Eugene L. Hartley, New York 1960, S. 358–375. Zum Folgenden vgl. *Maria H. Nagy:* »The Child's View of Death«, in: The Meaning of Death, a. a. O., S. 79 f.; *Erich Stern:* Kind, Krankheit und Tod, München und Basel 1957, S. 81; *Arnold Gesell* und *Frances Ilg:* The Child From Five to Ten, New York 1946, S. X; *Frank S. Caprio:* »A Study of Some Psychological Reactions during Pre-Pubescence to the Idea of Death«, Psychiatry Quarterly 24 (1950), S. 496; *Paul Schilder* und *David Wechsler,* a. a. O., S. 412 ff.

mehrmals ohne Kommentar auf den Boden und beobachtet die Reaktion der Kinder. Gesell und I'g schließlich bestreiten für das hier gegebene Untersuchungsziel die Angemessenheit konventioneller Gruppenuntersuchungen und legitimieren ihre Resultate vor allem durch klinische Erfahrung und verwandte Methoden. Jede der genannten Untersuchungen läßt allerdings Reflexionen über die kulturelle Bedingtheit ihrer Untersuchungsobjekte vermissen. Keine Untersuchung berücksichtigt sozio-kulturelle Variablen ausreichend in ihrer Analyse des kindlichen Verhältnisses zum Tode. Trotz solcher Mängel und trotz der Tatsache, daß Erich Stern Kinder in der Schweiz und in Frankreich, Maria H. Nagy in Budapest, Schilder und Wechsler in den USA zu Versuchspersonen hatten, erscheinen die Ergebnisse im großen und ganzen kompatibel.

In unserer Kultur hat das Kind bis zum Alter von drei oder vier Jahren überhaupt keine Vorstellung von der Bedeutung des Todes. Es lassen sich keine Kognitionen angeben, die, wie entfernt auch immer, beim Kleinkind auf den Bedeutungszusammenhang Tod verweisen, der Gegensatz lebendig – tot ist unbekannt. Selbst wenn dem Kind das entsprechende Vokabular bereits zur Verfügung steht, weiß es nichts von der Notwendigkeit des Sterbens oder dem Wesen des Todes. Möglicherweise aber wurden die den Tod betreffenden Wörter bereits als negativ, mit Distanz und Zerstörung verknüpft wahrgenommen und unter Umständen als Abwehrgestus oder Pejoration eingesetzt. Einige Autoren, so Nagy und Stern, halten dafür, daß diese Periode über das dritte und vierte Lebensjahr hinaus dauert und noch das fünfjährige Kind dem Bedeutungszusammenhang Tod mit völligem Unverständnis begegnet. Andere Autoren dagegen meinen, daß vom vierten Lebensjahr ab sich das den Tod betreffende Vokabular des Kindes inhaltlich zunehmend auffülle, sich zuletzt emotional mehr und mehr negativ färbe.

Auf keinen Fall wird Tod als Vernichtung vorgestellt, die endgültig ist. Eher bedeutet hier Entfernung aus dem kindlichen Gesichtskreis, Lähmung, Unfähigkeit zur Bewegung, schwere aber dennoch heilbare Krankheit, allenfalls temporäre und reversible Vernichtung. Kindliche Todeswünsche gegen andere zielen so nicht auf etwas, was dem Todesbegriff der Erwachsenen gleichkäme, sondern nur auf Distanzierung und Entfernung der betroffenen Personen aus dem kindlichen Wahrnehmungsfeld, wollen eine Störung abtun. Das Totsein selbst ist kein ein für allemal geltender Zustand, sondern wird graduell, als ein Mehr oder Weniger aufgefaßt. Daß der Tod auch das eigene Ich bedroht, realisiert das kindliche Bewußtsein noch nicht, an die Betroffenheit anderer will es schon eher glauben. Erst im Alter von fünf Jahren gerät die Gewißheit von der Umkehrbarkeit des Todes nach Gesell und Ilg ins Wanken, akzeptiert das Kind zunehmend seine Finalität als gegebene, wenngleich sich erst in ferner Zukunft realisierende Tatsache: »He has linked up the facts that when you are old you die. He has not as yet conceived of his own death, but readily enters into the game of playing dead when he is shot.«[5]

Mit dem nächsten, dem 6. Lebensjahr ändert sich das Verhältnis des Kindes zum Tode bedeutsam: der Bedeutungszusammenhang Tod ist nun mit Befürchtungen und Angst besetzt, stellen Gesell und Ilg fest. Bisher habe das Kind überwiegend in einer matter-of-fact-Weise vom Tode gedacht und gesprochen. Stärkere negative Tönung, unter Umständen Anfänge von Vermeidung und Verleugnung, gehen nun mit der Erhöhung des Realitätssinnes, der realistischen Annahme der Problematik Hand in Hand. »He is fearful that his mother will die. He is beginning to be aware of any deaths that may occur in his immediate surroundings or to relatives and tries to penetrate the causes of these deaths.«[6]

5 *Arnold Gesell* und *Frances Ilg*, a. a. O., S. 87. Zum mit diesen Entwicklungen abklingendem Stadium kindlichen Sterblichkeitswissens vgl. auch *Erich Stern*, a. a. O., S. 76; *Paul Schilder* und *David Wechsler*, a. a. O., S. 423; *Roger Cousinet:* »L'Idée de la Mort chez les Enfants«, Journal de Psychologie normale et pathologique 36 (1939), S. 71.

6 *Arnold Gesell* und *Frances Ilg*, a. a. O., S. 129. Siehe auch S. 449, sowie *Maria M. Nagy*, a. a. O., S. 95.

So nimmt jetzt das Todesbild deutlichere Konturen an. Die Reversibilität des Todes verliert sich teilweise, teilweise wird sie aufgefangen in den von den Erwachsenen übernommenen konventionellen Vorstellungen vom Fortleben der Toten im Himmel und anderswo und perpetuiert sich auf diese Weise. In diesem Alter wird auch zum erstenmal klar die Möglichkeit des Getötetwerdens wahrgenommen, des gewaltsamen Todes. Diese Färbung mag den ganzen Sinnzusammenhang Tod erfassen, den gewaltsamen Tod schließlich personifizieren zur tötenden Macht. Das Sterben verdankt sich nicht einer Gesetzlichkeit, sondern dem mehr oder weniger zufälligen, willkürlichen Eingriff dieser tötenden Macht. Der todbringende Geist oder äquivalente Gestalten sind ständig präsent in der kindlichen Welt, ein friedliches Verlöschen durch Krankheit oder Alter hat keine Realität. Unter Umständen wird das Totsein selbst zu einem gewalttätigen Agens und greift um sich: wie eine ansteckende Krankheit vermag der Tod aus dem Gestorbenen herauszutreten und auf Lebende überzugehen. Verallgemeinert formulieren Schilder und Wechsler: »To the child, its own death, so far as it can believe in it, is merely a deprivation, an infliction of pain, a destruction of its body by a external force, at the hands of an enemy.«[7]

Daß dies Resultat allzu einseitig sei, kritisiert Moellenhoff unter methodischen Aspekten in seiner Arbeit: Schilder und Wechsler hätten ihren Versuchspersonen fast nur Bilder zur Interpretation vorgelegt, auf denen der Tod als gewaltsamer dargestellt ist, und somit die Reaktionen von vornherein in eine bestimmte Richtung gelenkt.[8] Diese Kritik ist zutreffend. Sie kann ergänzt werden durch den Hinweis, daß

7 *Paul Schilder* und *David Wechsler*, a. a. O., S. 447. Diese Autoren rekurrieren auf das gewaltsame Todesbild des Kindes an vielen Stellen ihrer Arbeit, so S. 422 ff, 428, 433 ff, 448 f. Vgl. weiter *Arnold Gesell* und *Frances Ilg*, a. a. O., S. 431, und *Hans Zulliger:* »Beiträge zur Psychologie der Trauer- und Bestattungsgebräuche«, Imago 10 (1924), S. 181 f. Zur Personifizierung des Todes bietet Nagy für das Alter von 5 bis 9 Jahren eine Fülle von Material: *Maria H. Nagy*, a a. O., S. 88–96.

8 *Fritz Moellenhoff*, a. a. O., S. 150.

die Interpretationen von Schilder und Wechsler uneingestandenermaßen von der Freudschen Konzeption der Entstehung von Todesangst aus der Kastrationsangst ausgehen. Auch dies wird dazu beigetragen haben, zum Ergebnis der Prädominanz gewaltsamer Todesbilder beim Kinde zu gelangen.

In den folgenden Lebensjahren reichert sich der Bedeutungszusammenhang inhaltlich mehr und mehr an und nähert sich zunehmend dem Todesbild der Erwachsenen. Unter verschiedenen Formen der Vermittlung kultureller Orientierungen eignet sich das Kind die, wie es in den rezipierten Untersuchungen oft heißt, »konventionellen Vorstellungen« der Erwachsenen vom Tode an. Zuallererst war ihm das Wort Tod eine leere Hülle gewesen, eine inhaltslose und unverstandene Abstraktion, die im Zusammenhang kindlicher Kognitionen recht isoliert war. In zwei Richtungen füllt sich diese leere Schale nun zunehmend mit den in der Erwachsenenwelt mehr oder weniger vorherrschenden Orientierungen: einmal nach der Seite der religiös-magischen Vorstellungen, zum andern nach der Seite des realistischen Wissens über die Vorgänge von Tod und Sterben. Die Vorstellung von der persönlichen Unsterblichkeit und alle näher und entfernter daran geknüpften Bilder von Himmel und Hölle, Gott und Totengeist werden von den Sozialisationsagenten übernommen.[9] Das realistische Wissen geht normalerweise auf die gleiche Quelle zurück. Soweit es aus eigener Erfahrung erworben ist, bedurfte es dazu wenigstens eines übernommenen Vorwissens.

Nur zögernd wird das Wissen, daß alle Menschen sterben, das etwa im 7. Lebensjahr sich ausbildet, in den folgenden Jahren auf die nahen Interaktionspartner und das eigene Ich bezogen. Das etwa neunjährige Kind sieht dann realistisch, daß der Tod am Ende des Altersprozesses steht. Der Zusammenhang des Sterbens mit Bedingungen des biologischen Lebens verstärkt sich zunehmend, wenn auch nicht übersehen werden darf, daß animistische Vorstellungen von hinter den biologischen Faktizitäten wirkenden geheimnisvollen Mächten noch mehr oder

9 *Frank S. Caprio:* »A Study of . . .«, a. a. O., S. 498.

weniger lang das Bild trüben. Nach Gesell und Ilg führt dieser Prozeß beim etwa zehnjährigen Kind schließlich zum Begriff des natürlichen Todes: das Kind akzeptiert »... life as having a physiological basis in nutrition, growth, blood and breathing. Death comes when these essentials fail. Death is a negation of life, a biological process.«[10] Damit habe das Kind die Hauptpunkte des in der Erwachsenengesellschaft geltenden Todesbegriffs übernommen. Zu Beginn der Adoleszenz seien die Animismen abgelegt. Der Jugendliche wisse von der Notwendigkeit und Endgültigkeit des Todes, kenne viele seiner verursachenden Faktoren, kenne seine Folgen, Verwesung und Verfall. Das kindliche Geisterreich sei abgetan, die Verstorbenen entmächtigt. Inwieweit sich aber die Animismen im Rahmen von Religion, Aberglauben oder Weltanschauung neu integriert haben, ist in diesen Feststellungen, die allzu einseitig die Anpassung kindlicher Vorstellungen an die der Erwachsenen betonen, nicht berücksichtigt.

Aus den verschiedenen Stadien ergibt sich so ein hinreichend klares Bild der Phasenabfolge kindlichen Sterblichkeitswissens, wenn auch die verschiedenen Autoren diese Phasen zeitlich unterschiedlich angesetzt haben. Deutlich ist auch zu sehen, daß das kindliche Sterblichkeitswissen ganz und gar nicht autochthone Gegebenheit ist. Übereilt wäre es aber gewiß, das Erlernen dieses Wissens als eine Lektion des Sozialisationsprozesses unter anderen zu beschreiben. Nicht ohne weiteres gehört das Wissen vom Tode zum Bereich der in der Sozialisation tradierbaren Werte, Normen, Attitüden und Orientierungen. Kann doch das Sterblichkeitswissen durchaus zurückgehen auf kindliche Erfahrung und Beobachtung von Sterben und Tod. Die psychologische Literatur nimmt häufig genug bei ihrer Darlegung des kindlichen Sterblichkeitswissens ihren Ausgang von der Reaktion des Kindes auf Todesfälle in der engeren Familie, auf die Erfahrung des

10 *Arnold Gesell* und *Frances Ilg*, a. a. O., S. 432, siehe auch S. 211. Vgl. weiter *Maria H. Nagy*, a. a. O., S. 81. Auf die partielle Fortdauer von Animismen verweist *Erich Stern*, a. a. O., S. 112 f. und 120.

Todes in Krieg und Ausnahmezustand, und behandelt die Tradierungsmechanismen des Sozialisationsprozesses nur sekundär. Diese Bruchstelle zwischen dem lernbaren sozialen Orientierungssystem und der erfahrbaren Faktizität wird allerdings relativiert dadurch, daß die Erfahrung von Realitätsdruck selbst wieder bestimmte Sozialisationsschritte unabdingbar voraussetzt.

Der Anteil des Sozialisationsprozesses, der hier allein interessiert, läßt sich vor allem ablesen an den inhaltlichen Bestimmungen, die dem kindlichen Todesbild im Ablauf der Ontogenese zuteil werden. Daß gerade diese Inhalte ganz und gar von der speziellen Umgebung des Kindes abhängen, tritt uns in der Literatur immer wieder entgegen. Das Kind übernimmt, wenngleich modifizierend, die Bilder und Vorstellungen seiner Umwelt und füllt damit das zuvor gelernte Vokabular an: »The word death is seemingly a hollow shell which points to something agreeable or disagreeable although its exact content and meaning is not known. But while the word is only a shell, still it lends a general direction to the thinking of the child; the child gets this direction from the attitude of the adult.«[11] Bromberg und Schilder bringen dies auf die kurze Formel: »... what death is and what it means must be taught to the child.«[12] Solche Formeln geben aber nur eine Rahmenform für die Erklärung des Sachverhalts: durch sie ist noch ganz und gar nicht die Frage nach den detaillierten Formen der Übermittlung beantwortet.

Sie kann aufgrund der vorliegenden Untersuchungen nur annäherungsweise geklärt werden. Für das jüngere Kind dominiert als Form der Tradierung gewiß die verbale Information durch Erwachsene. Was das Kind vom Tode weiß, hängt allererst davon ab, was ihm darüber mitgeteilt wird. Mitgeteilt werden den Kindern je nach Attitüden der Eltern beziehungsweise Sozialisationsagenten drei verschiedene Arten

11 *Paul Schilder* und *David Wechsler,* a. a. O., S. 422.

12 *Walter Bromberg* und *Paul Schilder:* »Death and Dying«, a. a. O., S. 166.

von Inhalten: die religiös gefärbten konventionellen Bilder von Himmel und Hölle, von den Toten als freundlichen Engeln, vom ewigen Leben; die aufklärerisch gefärbten realistischen Informationen über Verlauf und Folgen des Sterbens und der Bestattung; schließlich die magisch gefärbten Inhalte des Aberglaubens vom Totenvogel und vom Schwarzen Mann. Ob gegenüber den so mitgeteilten Todesbildern der Erwachsenen die kindliche Primärerfahrung von Sterben und Bestattung eine signifikante Rolle spielt, kann nicht näher geklärt werden. Immerhin konstatieren Schilder und Wechsler[13] eine Kontrastwirkung der kindlichen Erfahrung, eine Insistenz des Kindes auf realistischem Wissen gegenüber allen euphemistischen Konventionen.

Will nun schon unter inhaltlichen Aspekten dieser Prozeß der verbalen Tradierung von Orientierungen unzulänglich erscheinen, so ist er offenbar defizient auch insofern, als Vermeidungsangst oder andere Motivationen die Erwachsenen häufig hindern, überhaupt irgendeine Information an ihre Kinder zu übermitteln. Dafür gibt die Untersuchung von Geoffrey Gorer über Trauerformen im heutigen England einen deutlichen Beleg.[14] In seinem Sample von Befragten, die kürzlich einen Todesfall in der engeren Familie hatten, sind die, die Kinder unter 16 Jahren haben, gesondert untersucht worden. Von dieser Gruppe haben nach Gorer 35 ihren Kindern »die Wahrheit« gesagt, das heißt wohl, auf die Endgültigkeit des Verlustes verwiesen. 42 gaben ihren Kindern religiöse oder säkulare Euphemismen, 56 ließen ihre Kinder mit der Erfahrung des Todesfalles allein, machten keinerlei nähere Mitteilung und besprachen sich mit ihnen nicht.

13 *Paul Schilder* und *David Wechsler,* a. a. O., S. 418 ff. und 450. Im übrigen vgl. *Erich Stern:* Kind, Krankheit und Tod, a. a. O., S. 84, 96, 114. Daß die Erfahrung des Todes von Familienangehörigen für das Kind heute seltener geworden ist, da der Generationenunterschied kleiner geworden ist und die Kinder sich frühzeitig von der Familie lösen, betont *Alois Hahn,* a. a. O., S. 23.

14 *Geoffrey Gorer:* Death, Grief, and Mourning in Contemporary Britain, a. a. O., S. 23 f.

Der expliziten Information durch Eltern untergeordnet sind weitere Formen der Übermittlung des Sterblichkeitswissens: Märchen und Sagen, Massenmedien (Filme, Sensationsnachrichten von Unfällen und Verbrechen), Unterricht in Kindergarten, Schule und Kirche.[15] Über die Rolle dieser Sozialisationsmechanismen läßt sich nichts Näheres angeben.

An den doppelten Mangel der Übermittlungsmechanismen des Sterblichkeitswissens knüpfen einige Autoren Warnungen vor daraus möglicherweise resultierenden pathologischen Entwicklungen der kindlichen Psyche. Es gehe darum, nicht nur eine rationale Sexualerziehung zum Bestandteil der normalen Einführung in Kultur zu machen, sondern ebenso eine rationale und zugleich dem Alter angemessene, wohl dosierte Aufklärung über die Todesnotwendigkeit und ihre Folgen. Dadurch könne man, so gehen die Argumente bei Nagy, Stern, Wahl, Furman, die Möglichkeit traumatischer Einbrüche, unvorbereiteter Begegnung des Kindes mit der Realität des Todes unterlaufen und wenigstens partiell erträglich machen, mögliche Fehlentwicklungen des kindlichen Bewußtseins vermeiden. Robert A. Furman etwa hält dafür, daß diese Aufklärung über den Tod schon im Alter von zwei bis drei Jahren stattfinden könne, wenn auch möglichst anhand eines libidinös gering besetzten Objektes. In diesem Alter hätten die Ichfunktionen ausreichende Stärke erreicht, um zum Verständnis des Todesbegriffs vorstoßen zu können.[16]

Besteht so über Phasen und Inhalte der Genese des Sterblichkeitswissens hinreichende Übersicht, so ist ganz und gar ungeklärt die Entwicklung der emotionalen Komponenten, ist ungeklärt, ob überhaupt und, wenn ja, wann Todesangst ent-

15 Vgl. *H. Hug:* »Der Tod in der kindlichen Vorstellung. Ablehnung und Bejahung des Todes bei Kindern und Jugendlichen«, Soziale Arbeit 5 (1956), S. 450.

16 *Robert A. Furman:* »Der Tod und das Kind – Einige vorläufige Überlegungen«, a. a. O., S. 770 und 775. Plädoyers für eine Aufklärung des Kindes über die Sterblichkeit finden sich bei *Maria H. Nagy*, a. a. O., S. 98, *Erich Stern*, a. a. O., S. 235 f., sowie *Charles W. Wahl*, a. a. O., S. 66.

steht. Zu diesem Resultat gelangen Irving E. Alexander und Arthur M. Adlerstein in einer Literaturübersicht[17]; an diesem Resultat ändert auch nichts die Durchsicht von dort nicht berücksichtigten Untersuchungen. Schärfer als bei der Frage nach den kognitiven Seiten des Sterblichkeitswissens stehen hier einander zwei psychologische Positionen gegenüber, die unvereinbar erscheinen: einmal wird Todesangst als autochthone Motivation und von Anfang an als mit dem Selbsterhaltungstrieb oder ähnlichen Dispositionen verknüpft betrachtet, zum anderen ist Todesangst konzeptualisiert als abgeleitetes, als Sekundärphänomen, das erst aus einer bestimmten, bereits komplexeren Konstellation kindlicher Psyche entspringt. Die erste Position, die die Ursprünglichkeit und in ihren Charakteristika Unableitbarkeit der Todesangst behauptet, wird vertreten unter anderem von einem der Altmeister der amerikanischen Psychologie, von G. S. Hall. Todesangst ist bei ihm Movens hinter allen Formen von Angst. In neueren Publikationen bekannte sich Gregory Zilboorg zu einer verwandten Position.[18] In einer einflußreichen empirischen Untersuchung schließlich hat A. Weber für die Ursprünglichkeit der Todesangst beim Kinde plädiert.[19] Seine Interpretationen stützen sich auf das Befragungsmaterial von 60 neurotischen oder verwahrlosten Kindern der Neuhaus-Kinderbeobachtungsstation im Alter zwischen ungefähr fünf und fünfzehn Jahren. Alle Kinder, so findet Weber, haben Todesangst. Sie explizieren ihre Emotionen zwar in der von den Erwachsenen übernommenen Terminologie, darunter aber zeige sich die Priorität der Emotionen vor der Einsicht, die Ursprünglichkeit von Todesangst. Gegen die vor allem von Sigmund Freud ausgehende Behandlung der Todesangst als

17 *Irving E. Alexander* und *Arthur M. Adlerstein*, a. a. O., S. 62.

18 *G. S. Hall:* »Thanatophobia and Immortality«, a. a. O.; *Gregory Zilboorg:* »Fear of Death«, Psychoanalytic Quarterly 12 (1943), S. 465–475.

19 *A. Weber:* »Zum Erlebnis des Todes bei Kindern«, Monatsschrift für die Psychiatrie und Neurologie 107 (1943), S. 192–225, siehe insbesondere S. 195 f., 215 und 224. Zur Kritik an A. Weber vgl. etwa *Erich Stern*, a. a. O., S. 106.

Sekundärphänomen hält A. Weber sie für ursprünglicher als Trennungsangst, mit einiger Sicherheit für anlagegegeben und arteigen.

Die zweite Position, vor allem von der orthodoxen Psychoanalyse eingenommen, behauptet Todesangst als abgeleitet. Das Kleinkind sei völlig frei von ihr. Erst im Gefolge des Ödipus-Komplexes und der mit ihm verknüpften Kastrationsangst trete sie auf. Ebenso wie die Gewissensangst lasse sich Todesangst verstehen als eine der Verarbeitungsformen von Kastrationsangst, nach Analogie der Kastrationsangst. Die Beziehungen zwischen Todesangst und Kastrationsangst werden dann des näheren so dargestellt: die kindliche Angst vor den strafenden Eltern, Kastrationsangst im weiteren Sinne, führt in der Lösung des Ödipus-Komplexes zur Internalisierung der elterlichen Gebote und Verbote in der kindlichen Psyche, verdichtet sich zum Gewissen. Dieses übersetzt die Strafandrohung der Eltern gegen das Kind in eine Strafandrohung der einen psychischen Instanz gegen eine andere, des Über-Ich als Repräsentant der elterlichen und weiter dann der gesellschaftlichen Normen gegen das Ich. Mit fortschreitender Entwicklung und Differenzierung des psychischen Apparates wird das Über-Ich von einer einfachen Repräsentation der strafandrohenden Eltern zu einer mehr und mehr unpersönlichen und die sozialen Normen vertretenden Instanz. Die ursprünglich nur auf die Eltern beziehungsweise den Vater bezogene Kastrationsangst des Ich wird parallel dazu mehr und mehr soziale Angst, Angst vor dem Liebesentzug der in den Normen des Gewissens repräsentierten Gesellschaft, Angst vor der Verstoßung durch die Gesellschaft beziehungsweise durch die darüber hinaus ins Über-Ich projizierten höchsten Mächte, die das Leben regieren. »Als letzte Wandlung dieser Angst vor dem Über-Ich ist mir die Todes-(Lebens-)Angst, die Angst vor der Projektion des Über-Ichs in den Schicksalsmächten erschienen.«[20] Damit wird Todes-

20 *Sigmund Freud:* Hemmung, Symptom, Angst, in: Gesammelte Werke, Bd. XIV, London 1948, S. 170. Vgl. weiter *Sigmund Freud:* Das Ich und

angst direkt verknüpft mit der Konstitution des Über-Ich, direkt verknüpft mit dem Wirkungsbeginn des Schuldgefühls und der Gewissensangst. Angst vor dem eigenen Ende erhält in der Einbettung in die Angst vor den im Über-Ich repräsentierten Normen der Gesellschaft und den nach Analogie des strafenden Vaters ins Über-Ich projizierten Mächten des Schicksals den Charakter einer Angst vor dem Ausschluß aus dem gesellschaftlichen Zusammenhang durch die strafenden und Liebesentzug verhängenden sozialen Mächte.

Andere Autoren nehmen als hauptsächliche Determinanten der Entstehung von Todesfurcht die ersten Objektverluste des Kindes, Trennungserlebnisse, an[21], was aber nicht kontrovers zur Freudschen Ableitung aus Kastrationsangst ist, da die Psychoanalyse selbst den Inhalt der Kastrationsangst später wesentlich erweitert und Trennungsangst hinzugerechnet hat. Andere Autoren setzen die Erfahrung der Dunkelheit, des Schlafes, des Schmerzes ein.

Auf diese die Genese der Todesangst betreffende Diskussion kann nicht näher eingegangen werden, wenngleich einem soziologischen oder sozialpsychologischen Interesse gewiß die Annahme näherkommt, daß die kindliche Todesangst nicht, wie A. Weber an seinen Studien expliziert, autochthon und vor alle Lernprozesse gesetzt ist, sondern in den Sozialisationsprozeß verflochten ist. Die Klärung dieser Kontroversen ist in jedem Falle auf weitere empirische Untersuchungen verwiesen. Das hindert aber nicht, dem Thema der Todesangst

das Es, in: Ges. Werke, Bd. XIII, London 1947, S. 288 f., und *Sigmund Freud:* Dostojewski und die Vatertötung, in: Ges. Werke, Bd. XIV, London 1948, S. 408 f.; sowie *Ernest Jones:* »Psychoanalyse und Anthropologie«, Imago 10 (1924), S. 153 ff.

21 Dazu *Warner Muensterberger:* »Vom Ursprung des Todes. Eine psychoanalytisch-ethnologische Studie zur Todesangst«, Psyche 17 (1963/64), S. 169–184, und *J. Hárnik:* »One Component in the Fear of Death in Early Infancy«, International Journal of Psychoanalysis 11 (1930), S. 485 bis 491; einen multidimensionalen Ansatz mit »maternal destructiveness« als Hauptdeterminante bietet an *Joseph C. Rheingold:* The Mother, Anxiety, and Death. The Catastrophic Death Complex. Boston und London 1967.

als mit Schuldgefühlen verflochtenem Komplex weiter nachzugehen. Dieser Zusammenhang läßt sich, so wurde schon angedeutet, pointiert als direkte Beziehung von Todesangst und Angst vor den internalisierten Drohungen gesellschaftlicher Mächte ansprechen. Eine solche Beziehung wurde ausführlich dokumentiert in den Materialien von Maria H. Nagy, von Paul Schilder und David Wechsler. Dort tritt uns das kindliche Todesbild als eines der Gewalt, der Verletzung und Vernichtung, Wegnahme und Verstümmelung entgegen. Charles W. Wahl analysiert die Genese der Todesangst unterm Gesetz der Vergeltung von Gewalt.[22] Gegen die Ableitung der Todesangst aus den Verarbeitungsformen des Ödipus-Komplexes sich wendend, hält dieser Autor dafür, daß Todesangst beim Kinde sich schon vor dem Ödipus-Komplex auffinden lasse, daß Schuldgefühle schon viel früher eine Rolle spielten. Die mit der Sozialisation notwendig und normal einhergehenden Frustrationen veranlassen das Kind zu aggressiven Wünschen gegen die Personen, von denen Frustration ausgeht, Wünsche, die früher oder später als Todeswünsche auftreten. Im Zusammenhang mit dem eigenen Omnipotenzbewußtsein und dem Mangel an Kausalitäts- und Zeitverständnis, so führt Charles W. Wahl aus, fürchtet das Kind zugleich die magische Erfüllung seiner Wünsche gegen die Sozialisationsagenten wie unterm Gesetz der Vergeltung umgekehrt die magische Erfüllung von Todeswünschen beziehungsweise Trennungsandrohungen der Sozialisationsagenten gegen sich selbst, das heißt seinen eigenen Tod. Wenn auch viel vermittelter angesetzt als bei Sigmund Freud, geht auch hier Todesangst zurück auf die Befürchtung, von dem sozialen Interaktionszusammenhang ausgeschlossen zu werden.

Weitere Hinweise in die gleiche Richtung des Zusammenhangs kann Frank S. Caprio seinen Materialien entnehmen. Hier wird nochmals evident gemacht, daß das Kind den Tod als

22 *Charles W. Wahl,* a. a. O., S. 60 ff. Vgl. auch *Sylvia Anthony:* The Child's Discovery of Death. A Study in Child Psychology, London 1940, S. 49 ff.

eine Form der Bestrafung ansieht, und zwar gewöhnlich im Rahmen religiöser Vorstellungen. So fürchtet sich das Kind »that God would ›take him away‹ for having masturbated«[23], eine nur zu deutliche Analogie der Freudschen Kastrationsangst. Das oben in der Durchsicht der Todesanzeigen vorgefundene Bild gewaltsamer Wegnahme mag damit zusammenhängen, aber auch der »Schnitter Tod«, der »Sensenmann«. Bei anderen Kindern mischen sich die religiös bestimmten Schuldgefühle, die sich auf die Folgen der eigenen Sünden beziehen, mit der Todesangst und lassen beide äquivalent erscheinen; Todesangst ist besonders deutlich bei Kindern, die man eindrücklich »Gottesfurcht« gelehrt hat.
Die von Kultur zu Kultur verschiedenen Formen der Einführung der Kinder in den sozialen Zusammenhang werden auf diese Weise verschiedene Verhältnisse zum Tode erbringen. Das war oben schon am Beispiel der Arbeit von Edmund Volkart deutlich geworden, der Sozialisationspraktiken und die Grade der Verletzbarkeit durch den Tod eines Interaktionspartners in Beziehung gesetzt hatte, und wird nun von Charles W. Wahl unter dem Aspekt der Genese von Todesangst bestätigt. »We see, . . . that death is not only a state of physical cessation, but is also a complex symbol, the significance of which will vary from one person and culture to another, and which is also profoundly dependent upon the nature and vicissitudes of the developmental process.«[24] Sozialisation trägt aber nicht nur als ganze in ihrer Unterwerfung der Kinder unter elterliche und gesellschaftliche Gewalt zur Todesangst bei, sondern speziell in bestimmten Übertragungsformen der Angst der Erwachsenen auf die Kinder: Intensiviert wird Todesangst dadurch, daß die Kinder nicht ausreichend oder gar nicht über den Gegenstand ihrer Angst unterrichtet werden, weil etwa die Erwachsenen ihre eigene Kommunikationshemmung nicht überspringen können. Traumatische Qualitäten erhält Todesangst dann, wenn das Kind

23 *Frank S. Caprio:* »A Study of . . .«, a. a. O., S. 498 f. sowie S. 502.
24 *Charles W. Wahl,* a. a. O., S. 64.

allzu überraschend mit dem Realitätsprinzip konfrontiert wird und etwa in jungen Jahren bestimmte Konventionen des Totenbrauchs üben muß, zum Beispiel sich von der Leiche eines Verwandten verabschieden oder nicht ausreichend vorbereitet an einer Bestattung teilnehmen muß. Frank S. Caprio sieht in solchen traumatischen Erfahrungen der Kindheit die Wurzeln pathologischer Entwicklungen: »Neurotic fears manifested in adult life developed as a consequence of having attended funerals during childhood and having been told weird stories about ghosts by parents and relatives who entertained morbid superstitions.« Daher seine Forderung nach einem Wandel der Erziehung in dieser Frage: »Children should not be permitted to attend funerals at a premature age; should not be told stories about ghosts, the bogey man, or threatened with a hell-after-death for their sins. As we all know, many neurotic parents communicate their own anxieties to their children.«[25]

Sowohl zu den kognitiven wie zu den emotionalen Seiten der Genese des Sterblichkeitswissens beziehungsweise der Todesangst ist einiges angeführt worden. Beide Seiten stehen gewiß in enger Interdependenz und wurden hier nur zu den Zwekken der Darstellung getrennt. Nach dieser Behandlung des kindlichen Verhältnisses zum Tode stellt sich die gewichtige Frage, mit welchem Recht eigentlich von der Eigenheit kindlicher Todesbilder gesprochen werden kann. Wenn die psychologischen und psychoanalytischen Autoren die Abfolge kindlichen Sterblichkeitswissens nachzeichnen, explizieren sie selten näher, wann das kindliche Wissen in das des Erwachsenen übergeht und warum: meist wird unterstellt, der Todesbegriff der Erwachsenen sei realistisch, sei der des natürlichen Todes und schließe die Anerkennung der natürlichen Vorgänge von Sterben, Tod und Verwesung ein. Andererseits aber widersprechen einige der von uns rezipierten Arbeiten einer solchen

25 *Frank S. Caprio:* »A Study of . . .«, a. a. O., S. 504. Vgl. dazu weiter *Werner H. Becker:* »Versuch zur Psychoanalyse der Nekrophobie«, Zeitschrift für Psychotherapie 1 (1909), S. 236 f.

Kontrastierung recht deutlich, verweisen darauf, daß Erwachsene meist ähnlich unscharfe Kognitionen haben wie Kinder, daß Erwachsene ebensowenig wie Kinder die Wirklichkeit des Todes, des eigenen insbesondere, akzeptieren, daß sich die kindlichen Omnipotenzansprüche durchaus nicht abrupt in der Adoleszenz verlieren.[26] Das bedeutet, daß der Lernprozeß, in dem sich das Kind einen realistischen Todesbegriff aneignet, im Kerne selbst unvollständig und in seinen Zielen unstrukturiert bleibt, da die Welt der Erwachsenen dem Kinde genügend Mittel bietet, der Anerkennung des Todes aus dem Wege zu gehen. Solche Kompatibilität der Todesbilder von Kindern und Erwachsenen deutete sich oben schon bei der Nennung der Inhalte an, die Kindern in diesem Lernprozeß tradiert werden: Aberglaube, Magie, Religion und die aus ihnen entsprungenen konventionellen Vorstellungen der Erwachsenen gestatten es den Kindern, den Lernprozeß umzubiegen, ihren Unglauben an die Irreversibilität des Todes etwa leicht in die von der Erwachsenengesellschaft akzeptierten Muster einzuschmelzen. Kindlicher Unglauben wird aufgefangen in den oben (III a) angeführten, meist magischen Orientierungen der Erwachsenen und in den allgemein geltenden religiösen Inhalten.

Psychologische Autoren sind häufig nur allzuschnell bei der Hand, von der Ontogenese zu extrapolieren auf die Geschichte der Menschheit. Ontogenese und Phylogenese werden nebeneinandergestellt und aus diesem hypothetischen Bezugssystem wechselseitig erklärt. So etwa macht Frank S. Caprio – den hypothetischen Charakter dieses Bezugssystems übergehend – die kindliche Furcht vor Geistern zu einem »ata-

26 So etwa *A. Weber,* a. a. O., S. 194 und 222; *Erich Stern:* Kind, Krankheit und Tod, S. 113; *Charles W. Wahl,* a. a. O., S. 61; *Fritz Moellenhoff,* a. a. O., S. 154 f. Auch *Arnold Gesell* und *Frances Ilg,* a. a. O., S. 430. Wie sehr Religion und kindliches Verständnis einander entgegenkommen, wird deutlich aus einem Plädoyer für christliche Interpretation des Todes: *Helen H. Sherrill* und *Lewis J. Sherrill:* »Interpreting Death to Children«, International Journal of Religious Education 28 (1951, 2), S. 5.

vistic residual of the same fear that existed in primitive man«.[27] Charles W. Wahl meint, im heutigen Kinde unsere primordialen Verfahren klar vor sich zu haben.[28] Dieses Verfahrensmuster psychologischer Wissenschaft ist dem Einfluß der Psychoanalyse auf die akademische Psychologie zuzuschreiben, hat im Umkreis der Psychoanalyse zu einer bunten Fülle ethnologischer Arbeiten geführt, war ungemein anregend für die wissenschaftliche Imagination, gehört aber heute keineswegs mehr zum Katalog psychologischer Denkmuster. Nun sind allerdings Entsprechungen von Ontogenese und Phylogenese gerade beim hier verfolgten Thema des Todes nicht zu übersehen. Man denke an die von Maria H. Nagy vorgetragene Periodisierung des kindlichen Sterblichkeitswissens: bis zum fünften Lebensjahr etwa erscheint der Tod reversibel und wird in Begriffen des Lebens vorgestellt; zwischen dem fünften und neunten Lebensjahr tritt er personifiziert als gewalttätige Macht oder, schon neutraler, als Zufall auf; etwa vom neunten Lebensjahr an wird der Tod unter die biologischen Gesetzlichkeiten eingeordnet. Die Ähnlichkeit zur oben angegebenen historischen Abfolge von Todesbildern springt ins Auge. Ohne daß diese weiterverfolgt, etwa zur spekulativen Behauptung fortgeführt zu werden braucht, daß jedes Kind im Sozialisationsprozeß die Geschichte der ganzen Menschheit durchlebe und erfahre, könnte diese Ähnlichkeit den in dieser Arbeit verfolgten Ansatz im ganzen in Frage stellen.

Die Vorstellungen vom Tode sollen hier aus historischen Veränderungen der Gesellschaften und ihrer Orientierungssysteme verstanden und erklärt werden. Als alternativer Ansatz bietet sich nun der der Erklärung aus der Geschichte des Einzelnen. Der archaische und irrationale Anteil an den heute geltenden Todesbildern könnte aus der Ontogenese erklärt werden, aus der Fortdauer kindlicher Omnipotenzansprüche oder kindlicher Animismen. So gingen etwa das Todesbild der gewalt-

27 *Frank S. Caprio:* »A Study of . . .«, a. a. O., S. 501.
28 *Charles W. Wahl,* a. a. O., S. 60.

samen Wegnahme und die Figuren des »Schnitter Tod« oder »Sensenmann« zurück auf kindliche Kastrationsangst. Dem kann aber entgegnet werden, daß, selbst wenn Todesangst autochthon wäre, die Inhalte und Formen dieser Angst und das Wissen vom Objekt, auf das Angst sich richtet, nach allen vorgefundenen Materialien zutiefst in den Prozeß der Einführung des Kindes in die bestehende Kultur verflochten sind. Mit ihnen akzeptiert das Kind soziale Vorgegebenheiten und macht sie zu seinen eigenen. Kindliches Omnipotenzbewußtsein und kindlicher Animismus, von denen selbst angenommen werden kann, daß sie kulturell bedingt sind, setzen sich nicht direkt und ungebrochen ins Erwachsenenleben fort, sondern werden in mannigfacher Weise durch den Sozialisationsprozeß gehemmt und überlagert, in ihren überdauernden Teilen selbst modifiziert im Sinne des kulturellen Orientierungssystems. In diesem kulturellen Orientierungssystem aber konnte für das Todesbild in den vergangenen Abschnitten eine geschichtliche Abfolge in Richtung auf rationale Vorstellungen konstatiert werden. Der heute noch vorzufindende Unglaube der Erwachsenen an ihren eigenen Tod wird nicht direkt und ausschließlich genährt aus kindlicher Omnipotenz, sondern erhält sich allein vermittels der unterstützenden Besetzung mit den an der konventionellen Todesvorstellung der Erwachsenen selbst beteiligten religiösen und magischen Momenten, die gemessen am Begriff des natürlichen Todes archaischen Inhalts sind.

IV. Bestattung und Trauer

a. Bestattung, Friedhof und Trauer

In den folgenden zwei Abschnitten sollen die direkter an einen Todesfall sich knüpfenden Handlungsbereiche und Institutionen zum Gegenstand der Diskussion werden, und zwar unter der Fragestellung, welche Todesbilder hier verfestigt sind.

Rationale Todesbilder sind, so haben die vorangegangenen Überlegungen zeigen können, nicht voll und ganz in das allgemeine Gerüst sozio-kultureller Orientierungsmuster eingegangen. Der historische Prozeß, der hier abwechselnd als Rationalisierung, Säkularisierung oder Profanisierung benannt worden ist, scheint dem Tode gegenüber die geringsten Fortschritte gemacht zu haben, gemessen an den Fortschritten, die auf anderen Gebieten gesellschaftlichen Lebens in den letzten Jahrhunderten erreicht und stabilisiert werden konnten. Im Verhältnis von moderner Gesellschaft und Tod hat sich, wenn nicht alles täuscht, ein Höchstmaß an Unmodernität erhalten, ist ein Bereich sozialen Lebens zu identifizieren, der als primitivster Sektor industrieller Gesellschaft beschrieben und analysiert werden kann. Länger und ausschließlicher erhielten die religiösen Gemeinschaften ihr Monopol über die Institutionen, die auf den Tod sich beziehen, als über irgendeinen anderen Bereich; heute noch ist ihr Einfluß auf Riten und Vorstellungen übergroß. Dieser Einfluß bezieht sich auf die Erhaltung dieser Institutionen und Orientierungsmuster, nicht aber, oder nur sehr vermittelt, auf ihre Inhalte. Diese, so wurde oben bereits angedeutet, wurden durchs Christentum nicht gesetzt, sondern aus älteren Zusammenhängen übernommen, nur an der Oberfläche christianisiert. Auf diese Weise lebt Archaik noch heute. Vor dem Tode treten die im Rahmen der industriellen Gesellschaft mehr oder weniger dominanten rationalen Verhaltens- und Vorstellungsweisen zurück und machen älteren Orientierungen Platz. So schreibt ein Volkskundler über das Verhältnis verschiedener Sitten und Bräuche im Grade ihrer Rationalisierung, dabei zugleich die Dunkelheit des Todes glorifizierend: »Zuerst bei Geburt, Taufe und Aussegnung, später schon bei Hochzeit und Trauung, zu allerletzt bei Tod und Begräbnis lockern sich die Beziehungen des Menschen zu Kirchenreligion und Volksglauben. Im Lebenskreis, der ohnehin sehr stark in der Überlieferung wurzelt, kann die Taufe verhäuslicht, aufgeschoben oder ganz übergangen werden, die Trauung wird beim Rationalisten ›zivil‹, aber der Tod bleibt das erschütternde Geheimnis, an dem alles Wissen unsicher wird.«[1] Der Konsensus der Autoren, die sich zu diesem Thema äußern, ist eindeutig in der Feststellung, daß die auf den Tod sich beziehenden Institutionen und Vorstellungen aus Magie und primitiver Religion sich herleiten und heute in ihrer fortdauernden Geltung als exemplarischer Bereich der Irrationalität beschrieben werden können.[2] Dieser Bereich repräsentiert dem Gesamtsystem gegenüber deutlich überholte geschichtliche Stadien.

Im einzelnen soll diese gewiß mit hoher Plausibilität versehene These verfolgt werden an den direkt an einen Todesfall gebundenen Handlungsbereichen wie Bestattung, Friedhof und Trauer. Daß sich die These von den innerhalb des

1 *Wörterbuch der deutschen Volkskunde*, begr. von O. *A. Erich* und *R. Beitl*, Stuttgart, 2. Aufl. 1955, S. 756. – Vgl. dazu *Erwin Rudolf Lange*, a. a. O., S. 41. – Die gleiche Beobachtung hat *Riehl* schon Mitte des vorigen Jahrhunderts formuliert: »Die ältesten und originellsten Volkssitten des Hauses treten darum noch immer hervor, wenn eine Leiche im Hause ist. Es geht auch in den Städten so. Wer nirgends mehr betet, den kommt doch wohl an einem Grabe das Beten an. Abergläubische Sitten des Hauses, über die der aufgeklärte Mann sonst spottet, beobachtet er selber doch noch unwillkürlich bei Todesfällen.« *W. H. Riehl:* Die Familie, Stuttgart, 10. Aufl. 1889, S. 287.

2 Vgl. hierzu besonders *Edgar Morin*, a. a. O., S. 16 und S. 95. Weiter: *Mircea Eliade*, a. a. O., S. 30f. und 95, sowie *Howard Becker* und *David K. Bruner:* »Attitude Toward Death and the Dead and Some Possible Causes of Ghost Fear«, Mental Hygiene 15 (1931), S. 837.

rationalen Gesamtzusammenhangs industrieller Gesellschaft fortdauernden Atavismen in der bisher angegebenen Struktur keineswegs als unproblematisch erweist, wird der Erörterung an späterer Stelle vorbehalten bleiben.

Ein Todesfall bedarf der Bekanntmachung. Innerhalb vorgeschriebener Frist und in vorgegebenen Formen muß eine Meldung an eine staatliche Stelle erfolgen. Der Zwang zur Veröffentlichung geht aber durchaus weiter und manifestiert sich in der Versendung von Trauerkarten, in der Publikation von Todesanzeigen in den lokalen – nur in bestimmten Fällen überregionalen – Medien der Öffentlichkeit, in der Verkündung von der Kanzel.

Möglichst alle, die mit dem Toten in Interaktion gestanden hatten, sollen durch solche Veröffentlichung von seinem Tod erfahren. Ältere Formen dieser Bekanntgabe weisen auf ihre latente Funktion hin: in ländlichen Gebieten gibt oder gab es jedenfalls bis zum letzten Krieg die Formen des Todansagens. Dabei ging, etwa im Falle des Todes des Hofherrn, sein Nachfolger und Erbe zu allen Hinterbliebenen, um ihnen den Todesfall anzusagen. Bedeutsamerweise gehörte dabei zu den Hinterbliebenen auch der gesamte lebende und tote Besitz des Verstorbenen. Nicht nur die menschlichen Hofbewohner erhielten die rituelle und formalisierte Nachricht vorgetragen, auch das Vieh, die Pferde, die Bienen, die Hunde usw. Der materielle Besitz war ebenfalls betroffen: Blumen wurden umgetopft, das Heu gewendet, Getreide und Mehl umgeschüttet.[3]

Anderswo gab es einen »Leichenbitter«. Bei jedem Todesfall zog der zu diesem Amte Bestimmte eine besondere und nur dann zu tragende Tracht an und ging im Dorf von Haus zu Haus, um seine Nachricht zu überbringen. Dabei hatten sowohl er wie die, denen die Nachricht galt, verschiedene Tabus zu beachten: der Leichenbitter durfte etwa nicht zum Haupteingang des Hofes hereinkommen oder nicht die Türklinke berühren.

3 *Wörterbuch der deutschen Volkskunde*, a. a. O., S. 758 f.

Solche älteren Formen des Todansagens, wozu wir auch noch das Läuten des Sterbeglöckleins zu nehmen hätten, lassen uns die Bekanntmachung als Vorsichtsmaßnahme und Abwehrzauber sehen. Die Macht der schädigenden Eingriffe des Toten soll abgewehrt werden durch die Warnung an alle, die betroffen und nachgezogen werden könnten. Todesanzeigen werden so noch heute neben der gewiß nicht zu vernachlässigenden versachlichten Funktion der Publikation die der Abwehr und der Warnung haben. Dafür sprechen manche Relikte, so zum Beispiel die in Belgien übliche Sitte, Todesanzeigen nach Kenntnisnahme ins Feuer zu werfen, ohne sie berührt zu haben.[4]
Endlich offenbart sich die magische Absicht im sprachlichen Charakter der Todesanzeigen: der Inhalt solcher Anzeigen besteht, abgesehen von den persönlichen Daten des Verstorbenen und eventuellen Informationen über Zeit, Ort und Umstände der Bestattung, aus informationslosen Formeln, die in ihrer Gestanztheit kaum überbietbar sind. Wiewohl in der Spalte »Familienanzeigen« gedruckt und so einem Bereich publizierter Privatheit zugerechnet, enthalten die Texte von Todesanzeigen – abgesehen von den Informationsdaten – nichts Privates. Werden sie doch nicht etwa von den Hinterbliebenen formuliert, sondern in der Regel in einer Art Katalogauswahl vorgegebenen Formelsammlungen entnommen. Die Privatheit wird dann in Gestalt der Daten des Verstorbenen eingesetzt. Sowohl die Kompilationen von Verhaltungsnormen, die als Lehrbücher des guten Tons in unzähligen Auflagen verbreitet sind, wie auch die Anzeigenrezeptionen der Zeitungen geben eine Musterauswahl vor.
Diese Zusammenhänge lassen uns annehmen, daß die Publikation des Todesereignisses in den konventionell üblichen Formen und solchen Graden sprachlicher Zwangshaftigkeit heute noch – zum Teil wenigstens – Abwehrzauber ist. Das verbreitete Interesse der Leser für diesen Abwehrzauber wird

4 Vgl. dazu *Handwörterbuch des deutschen Aberglaubens*, hgg. von Hanns Bächtold-Stäubli, Berlin und Leipzig, Bd. 8, 1936/37, S. 988.

zudem aus dem Wunsch kommen, überlebt zu haben, des eigenen Fortlebens versichert zu sein.
Im Zusammenhang mit Todesanzeigen mag noch kurz darauf verwiesen werden, daß die sogenannten Gedenkanzeigen zu den Jahrestagen des Todesfalles, die in manchen Gegenden Deutschlands üblich sind und sich in Form und Inhalt kaum von Todesanzeigen unterscheiden, entfernt die primitive Institution des zweiten Begräbnisses fortsetzen dürften.
Bevor ein Verstorbener zur Bestattung vorbereitet und bestattet wird, muß eine Leichenschau durchgeführt werden, die zumeist Ärzten, in einigen Bundesländern aber auch Laien, übertragen ist. Das verlangen staatliche Normen. In dieser Institution scheint sich die Frage der primitiven Todeskonzeption erhalten zu haben, wer denn am Todesfall schuld sei. Die für den Tod verantwortliche Instanz, Natur oder menschliche Gewalttat, soll auf diese Weise eruiert werden: »In einem geordneten Gemeinwesen löst jeder Sterbefall Ermittlungen aus, zu denen als wichtigste die einwandfreie Feststellung des Todes und die Stellungnahme zu der Frage gehören, ob der Tod die Folge eines natürlichen oder unnatürlichen Ereignisses, insbesondere einer strafbaren Handlung, ist.«[5] Im letzteren Fall wird mittels der Leichenöffnung nach Indizien gefahndet, die auf den Täter verweisen: ebenso verfuhren Magier der primitiven Gesellschaften, die vom Toten selbst den für den Todesfall Verantwortlichen erfahren konnten.[6]

5 Vgl. *Jürgen Gaedke:* Handbuch des Friedhofs- und Bestattungsrechts, a. a. O., S. 171. Zur Leichenschau vgl. a. a. O., S. 169–178.

6 Ein Zentralmotiv des modernen Kriminalromans enthält den gleichen Komplex von Schuld und Aufdeckung: der zu Beginn der Erzählung geschehene Mord wird durch den Fahnder, typisch den Kriminalbeamten, gerächt. Der Mörder, der dem Leser vorderhand ganz und gar nicht bekannt ist, ist erst zu identifizieren mittels der Rationalität des Fahnders und des ihm zur Verfügung stehenden technisch-wissenschaftlichen Instrumentariums (nicht mehr mittels der Bahrprobe). Dabei steht typisch zu Beginn der Erzählung eine Gruppe von Menschen unter dem Verdacht, jeder von ihnen ist möglicherweise der Schuldige.

Zur Trauerfeier und der folgenden Bestattung versammeln sich die Verwandten und Bekannten des Verstorbenen, die Hinterbliebenen. In diesem außeralltäglichen Rahmen bezeugen sie alle den erlittenen Verlust und zugleich die dem Toten gegenüber gehegte positive Beziehung und Liebe. Diese Versicherung richtet sich an die Gesamtheit der Trauernden, aber auch an den Toten selbst. Auf solche Weise konstituiert der Todesfall eine neue soziale Gruppe, die der Hinterbliebenen und Trauernden, die für kurze Zeit nur besteht, nämlich in der Regel für die der eigentlichen Bestattungsriten. Dennoch ist diese flüchtige Gruppierung mit hohen Graden an Verbindlichkeit ausgestattet: strenge Einhaltung der Konventionen in Kleidung, Haltung, Gestus und Gefühlsbezeugung.

Meist besteht vor oder während der Trauerfeier die Möglichkeit, den Toten noch einmal zu sehen, »von ihm Abschied zu nehmen«, wie es heißt. In den Vereinigten Staaten von Amerika gehört dies mehr und mehr zu den zentralen Riten der Trauerfeier. In dieser Sitte versichern sich die Trauernden und Hinterbliebenen, daß der Tote wirklich tot ist. Die in ländlichen Gebieten heute noch geübte Totenwache scheint im gleichen Sinne zuerst eine Bewachung der Toten selbst gewesen zu sein.[7]

Die in Deutschland zahlenmäßig vorherrschende Bestattungsform ist das Erdbegräbnis. Feuerbestattung ist ihm heute juristisch gleichgestellt. Ursprünglich war Feuerbestattung propagiert und praktiziert worden gegen das christliche Dogma von der Auferstehung der Toten. Die katholische Kirche verbot daraufhin 1866 die Kremation. Neuere kirchenpolitische Entwicklungen deuten auf eine mögliche Revision dieses Verbots, nachdem die Feuerbestattung ihren Charakter als freigeistiges Manifest verloren hat. Die unterschiedliche Bestattungsform scheint heute eher auf schichtenspezifische Präferenzen zurückzugehen.

Beide Bestattungsformen haben einige wichtige Gemeinsam-

7 Vgl. *James Galvin:* »Tod, Trauer und Begräbnis«, Psyche 3 (1949/1950), S. 799.

keiten. In jedem Falle wird die Leiche gewaschen, rasiert, gekämmt und frisch gekleidet. Dann wird sie in einen Sarg gelegt, dazu in der Regel Grabbeigaben. Unter zeremoniellen Vornahmen wird der Sarg beziehungsweise die Urne durch den Friedhof bis zur Grabstelle oder Urnenstelle gebracht und dort beigesetzt. Blumenbeigaben, Kränze und dann Bepflanzung der Beisetzungsstelle sind nahezu immer zu beobachten.

Solche Sitten sind aus einem etwa rational und hygienisch motivierten Unterfangen, die Leiche als Krankheitsherd oder zur Last fallenden Gegenstand zu beseitigen, ganz gewiß nicht zu erklären. Zu erklären sind sie auch keineswegs ausreichend aus Pietät im Sinne dankbaren und würdigen Gedächtnisses. Heftet sich doch das Gedächtnis an den Verstorbenen so, wie er im Leben war. Hätte sich also das Wissen vom Dingcharakter der Leiche voll durchgesetzt, wären diese Handlungen ganz und gar unerklärlich. So ist es naheliegend, diese Sitten als Versuche anzusehen, für den Toten noch irgend etwas zu tun, ihm das Fortleben im Grabe zu sichern, den Eingang zu neuem Leben. Diese Interpretation läßt sich stützen durch den Hinweis, daß der Sarg wie auch das Grab selbst deutlich als weibliche, neues Leben verheißende Symbole erscheinen: in ihnen gewinnt die uralte Beziehung zwischen Tod und Rückkehr in den Mutterleib Manifestation.[8] Rückkehr zur Mutter, in den Schoß der Familie, ermöglicht auch die Anlage eines Familiengrabes, in dem sich der familiäre Zusammenhang in ungefähr gleicher zeitlicher Reihenfolge wie im Leben neu konstituiert. Solche Rückkehr in den Schoß der Familie durch Wiedervereinigung mit den Ahnen ist verbreitetes Motiv der Religionen und gehört zu den wichtigsten Trostmechanismen.

Diese Interpretation der Bestattungssitten als Gewähr fürs Fortleben der Toten wird weiter gestützt durch den Verweis

8 Vgl. dazu *William Lloyd Warner:* The Living and the Dead, New Haven 1959, S. 284; *Gustav Hans Graber: »Geburt und Tod«,* Die psychoanalytische Bewegung 1 (1929), S. 246–259.

auf folgende Regelung: die Hinterbliebenen als die Erwerber eines Grabes müssen dieses Grab dauernd »gärtnerisch in Ordnung halten«[9]. Geschieht dies nicht, so ist der Friedhofsverwaltung das Recht gegeben, das Grab einzuebnen und mit Gras zu bepflanzen. Diese Sanktionsdrohung richtet sich gegen die Existenz der Totenwohnung und damit am Ende gegen das Fortleben des Toten.

In anderen Bräuchen ist der gegenläufige Aspekt der Vorstellung von den im Grabe fortlebenden Toten manifestiert: man muß ihnen wehren. Der dreimalige Erdwurf auf den im offenen Grabe liegenden Sarg ist die Beteuerung, daß die Überlebenden den Toten nach Möglichkeit im Grabe festhalten wollen, auf daß er als Wiedergänger keinen Schaden stifte. Die Erdschollen aufs Grab können gar als analer Abwehrzauber gesehen werden.[10] Grabsteine, ehemals liegend angebracht, vervollständigen die Sperre zwischen dem Bereich der Lebenden und der Behausung des Toten, die Inschrift »Ruhe in Frieden!« ist die alte Beschwörungsformel gegen die wiederkehrende Leiche, den unheilstiftenden Wiedergänger. »Frieden« bedeutete einen Bereich des Umgrenzten, des Umfriedeten, einen Sperrbezirk.

Die vor, während und nach dem Begräbnis zu beachtenden Vorrichtungen und Verhaltensweisen, die die Volkskunde und verwandte Wissenschaften für den sogenannten Volksglauben oder den modernen Aberglauben benennen, sind zahlreich und vielgestaltig. In ihnen reflektiert sich die schon in den primitiven Institutionen vorgefundene ambivalente Intention der Lebenden gegenüber den Toten: da der Tote, für einige Zeit wenigstens noch, Zeichen und Möglichkeiten der Lebendigkeit behält und unter Umständen schädigend in die Welt der Lebenden eingreifen kann, muß man einerseits durch besondere Rücksichtnahme und Pietät seinen Eingang ins jenseitige Leben sichern, andererseits aber die Unmöglichkeit seiner Rückkehr in die Welt der Lebenden durch Abwehr-

9 *Jürgen Gaedke*, a. a. O., S. 236 f.

10 Vgl. hierzu *Hans Zulliger*, a. a. O., S. 224.

magie garantieren. Das Fortleben des Toten hat neben dieser magisch-archaischen Dimension, gekennzeichnet durch bisher benannte Sitten und Rituale, durch die direkte Kommunikationsmöglichkeit zwischen Totem und Friedhofsbesucher mittels Unterhaltung und Anrede, eine zweite, die eher christlichen Inhalts ist und hier nur kurz angeführt werden mag. Totenmessen, Seelenämter und kollektive Gebete und Riten an bestimmten Festen des christlichen Jahreszyklus geben die Möglichkeit, aufs Dasein der Toten in der Gemeinschaft der Totenseelen Einfluß zu nehmen, vermögen ihre Position in dem durch Sünde, Gnade und Sündenstrafe gesetzten Zusammenhang des christlichen Fortlebens zu verbessern. Diese Dimension interessiert hier weniger. Denn es darf mit einiger Plausibilität angenommen werden, daß selbst diese eindeutig christlichen Vorstellungskomplexe archaische Inhalte aufbewahren. So richtet etwa die Gesellschaft als ganze ihre Aufmerksamkeit auf alle ihre Ahnen anläßlich der herbstlichen Totenfeste und symbolisiert ihr Fortleben durch Lichter auf den Gräbern und regelmäßigen Friedhofsbesuch.
Die Angst vor den Toten scheint heute noch motivierende Kraft zu sein. Bis in die jüngste Zeit kennt die Gerichtsgeschichte Fälle von magischer Unschädlichmachung von Wiedergängern und Vampiren: »Noch in unseren Tagen führen solche Vorstellungen und Abwehrhandlungen im Osten Deutschlands und in angrenzenden Ländern immer wieder zu Grabschändungen, indem man den Leichen vermeintlicher ›Vampire‹ einen Pfahl durchs Herz stößt oder ihnen die Köpfe abschneidet.«[11]
In der heute noch geltenden und nahezu überall peinlich befolgten Verhaltensvorschrift »De mortuis nihil nisi bene«, im zwangshaften Bemühen, in Nachrufen, Grabreden und Todesanzeigen das Totengedächtnis von allen negativen Momenten freizuhalten, zeigt sich unter diesem Aspekt nicht nur fromme

11 *Handbuch der Deutschen Volkskunde*, hgg. von W. Preßler, Potsdam 1936, Bd. 2, S. 187. Vgl. auch *Hans von Hentig:* Der nekrotrope Mensch. Vom Totenglauben zur morbiden Totennähe, Stuttgart 1964, S. 36.

Pietät, sondern untergründige Angst vor den Toten. Ihre Rache und ihr schädigender Eingriff in die Welt der Lebenden muß durch rituelle Lobpreisung abgewehrt werden. Zugleich aber tritt in der Lobpreisung neben der Abwehr das Motiv auf, den Weg des Toten zu neuem Leben zu garantieren. Insofern ist die Preisung Initiation, als sie die irdische Persönlichkeit des Toten zur heiligen Persönlichkeit fürs Leben in der Ewigkeit transformiert. Abwehr und fürsorgliche Sicherung des Eingangs in neues Leben treten hier wie schon so oft in bisher dargebotenen Details gemeinsam und ineinander auf: nicht umsonst ist in den Analysen von Bestattungsriten und Trauer so überaus häufig von Ambivalenz die Rede.

Der Glaube ans Fortleben im Grabe muß auch hinter den in der Folge des Zweiten Weltkriegs vom Volksbund Deutscher Kriegsgräberfürsorge und einer Reihe anderer freiwilliger Organisationen unternommenen Umbettungen gefallener deutscher Soldaten stehen. Die Überreste der Toten werden im Ausland in zentralen Ehrenfriedhöfen vereinigt oder nach Deutschland überführt und hier in eigens angelegten gemeinsamen Friedhöfen neu beigesetzt. Ohne die Annahme, daß es mit diesen Überresten gefallener Soldaten noch irgend etwas auf sich hat, daß sie in irgendeiner Weise fortleben, wären diese Aktionen kaum einsichtig. Weiter tritt aus diesen Umbettungsaktionen der Wunsch hervor, diese toten Soldaten mögen gemeinsam ruhen, oder gar in der Erde der eigenen Heimat bestattet werden, zur Mutter zurückkehren. Schließlich muß erwähnt werden, daß Kriegsgräber ewige Ruhefrist haben, anders als die normalen Gräber, die nach einer gewissen Zahl von Jahren, die mindestens der Dauer der Verwesungszeit entsprechen muß, im allgemeinen neu belegt werden. Diese Sonderstellung der Kriegsgräber, angezeigt auch durch die folgende Mahnung: »Die Ehrfurcht und das Andenken an die Toten erfordern, daß die Gemeinden der Pflege der Kriegsgräber ihre besondere Aufmerksamkeit widmen«[12],

12 *Jürgen Gaedke,* a. a. O., S. 283.

mag sich unterm bisher verfolgten Aspekt der Totenangst klären: als Vertreter eines Handwerks, das im Kerne Aggression und Totschlag bedeutet, werden die toten Soldaten mehr noch gefürchtet als die anderen Toten; ihre Wiederkehr kann nur durch dauernde Friedhofsruhe verhindert werden. Fürchtet man doch an den fortlebenden und möglicherweise wiederkehrenden Toten gerade Aggression. Die typische Anlage eines Soldatenfriedhofs ähnelt daher einer Parade, einem in Reih und Glied angetretenen Soldatenverband: militärische Disziplin darf die so gefährlichen toten Soldaten nicht entlassen. Die Einseitigkeit solcher Interpretationen wird hier besonders deutlich: die Anlage von Soldatenfriedhöfen ließe sich ebenso aus der Absicht erklären, die Sinnlosigkeit und Anonymität des Kriegstodes nachträglich aufzuheben durch die genau durchdachte Gliederung der Gräber.

Der Friedhof ist der Wohnort der Toten und vom Bereich der Lebenden geschieden. Wie eine Stadt eigener Art ist der sakrale Bereich durch Mauern, Hecken und Zäune vom profanen Bereich äußerlich getrennt.[13] In einem besonderen Verfahren der Zuschreibung wird das Friedhofsgelände ausdrücklich vom profanen Boden abgehoben und seinem sakralen Zweck geweiht oder gewidmet. Die Rückgängigmachung dieser Zuschreibung heißt konsequent »Entwidmung« oder »Säkularisation«.[14]

Separiert ist der Friedhof weiter durch spezielle Vorschriften, die hier nur gelten: bestimmte Verhaltensweisen des alltäglichen Lebensstiles sind hier nicht gestattet, andere dagegen geboten. Die ausführliche Kasuistik der Friedhofsordnungen, die Detailliertheit etwa auch der Vorschriften und Regelungen bei der Erstellung eines Grabmals und anderen Handlungen, die alle vorgeblich die »Andacht« der Friedhofsbesucher schützen wollen, bezeugen in ihrer Zwangshaftigkeit den Tabucharakter des Friedhofs. Daß der Friedhof noch heute

13 Vgl. hierzu *William Lloyd Warner*, a. a. O., S. 280; *Grab und Friedhof der Gegenwart*, a. a. O., S. 57 ff., sowie *Mircea Eliade*, a. a. O., S. 30.
14 Vgl. hierzu *Jürgen Gaedke*, a. a. O., S. 52 und 82.

Abwehrfunktionen hat, mag eine neuere Definition seiner Funktionen verdeutlichen: »Friedhöfe sind öffentliche Einrichtungen. Sie dienen der Bestattung menschlicher Leichen und damit der Abwehr von Gefahren, welche der öffentlichen Ordnung andernfalls in gesundheitlicher, sittlicher und religiöser Beziehung drohen würden ...«[15]
Die Existenz dieses Sakralbereiches inmitten der profanen Gesellschaft, separiert und dennoch integriert, stellt die fortdauernde, wenngleich eingeschränkte und umfriedete Anwesenheit der Toten in der Gesellschaft der Lebenden dar. Hier treffen sich, so interpretiert W. Lloyd Warner, Sakral- und Profanbereich in der gegenseitigen Versicherung, daß der Tod nicht vernichtet: »The cemetery is an enduring physical emblem, a substantial and visible symbol of this agreement among men that they will not let each other die.«[16] Die Verbindung zwischen beiden Bereichen, zwischen der Zeitlosigkeit der Toten und der profanen Zeit der Lebenden, wird ermöglicht durch die Bestattungsriten, die Totenfeste und die Kommunikation mit den Toten am Grabe. Diese Verbindung scheint aber möglich nur in einem engen und durch restriktive Verhaltensgebote geschaffenen Bereich der Kommunikation, der aus dem Begriff der Friedhofsruhe seinen Wert bezieht. Friedhofsruhe, als Sammlung von Vorschriften und Sanktionsandrohungen, formalisiert in der jeweiligen Friedhofsordnung und den entsprechenden strafrechtlichen Bestimmungen (§§ 166–168, 304 und 367 Nr. 1 und 2 des geltenden Strafgesetzbuches), verbindet sich heute mit den Forderungen der Pietät, entspringt aber allem Augenschein nach älterer Furcht vor dem Toten und seiner schädigenden Macht. Er darf nicht gestört oder verärgert werden, sonst besteht Gefahr, daß er die Störung vergilt. Die gesetzlichen Bestimmungen, die Leichenraub und Leichenschändung mit scharfen Sanktionen bedrohen, vorfindbar schon in den fränkischen Volksrechten,

15 *Jürgen Gaedke*, a. a. O., S. 23.

16 *W. Lloyd Warner*, a. a. O., S. 285. Vgl. insbesondere das Kapitel 9: »The City of the Dead«.

»... mögen aufgerichtet worden sein, um den Toten nicht zu stören und zur Wiedergängerei zu treiben«.[17]

Daß im heute geltenden Katalog sanktionsbedrohter Verhaltensweisen die Leichenschändung[18] auftaucht, deutet noch einmal darauf, daß die historische Entwicklung von der Leiche als handlungsfähigem Agens zur Leiche als Ding, von der oben schon gesagt worden war, sie gehöre zu den modernen Konnotationen des Todes, keineswegs abgeschlossen ist. Gibt es legitimierte Sanktionsdrohungen gegen Leichenschändung, ist aus dem Toten noch nicht ganz und gar Sache geworden. Umgekehrt deutet das Vorkommen nekrophiler Delikte, über deren Häufigkeit aus der Kriminalitätsstatistik der hohen Dunkelziffer wegen wenig zu ersehen ist, ebenfalls nicht gerade auf den Dingcharakter.

An dieser Beschreibung des Friedhofes als heilig-schreckendem Bezirk müssen aber doch einige Korrekturen vorgenommen werden. Die durch die Urbanisierung und Entfaltung der Verkehrsmittel und Verkehrswege bedingte städtische Raumplanung relativiert die Autonomie des Friedhofes in mancher Weise. Dringenden Erfordernissen der Verkehrsplanung und Stadtplanung wird der Friedhof gewiß weichen müssen. Ja, es hat den Anschein, als ginge das Gelände des Friedhofs in die Planungen der Gartenarchitekten und Städtebauer von vornherein als »grüne Lunge« der Großstadt ein: »Mit den zunehmenden Aufgaben der Grünpolitik ist die Bedeutung des Großstadtfriedhofes als Grünfläche erheblich gewachsen. Wertvolles Gelände kann in unserer Zeit nur in seltenen Fällen für Parkanlagen freigegeben werden; so müssen unsere Friedhöfe einen Ersatz bieten und zu gern besuchten Stätten der Erholung und Betrachtung werden ...«[19] Mit solchen Ar-

17 *Hans Fehr:* »Tod und Teufel im alten Recht«, Zeitschrift der Savigny-Stiftung für Rechtsgeschichte, Germanistische Abteilung 67 (1950), S. 56.

18 Zum Thema der Nekrophilie vgl. von Hentig, der dies Delikt explizit in Zusammenhang mit dem archaischen Glauben ans Fortleben der Toten stellt. *Hans von Hentig*, a. a. O.

19 *Grab und Friedhof der Gegenwart*, a. a. O., S. 83. Vgl. S. 56 u. 104.

gumenten hat in den ersten Jahrzehnten dieses Jahrhunderts in Deutschland die Bewegung zum Friedhof als Garten und Park begonnen, die sich weitgehend durchgesetzt und die Gestalt der heutigen Friedhöfe bestimmt hat. Insbesondere alte Leute suchen häufig Friedhöfe auf, aber nicht zum Zwecke der Kommunikation mit den Toten, sondern als Refugium vor dem Lärm der Straßen und Kinderspielplätze. Darin, in der administrativ gesetzten Nähe von Friedhof und Parkanlage, hat der Friedhof seinen Charakter als Sakralbereich verloren.

Nicht nur an Friedhof und Bestattung lassen sich Momente aufdecken, die hinter der modernen Konzeption vom natürlichen Tod zurückbleiben. Die auf den Todesfall selbst und dann die Bestattung folgenden Verhaltensweisen der betroffenen Hinterbliebenen – in unserer Gesellschaft sind dies primär die nächsten Verwandten, unter Umständen nur fernere Angehörige und Bekannte – geben dazu gleicherweise Anhaltspunkte: die Trauer.

Eine häufig befolgte Regel ist eine gemeinsame Mahlzeit der Hinterbliebenen und der Trauergäste nach der Bestattung. Dabei schlägt oft genug die Stimmung ins Fröhliche um in der befreienden Gewißheit, daß man alle vorgeschriebenen Riten beachtet hat und der Tote jetzt sicher seiner eigenen Wege geht. In der Mahlzeit selbst dauert uralter Kannibalismus fort. War doch Endokannibalismus in manchen primitiven Gesellschaften die geltende Bestattungsform gewesen. Das heutige Totenmahl wird Rest solcher primitiver Identifikationspraktiken sein.[20] Darauf deuten auch die dialekthaften Bezeichnungen des Totenmahles: die Leiche, die Haut, das Fell verzehren, versaufen.

Schwarze Kleidung ist heute wenigstens noch bei der Bestattung für alle Beteiligten angemessen, verliert aber sonst selbst für die nächsten Angehörigen an Geltung. Sie hatte einmal

20 Vgl. hierzu *Warner Muensterberger*, a. a. O., S. 183; *Hans Zulliger*, a. a. O., S. 221.

die Funktion des Versteckens.[21] Um von den Toten nicht erkannt und eventuell in den Tod nachgezogen zu werden, wollte man sich ihnen mittels schwarzer Kleidung gleichmachen.

Die Verhaltensweisen, die im Begriff der Trauer zusammenkommen, sind besonders in der psychoanalytischen Schule mit großem kombinatorischen Aufwand untersucht worden. Herausschälen läßt sich daraus und aus einigen soziologischen Studien an Ergebnissen, daß der Status des Trauernden in mannigfacher Weise eine Isolierung aus der Welt der Lebenden und eine Annäherung an den Status des Toten vorgibt. Schon die schwarze Kleidung isoliert und schränkt in der Öffentlichkeit wenigstens den Bereich gewohnter Verhaltensweisen ganz entscheidend ein. Bestimmte soziale Aktivitäten sind für den Trauernden für kürzere oder (ehedem) längere Zeit nicht mehr vollziehbar, sein Status verlangt Abstinenz und Isolierung. Ist das schon Zeichen genug dafür, daß die Institution der Trauer den Hinterbliebenen partiell und zeitlich begrenzt aus der Gesellschaft schiebt und ihm den Status eines Außenseiters gibt, der irgendwo zwischen dem Bereich der Toten und dem der Lebenden seine Position hat, so sprechen physiologische Phänomene für die gleiche Nähe zum Toten. Der Trauernde erfährt Trauer häufig genug als Krankheit, verbunden nicht nur mit psychischer Niedergeschlagenheit und allen Zeichen von großer Frustration, sondern auch mit körperlicher Niedergeschlagenheit. Häufig zeigt der Trauernde wenig Appetit, verzichtet also teilweise auf körperliche Reproduktion, erfährt Kreislaufstörungen und anderes mehr. Die psychische Niedergeschlagenheit geht von einer Verminderung der Leistungsfähigkeit, einer Verminderung des Interesses an der Außenwelt bis zu einer Reduktion der Wahrnehmung, manchmal zu einer Stillegung des ganzen psychischen Apparates: »The sensorium is generally somewhat altered. There is commonly a slight sense of unreality, a feeling of in-

21 Vgl. *Hans Zulliger*, a. a. O., S. 182 und S. 223; *Hans von Hentig*, a. a. O., S. 7; *Erwin Rudolf Lange*, a. a. O., S. 135.

creased emotional distance from other people (sometimes they appear shadowy or small), and there is intense preoccupation with the image of the deceased.«[22]
Ohnmachten etwa bei der Nachricht eines Todesfalles oder im Zusammenhang mit dem Begräbnis sind schärfste Zeichen dieser Funktion von Trauer: die Herstellung eines Status in der Nähe des Toten. Da wir in solcher Funktion kaum reales Nachgezogenwerden durch den Toten erblicken können, ohne selbst in einen magischen Todesbegriff zu verfallen, werden andere Erklärungsversuche aufgeboten werden müssen.
Zu denken wäre hierbei an einen interessanten, wenngleich sehr spekulativen Gedanken, den Moreno vorgetragen hat: nicht das Individuum, sondern das Individuum und seine Interaktionspartner zusammen, das, wie es bei Moreno heißt, »social atom«, sei die elementare soziale Einheit. Dieser Interaktionszusammenhang ersetze in der Regel ausfallende Mitglieder durch neue und bleibe so im Gleichgewicht. Mit zunehmendem Alter der Mitglieder sei diese Substitution der Rollenträger mehr und mehr unmöglich, der Tod eines der Mitglieder ziehe den der anderen nach sich, und zwar nicht bloß metaphorisch: »It is the phenomenon of ›social‹ death, not from the point of view of the body, not in the individual sense of the psyche, not how we die from within but how we die from *without* ... If we happen to survice (sic!) the ones we love or hate, we die a bit with them as we feel the shadow of death marching from one person of our social atom to another ...«[23] Dies steht mit unserem Problem

22 *Erich Lindemann:* »Symptomatology and Management of Acute Grief«, in: Death and Identity, a. a. O., S. 188. Vgl. hierzu auch *James Galvin*, a. a. O., S. 797: »Eine Frau, die den Tod ihres Mannes erfährt, ist vielfach außerstande, die wirkliche Tragweite des Geschehens zu erfassen. Sie ›schient‹ sozusagen ihr Gemüt, legt ihre Gemütsabläufe still ...« G. Gorer findet in seiner empirischen Studie über Trauerformen in England insbesondere Gewichtsverlust und Schlafstörungen vor. *Geoffrey Gorer:* Death, Grief, and Mourning, a. a. O., S. 53.
23 *J. L. Moreno:* »The Social Atom and Death«, Sociometry 10 (1947), S. 81 f.

in direkter Verbindung: Läßt sich einerseits der eigene Tod als Verlust des sozialen Zusammenhangs, als Ausschluß aus dem Netz der Interaktionsbeziehungen denken, so bedeutet andererseits der Tod der engeren Interaktionspartner für den Überlebenden ebenfalls Verlust und Ausschluß, verminderte Teilhabe an der Gesellschaft der Lebenden, anders gewendet, stärkere Nähe zu den Toten. Trauer wäre so gegründet auf ein Nachgezogenwerden durch den verstorbenen Interaktionspartner, das erst wieder aufgehoben werden kann durch eine neuerliche Verstärkung anderer Beziehungen, durch Wiederherstellung eines Gleichgewichts im Netz der Interaktionen. Daß Moreno allerdings seinen Gedanken vom »sozialen Tod« allzu unausgeführt vorträgt, wurde schon gesagt. Weiter ist einzuwenden, daß er apodiktisch den Begriff des Individuums zurückweist und das »soziale Atom«, den engeren Interaktionszusammenhang einer Person also, fürs Element der Gesellschaft hält. Wenn nicht alles täuscht, wäre dieser Ansatz sehr fruchtbar zur Erklärung der Todesangst der Primitiven, bei denen das Leben der ganzen Gruppe durch einen Todesfall affiziert ist. Die naive Ablehnung des Begriffs Individuum aber unterschlägt doch jenen Prozeß der Individualisierung, der mit der Entwicklung der modernen Gesellschaft verknüpft ist.
Aller Vermutung nach handelt es sich bei der »Todesnähe« des Trauernden um ein Zusammenspiel psychischer Dispositionen und gesellschaftlicher Statuszuweisung. Daß soziale Regelung im Spiele ist, darauf deutet die Tatsache, daß die Gesamtheit der die Trauer ausmachenden Verhaltensweisen nicht etwa als abweichendes Verhalten betrachtet wird, als Krankheit, gegen die die Medizin angerufen werden muß. Das Wissen von der zu erwartenden Rückkehr des Trauernden in seinen normalen Status macht diese Einschaltung der Medizin unnötig, selbst wenn der Trauernde nach allen sonst geltenden Kriterien »krank« sein sollte. Die Isolierung, in die der Trauernde durch soziale Vorschriften gestellt wird, wird aber ergänzt durch eine Isolierung, die sich der Trauernde

selbst auferlegt. Vorschriften, die ehedem vor der Unreinheit der vom Tode Betroffenen schützen sollten, treffen sich mit der vom Trauernden aufgrund von Schuldgefühlen selbst auferlegten Reduktion seiner Beteiligung am normalen Leben. Die Äußerungen von Schuld sind im Verhalten der Hinterbliebenen unübersehbar. Das oben genannte Moment primitiver Todesbilder, daß jeder Tod auf die Einwirkung fremder Macht, häufig anderer Menschen zurückgeht, daß man daher seine Unschuld darlegen muß, um nicht der Rache des Toten zu verfallen, hat sich in heutiger Trauer noch erhalten. Die Hinterbliebenen versichern, sie hätten alles getan, um den Verstorbenen am Leben zu erhalten, ihm das Sterben so angenehm wie möglich zu machen; oder sie bedauern, dem Verstorbenen zu seinen Lebzeiten nicht noch dies oder jenes Gute getan zu haben. An banale Verfehlungen heftet sich hier das geäußerte Schuldgefühl und mag sich über Selbstvorwürfe bis zur zwangshaften Versicherung der eigenen Unschuld am Tode steigern. Schuld und Scham darüber, Überlebender zu sein, den Tod der Toten nicht verhindert zu haben, wurde selbst bei den Überlebenden des Atombombenangriffs auf Hiroshima vorgefunden.[24] Der Psychoanalytiker Hans Zulliger hat in seiner Arbeit »Beiträge zur Psychologie der Trauer- und Bestattungsgebräuche« das Gefühl der Schuld ins Zentrum seiner Untersuchung gestellt und konstatiert, »daß die Trauer auf Selbstvorwürfe aufgebaut ist und eine Sühne bedeutet«.[25]

Schuldgefühle und die Angst vor der schädigenden Reaktion des Toten führen dann zur Reduktion der normalen Lebensfunktionen und zum häufig geäußerten Wunsch, auch tot zu sein. Die Zeichen der Todesnähe, die die Trauer hat, sind also

24 Vgl. hierzu *Robert Jay Lifton:* »Psychological Effects of the Atomic Bomb in Hiroshima: The Theme of Death«, in: Death and Identity, a. a. O., S. 16.

25 *Hans Zulliger*, a. a. O., S. 196. So ist nach Zulliger die Appetitlosigkeit des Trauernden Speiseverbot, rituelles Fasten in Konsequenz des tabuierten Endokannibalismus. Vgl. a. a. O., S. 201.

aus diesem Zusammenspiel der sozialen Vorschrift zu Isolation und Rückzug und den Gefühlen von Schuld, Ambivalenz und Totenangst zu erklären. Darüber hinaus muß daran erinnert werden, daß die reale Nachfolge in den Tod in vielen Gesellschaften üblich war.

Ein letzter Bereich soll noch behandelt werden, in dem sich archaische Züge erhalten haben: die Möglichkeit der Toten, Verhalten der Lebenden zu kontrollieren und zu determinieren. In dieser Möglichkeit ist ein Rest des Ahnenreiches zu erkennen, das ehemals die Funktionen der sozialen Kontrolle und der Garantie der normativen Kontinuität der Gesellschaft hatte.

Daß die tote Großmutter oder ein anderer Angehöriger vom Himmel herabschaut, Verhalten kontrolliert und dies oder jenes bewirken kann, haben gewiß die meisten in ihrer Kindheit gelernt. Solche fiktiven Interaktionen haben insbesondere die Psychologen und Psychiater beschäftigt. Die mißlungene Lösung von den Eltern in der Adoleszenz, fortdauernde Überidentifikation mag dazu führen, daß der Vater, die Mutter oder der Ehepartner noch als Toter als Interaktionspartner, primär als Agent von Verhaltenskontrolle fungiert.

Solche Fälle unvollständiger Lösung der emotionalen Beziehungen im Prozeß der Trauer sind aber gewiß häufiger und normaler, als es aus manchen Materialien der Psychiater offensichtlich wird. Einige Autoren nehmen die fiktive Sozialbeziehung zu Toten als Normalität: »Interpersonal relations do not cease with death; the deceased may continue to influence the survivor for many years«, andere leiten die Fortdauer fiktiver Handlungsbeziehungen aus verfestigten Handlungsorientierungen ab.[26] So können diese Phänomene nicht allein auf der psychologischen Ebene als Ausdruck des

26 Auf die Fortdauer von Einflüssen des Toten verweisen *Avery D. Weisman* und *Thomas P. Hackett:* »Predilection to Death«, in: Death and Identity, a. a. O., S. 312, während *Alois Hahn*, a. a. O., S. 109, die Existenz des Toten als Handlungspartner auf die Internalisierung von Handlungsbeziehungen zu bestimmten Partnern zurückführt und darin im übrigen einen Ursprung des Unsterblichkeitsglaubens sieht.

Unvermögens der Libido interpretiert werden, sich von ihren Objekten zu lösen. Der Tote hat in der von den Hinterbliebenen definierten Situation durchaus Realität. So scheint der Verzicht auf Wiederverheiratung nach dem Tod des Ehepartners oft motiviert durch die Angst vor dem Toten. Die Volkskunde berichtet von der ländlichen Sitte, zu großen Festen im Familienkreis einen Stuhl frei zu lassen oder ein Gedeck mehr aufzulegen für den Verstorbenen. Oder man hängt in der Wohnstube ein Handtuch auf, hinter das der Tote bei seinen Besuchen treten kann.[27] Auch in den Städten nehmen die Toten zu bestimmten Gelegenheiten am Familienleben teil: bevor die Familie zu großen Festen, etwa Weihnachten, sich versammelt und feiert, werden die Gräber der verstorbenen nahen Verwandten besucht und geschmückt.

Ablaufsformen der Trauer, die überhaupt nicht oder sehr spät erst zur Entbindung der Beziehungen zu den Toten führen, sind nicht selten. Königin Viktoria ließ nach dem Tode von Prinz Albert jeden Morgen aufs neue seine Kleider herauslegen und sein Rasierwasser bringen. In seiner empirischen Studie über Trauerformen bezeichnet G. Gorer diese Trauerform als »mummification«.[28] Einige seiner Informanten kauften zu Weihnachten und zum Geburtstag ihren verstorbenen Frauen Blumen, andere bemühten sich zwangshaft, die ganze Wohnung beziehungsweise das Zimmer des Toten so zu erhalten, wie er es verlassen hatte, so wie er die Dinge des alltäglichen Gebrauchs arrangiert hatte.

Neben solchen fiktiven Einwirkungen der Toten auf die Welt der Lebenden sieht aber insbesondere der Katalog juristischer Normen eine ganze Reihe sehr realer Einwirkungen und Kontrollen vor. Der Sterbende mag seine Familie um sein Bett zusammenrufen und gemeinsam zu bestimmten Handlungen verpflichten durch seinen gesprochenen letzten Willen.

27 *Wörterbuch der deutschen Volkskunde*, begr. von O. A. Erich und R. Beitl, a. a. O., S. 760, sowie *Georg Buschan* (Hg.): Das deutsche Volk in Sitte und Brauch . . ., Berlin und Leipzig 1922, S. 174.

28 *Geoffrey Gorer:* Death, Grief, and Mourning, a. a. O., S. 79–81.

Im Testament und anderen juristischen Setzungen ist der Tote selbst noch Rechtspersönlichkeit; ebenso in den entsprechenden Klauseln des Urheberrechts. Auf mannigfache Weise schließlich hat der Sterbende die Möglichkeit, das Verhalten anderer über seinen Tod hinaus zu manipulieren und zu kontrollieren: er kann sein Erbe unter bestimmten Bedingungen nur vermachen, etwa bis zur Erreichung eines bestimmten Alters aussetzen oder der Erreichung eines bestimmten Status. In der juristisch legitimierten Einrichtung des letzten Willens ist der Tote noch mächtig, ist Teilnehmer am Kreise der Rechtssubjekte. Die Abschneidung der juristischen Wirkkraft des Toten, von der oben (II b) die Rede war, ist noch nicht vollendet, solange es Testamente gibt. Die juristisch vermittelte Macht der Toten zur Kontrolle der Lebenden wird allerdings wieder durch eine juristische Norm konterkariert: verstoßen die Inhalte des letzten Willens gegen die guten Sitten, so entfallen sie als ungültig.

Nachdem in vielen Beispielen auf das Fortleben von Archaik in Institutionen der modernen Gesellschaft hingewiesen worden ist, muß der Einseitigkeit dieses Aspektes doch begegnet werden. Die undifferenzierte Interpretation primitiver und moderner Einrichtungen als Äquivalente birgt einige Gefahren. Die schon bei Thorstein Veblen zu spürende Schadenfreude, so weit habe es Kultur denn doch nicht gebracht, wenn sich so reichlich noch Atavismen und Survivancen aufdecken lassen, der verbreitete Redestil, dies oder jenes habe schon in primitiveren Zusammenhängen gegolten, unterschlägt die auf der Hand liegenden Unterschiede zwischen der modernen und früheren Gesellschaften. In der kulturanthropologischen, aber auch in der psychoanalytisch orientierten Literatur scheint dies oft unvermittelte Nebeneinanderstellen von primitiver und moderner Gesellschaft verbreitet. Der Nachweis, diese oder jene moderne Institution sei archaisch entstanden, tendiert allzu leicht zur Unterschlagung des historischen Fortschritts, behauptet zugrundeliegende Immergleichheit, nimmt Kultur am Ende als kaschierte Barbarei. Die hauptsächliche

Intention dieser Arbeit aber ist gerade die Differenzierung der Vorstellungen vom Tode in der modernen Gesellschaft unter der Polarität von Archaik und Rationalität. Daß dabei Rationalität ihre gesellschaftliche Schwäche nicht verleugnen konnte, ist gewiß deutlich geworden. Die aktuelle Übermacht der Atavismen zu deuten, wird vorerst nicht einfach sein.

Zunächst einmal muß eingeräumt werden, daß die archaischen Survivancen keineswegs in alter Gestalt und als unwandelbare Archetypen heute vorfindbar sind, sondern daß sie sehr wohl Verbindungen mit neueren Vorstellungen und Einrichtungen eingegangen sind. Zum zweiten lebt Archaik nicht in voller Kraft fort, sondern mehr und mehr entleert, als undurchschaute Konvention. Sie steht in einem fortschreitenden Prozeß nicht primär der Auflösung und Aufklärung, sondern der inhaltlichen Neutralisierung und Verdünnung. F. Scherke hat überzeugend diese historische Tendenz auf Versachlichung, Neutralisierung und wachsende Indifferenz herausgearbeitet, die in den alten Inhalten gewiß die Wertigkeit konventionell geübter Pietät hat ansteigen lassen. So bewahre man Bilder der Verstorbenen nicht mehr auf, um sich ihrer Hilfe zu versichern, sondern kurzerhand aus sympathischen Gefühlen.[29] Wenn auch eine Entleerung der fortlebenden Primitivismen zuzugeben ist, so ist damit noch nicht geklärt, warum sie gegenüber rationalisierten Einrichtungen und Orientierungen in solcher Übermacht fortdauern.

Hierzu hat A. L. Kroeber einen Erklärungsversuch vorgetragen. Er spricht von einem gegenüber dem sozialen Gesamtsystem autonomen Bereich der Institutionen und Orientierungen, die sich auf den Tod beziehen, besonders der Bestattungsgebräuche. Formen und Inhalte dieses Bereichs soziokultureller Regelungen weisen gegenüber der relativen Stabilität der Gesellschaftsverfassung eine eher fluktuierende Geschichte auf. Bestattungssitten seien von der Gesamtheit der Kultur dissoziiert, insbesondere von den Bereichen materieller Reproduktion. »... disposal of the dead has little con-

29 *Felix Scherke*, a. a. O., S. 207.

nection with that part of behavior which relates to the biological or primary social necessities . . . social practices of disposing of the dead are of a kind with fashions of dress, luxury, and etiquette.«[30] Auf diese Kategorisierung braucht nicht näher kritisch eingegangen zu werden: die in den bisher erwähnten Institutionen und Orientierungen aufgezeigte Beharrlichkeit durch die Geschichte spricht denn doch offensichtlich dagegen. In der von Kroeber konzipierten relativen Autonomie dieses Bereichs gegenüber dem Gesamtzusammenhang gesellschaftlicher Reproduktion tritt uns aber das Bild des primitivsten Sektors moderner Gesellschaft, des dunklen und unaufgeklärten Bereichs inmitten bürgerlicher Rationalität, des Bereichs geringsten Erfolges von Naturbeherrschung wieder entgegen. Der erreichte Grad der Naturbeherrschung scheint vom Grad der Rationalisierung und Entzauberung der sozialen Einrichtungen, die an diesen Sektor von Natur stoßen, schlecht getrennt werden zu können.

Der vor dem Hintergrund wachsender Meisterung der Umwelt schärfer hervortretende relative Mißerfolg von technisch-wissenschaftlicher Beherrschung des Todes wird verantwortlich für die Fortdauer von Archaik. Rationalität ohne den stützenden Unterbau realer Bemächtigung von Natur kann dem nicht begegnen. Daß der Tod eine Manifestation von Natur ist, die bislang wenig Möglichkeiten gesellschaftlicher Verfügung mittels Naturbeherrschung an sich heranließ, hat in der Fortdauer magisch-religiöser Orientierungsmuster und Institutionen resultiert. Unter der häufig genannten Voraussetzung, daß magische Formen der Bemächtigung der Lebenswelt immer dann eingesetzt werden, wenn die praktische Bemächtigung unzureichend ist, sind diese magischen Bilder nicht

30 *Alfred Louis Kroeber:* »Disposal of the Dead«, American Anthropologist 29 (1927), S. 314x. Zur Einordnung der Bestattungssitten neben Mode und Etikette vgl. auch *Reallexikon der Vorgeschichte*, hgg. von Max Ebert, Bd. 13, Berlin 1929, S. 365. Hier wird die Labilität und Veränderlichkeit der Bestattungssitten gegenüber anderen sozialen Einrichtungen betont.

bloße »survivals«, Überlebsel. Sie könnten nicht kurzerhand auch entfallen, weil sie zum Bestehen des Gesamtsystems nichts mehr beitragen, mehr oder weniger zufällig sich durchgehalten haben, sondern sind gerade in ihrem Kontrast zu den Strukturen des Gesamtsystems für dieses funktional, indem sie trösten. Wir werden in den folgenden Abschnitten zeigen, daß diese Verhältnisse keineswegs allein oder auch nur vordringlich die heutige Übermacht archaischer Orientierungen erklären können. Abgesehen von mangelnder praktischer Bemächtigung der Natur sind auch eine Reihe anderer Faktoren zu benennen, die die allgemeine Geltung des Bildes vom natürlichen Tode in unserer Gesellschaft verhindern.

b. Sitte und Markt

Daß sich die heutige Todesignorierung als Privatisierung verstehen lasse, hat Christian von Ferber behauptet. Eine Kritik dieser Zuordnung wird sich nicht erst zu einer theoretischen Erörterung des Verhältnisses von Öffentlichkeit und Privatheit bemühen müssen: ist doch bei dem genannten Autor selbst wenig darüber zu lesen, was gemeint ist, wenig, was die Einführung eines solchen Begriffes rechtfertigen würde. An den Stellen, in denen von Ferber von der Privatisierung des Todes spricht, bleibt er in der Angabe des Gemeinten ungenau. Aus synonym gebrauchten Wendungen ist es zu erraten: »... die öffentliche Indifferenz gegenüber dem Tod, die Privatisierung der Todeserfahrung bis zum Verstummen ...« und »Die Privatisierung der Todeserfahrung, die Verbannung jedes momento mori aus der Öffentlichkeit ...«[1] Damit ist nun zweierlei in einem Begriffe gemeint: Todeserfahrung ist heute ohne gesellschaftliche Anleitung, ist in die Beliebigkeit individueller oder privater Formenwahl gestellt. Und zweitens entspricht der Verbannung der Todeserfahrung aus dem Bereich der Öffentlichkeit die Verbannung des Todes

1 *Christian von Ferber*, a. a. O., S. 347 und S. 343.

aus dem allgemeinen sozialen Zusammenhang in die Bereiche der Privatheit. Soweit Privatisierung diese zweite Bedeutung hat, muß ihr allerdings widersprochen werden. Wenn nicht alles täuscht, gilt Privatisierung gerade nicht für die moderne Gesellschaft, in der sich die meisten Handlungen, die mit dem Tode zu tun haben, weitgehend dem institutionellen Bereich zurechnen lassen und dort teils staatlich, teils privatwirtschaftlich vorgenommen werden. Wenn überhaupt von Privatisierung gesprochen werden soll, dann primär für ein bereits zurückliegendes Stadium unserer Gesellschaft. Vor ungefähr hundert oder hundertfünfzig Jahren gab es weder öffentliche Friedhöfe, zugänglich für alle, noch staatliche Regelungen und Gesetzgebungen für den Bereich von Friedhof und Bestattung, war das Begräbnis grundsätzlich kirchliche Angelegenheit und der in der Gemeinde zusammenkommenden Familien. Erst gegen Ende des 18. und im 19. Jahrhundert begann hier staatlicher Eingriff, wurden eingehende gesetzliche Regelungen erlassen. Für die Geschichte der Vereinigten Staaten sind die Bräuche, die vor staatlicher Regulierung und vor Entstehung des privatwirtschaftlichen Dienstleistungsgewerbes geübt wurden, so beschrieben worden: »Das amerikanische Begräbnis war bis zum neunzehnten Jahrhundert fast ausschließlich eine Familienangelegenheit: die Familie und die nächsten Freunde sorgten selber für die Beisetzung. Sie wuschen den Leichnam und bahrten ihn auf; sie wickelten ihn in Leichentücher und bestellten den Sarg beim Schreiner des Ortes. Sie trugen den Sarg zu Fuß zur Kirche und von dort zum Friedhof; häufig, wenn kein Kirchendiener da war, gruben sie auch das Grab. Die Trauerfeier wurde in der Kirche vor dem mit einem Bahrtuch verdeckten Sarg abgehalten, am Grab sprachen alle ein kurzes gemeinsames Gebet. Bis zur Beerdigung wurde der Tote gewöhnlich im Wohnzimmer der Familie aufgebahrt, die Trauernden hielten abwechselnd die Totenwache ...«[2]

2 *Jessica Mitford:* Der Tod als Geschäft. The American Way of Death. Olten und Freiburg i. Brsg. 1965, S. 213 f.

Seitdem aber haben staatlicher Eingriff und das Auftreten privatwirtschaftlicher Unternehmen, Bestattungsfirmen, Sargfabrikanten, Leichenredner und Friedhofsgrundstücksmakler die meisten der durch einen Todesfall erforderten, kulturell vorgeschriebenen Handlungen von der Familie und dem Bereich der Privatheit genommen. Der familiäre und verwandtschaftliche Binnenraum hat nur den geringeren Teil dieser Aktivitäten behalten. Damit soll allerdings nicht gegen von Ferbers These von der Privatisierung behauptet werden, heute sei der Tod »öffentlich« oder »veröffentlicht«. Widersprochen werden soll allein der Fassung des Problems in der Spannung von Privatisierung und Öffentlichkeit.

So wird man für die heutige Gesellschaft von Privatisierung kaum sprechen können angesichts der Tatsache, daß das Todesereignis bei immer weniger Sterbenden zu Hause im familiären Kreise eintritt, sondern zunehmend in Krankenhäusern und Kliniken. Geoffrey Gorer berichtet dazu aus seiner empirischen Studie: »It would seem, ... that to die in one's own bed is becoming slightly exceptional.«[3] In den Vereinigten Staaten von Amerika tragen sich bereits mehr als die Hälfte aller Todesfälle im Bereich der medizinischen Institutionen zu. Dieser Bereich gibt den Angehörigen des Sterbenden nur noch sporadische und periphere Rollen vor und beschränkt die Interaktionspartner für die meiste Zeit auf die hauptberuflichen Mitglieder dieser Institutionen: Ärzte, Pfleger, Krankenschwestern. Dazu kommen noch die Patienten selbst. Nach aller Voraussicht wird sich diese Entwicklung der Verlagerung des Sterbeortes in der nächsten Zeit verstärkt fortsetzen.

Verknüpft mit der Verlagerung des Sterbeortes in die medizinischen Institutionen, mit der Entlassung der ehemals im Binnenraum der Familie, der Nachbarschaft und Gemeinde vorgenommenen Tätigkeiten an den Markt, mit der Einschränkung privater Autonomie über die mit Bestattung und

3 *Geoffrey Gorer:* Death, Grief, and Mourning, a. a. O., S. 17. Vgl. auch *Barney G. Glaser* und *Anselm L. Strauss,* a. a. O., S. VIII.

Grab zusammenhängenden Einrichtungen durch genaue staatliche Regelung, ist der Rückgang, ja die zunehmende Auflösung der Trauersitten als Sitten. Die mannigfachen Verrichtungen, die von der Volkskunde so extensiv für den ländlichen Bereich dokumentiert sind, können in den Städten schon lange nicht mehr beobachtet werden, auf dem Lande weniger und weniger. Dieser im Gange von Urbanisierung und Industrialisierung sich so nahezu selbsttätig darstellende Abbau der Mannigfaltigkeit der Sitten und Bräuche von Bestattung und Trauer verdankt sich aber, soweit muß das Bild der Selbsttätigkeit relativiert werden, partiell offensichtlich auch staatlichem und kirchlichem Reglement. In der Antike bereits, dann durchs Mittelalter bis in die neueste Zeit sind eine lange Zahl von offiziellen Restriktionen bekannt, durch die die Vielfalt und der Reichtum dieser Sitten mehr und mehr eingeschränkt worden sind.[4]

Die diffuse Geltung der Sitte ist so in Abhängigkeit von mehreren Prozessen zurückgegangen. Trauer- und Bestattungsriten, obzwar inhaltlich in Zusammenhang mit den früher geltenden Sitten, stehen den Individuen mit einiger Beliebigkeit zur Verfügung.

In seiner empirischen Untersuchung »Death, Grief and Mourning in Contemporary Britain« behandelt Geoffrey Gorer als zentrales Thema, daß es heute keine sozial gesetzte Verbindlichkeit für die Todeserfahrung gebe, kein allgemein akzeptiertes Todesbild. Dabei interessiert ihn das Verhalten der von einem Todesfall in der Familie betroffenen Angehörigen, stellt er unter dem Aspekt der Trauerform und dem der durch den Todesfall verursachten Änderungen im familiären Rollengefüge Verhaltenstypologien von Hinterbliebenen auf. Besonderen Nachdruck legt Gorer bei seinen Ergebnissen auf die Feststellung, daß explizite Verhaltensvorschriften für Hinter-

4 Vgl. hierzu *Karl Meuli:* »Entstehung und Sinn der Trauersitten«, Schweizerisches Archiv für Volkskunde 43 (1946), S. 91; Hans Zulliger nennt Erlässe der Schweizer Reformatoren gegen die Vielfalt von Trauer- und Bestattungsgebräuchen. *Hans Zulliger,* a. a. O., S. 210.

bliebene, ein verbindliches Trauerritual also, fehlen. Bis zu Beginn dieses Jahrhunderts habe jede Gesellschaft ein solches Ritual mit detaillierten Anweisungen vorgegeben. Heute habe sich in England diese Verbindlichkeit verflüchtigt, und zwar zuerst bei den oberen, dann auch bei den unteren Schichten.[5] Bezogen auf die Zugehörigkeit zu Religionsgemeinschaften gibt es noch in den jüdischen Gemeinden, der Church of Scotland und bei den römischen Katholiken verbindliche und in dieser Verbindlichkeit befolgte Normen. »Outside these three small communities, the style of mourning in Britain is now a matter of individual choice (as is the method of disposing the body).«[6]

Die von der Ethnologie und Anthropologie für die Geschichte aufgewiesene Variabilität der Trauer- und Bestattungsriten finde sich wieder in der Variabilität der Trauerformen im heutigen England in dem Sinne, daß mit scheinbarer Beliebigkeit alle möglichen Verhaltensweisen aufträten. Der Bereich dieser Variabilität reiche von nur tagelanger Trauer bis zu einem nicht endenwollenden Trauerverhalten. Hinter solchen

5 *Geoffrey Gorer:* Death, Grief, and Mourning, S. 47. Vgl. hierzu *Thure von Uexküll:* »Was kann eine Spezialdisziplin ›Soziologische Medizin‹ für eine allgemeine Medizin leisten?«, in: Probleme der Medizin-Soziologie, hgg. von René König und Margret Tönnesmann, Köln und Opladen 1958, S. 72.

Gegen Gorers Studie ließe sich einwenden, daß er in ihr wie auch in seinem Aufsatz »Die Pornographie des Todes«, a. a. O., oft genug betont, wie sehr der Tod heute tabuiert sei, an keiner Stelle aber darüber reflektiert, wie weit das die Möglichkeiten empirischer Forschung beeinträchtigt.

6 *Geoffrey Gorer:* Death, Grief, and Mourning, a. a. O., S. 64. – Vgl. dazu die Feststellung von Thomas D. Eliot für die Vereinigten Staaten von Amerika: »The net impression from current studies in our own fluxing culture is that of the amazing differences in both the inner and the outer manifestations of grief, to be observed everywhere.« *Thomas D. Eliot:* »The Bereaved Family«, Annals of the American Academy of Political and Social Science 160 (1932), S. 187.

Der hohe Grad an Beliebtheit tritt auch in der folgenden Anmerkung in *I. Wolter u. a.:* Das Buch der guten Umgangsformen, a. a. O., S. 255, entgegen: »Ob und wie lange die Angehörigen nach einem Todesfall Trauer tragen, sei ihnen überlassen.«

Argumentationen ist die These zu vermuten, daß Sitten, Bräuche und Vorstellungskomplexe in primitiver und moderner Gesellschaft grundsätzlich identisch sind, aber entscheidend in den Graden der sozialen Geltung voneinander abweichen. Was ehedem ausnahmslos anerkanntes und befolgtes Gemeingut der primitiven Gesellschaft gewesen ist, gilt heute nur noch in größeren oder kleineren Subsystemen, in Sekten, Verbänden und Gruppen, oder ist individuelle Eigenheit, lebt unterhalb des allgemeinen Werte- und Normensystems der modernen Gesellschaft weiter.

Zwar sei die Trauerarbeit eine Leistung der Psyche, gibt Gorer an; wie diese sie aber leisten kann, wie schnell und unter welchen Umständen, das hängt primär davon ab, welche Hilfe die Gesellschaft dem Einzelnen in Gestalt von Verhaltensvorschriften zukommen läßt. Die englische Gesellschaft jedenfalls leistet dem Hinterbliebenen in der Trauerarbeit, zu einer Zeit, in der er einem Kinde vergleichbar hilflos sei, wenig Unterstützung, hemme im Gegenteil den psychologischen Prozeß der Lösung von der verstorbenen Person, weil ihr Trauer als morbide gelte und Kummer als unangebracht. Ein anderer Sachverhalt habe ebenso nachteilige Konsequenzen: »... the fact that the only social techniques available for coming to terms with death and dealing with grief are phrased exclusively in religious terms means that the majority of contemporary Britons with either residual or non-existent religious beliefs have in effect neither help nor guidance in the crises of misery and loneliness which are likely to occur in every person's life.«[7] Gorer schlägt Neues vor: Um das System der Orientierungen und Normen der heutigen Gesellschaft an dieser Stelle erneut mit verbindlichen Direktiven zu besetzen, fordert er die Einrichtung säkularer Formen der Trauer, die aber flexibel genug sein müßten, um auch den Ansprüchen der frommen Minderheit zu genügen. Warum sollte es für die Trauer nicht eine religiös ungebundene Form geben, wie das die Zivilheirat für die Trauung darstellt? Es gelte,

7 *Geoffrey Gorer:* Death, Grief, and Mourning, a. a. O., S. 110.

dem Tod seine öffentliche Pracht zurückzugeben, die Trauer wieder in ihr Recht einzusetzen.[8]

Es wird erlaubt sein, Gorers Beobachtungen, die Verbindlichkeit der Trauer betreffend, mit aller Vorsicht auf andere Gesellschaften zu übertragen. Einige Autoren sind für die Trauersitten in den USA zu gleichem Ergebnis gekommen, allerdings nicht aufgrund extensiver empirischer Erhebung wie bei Gorer.[9] Es wird auch erlaubt sein, für die deutsche Gesellschaft einen Schwund der Trauersitten zu konstatieren. Empirisch ließe sich gewiß ermitteln, daß insbesondere seit dem Weltkriege die Strenge der Vorschriften nachgelassen hat. Die verwitweten Frauen mußten sich, um überleben zu können, rasch in den Arbeitsprozeß eingliedern, konnten der Forderung nach Isolation und Abstinenz nicht nachkommen. Die Tendenz zur zahlenmäßigen Reduktion des Familienverbandes zur Kleinfamilie, das Nachlassen der Beziehungen zu den entfernteren Verwandtschaftsmitgliedern – bedingt unter anderem durch die verschiedenen Formen der Mobilität – hat ein weiteres zur Auflösung der Trauersitten beigetragen: die Zahl der vom Todesfall direkt Betroffenen, die Zahl der Hinterbliebenen ist dadurch kleiner geworden. Den Vorschriften über Trauerkleider und Trauerzeit läßt sich so selbst im ländlichen Zusammenhang immer leichter entgehen.

Die äußeren Zeichen der Trauer, schwarze Kleidung und zeitweilige Isolierung, mögen den Vertretern bürgerlichen Geistes von Anfang an suspekt gewesen sein. Bacon etwa beruft sich auf Seneca und lastet die Todesfurcht zu einem großen Teil den Trauersitten an: »›Pompa mortis magis terret quam mors ipsa.‹ Stöhnen und Schluchzen, ein bleiches Antlitz, weinende

8 *Geoffrey Gorer:* »Die Pornographie des Todes«, a. a. O., S. 62. Ein anderer Autor plädiert für die Beibehaltung der gegenwärtigen Trauersitten, gerade weil sie irrational sind: *James Galvin*, a. a. O., S. 800.

9 Vgl. etwa *Talcott Parsons:* »Struktur und Funktion der modernen Medizin«, in: Probleme der Medizin-Soziologie, hgg. von René König und Margret Tönnesmann, Köln und Opladen 1958, S. 24; sowie *William M. Kephart:* »Status after Death«, American Sociological Review 15 (1950), S. 641.

Freunde, schwarze Gehänge, Leichenbegängnisse und dergleichen zeigen den Tod in abschreckender Gestalt.«[10]
Solche Versuche der Rationalisierung magisch-religiöser Formen waren aber sicherlich von geringerem Einfluß auf die Auflösung der Trauersitten als Zwänge der gesellschaftlichen Reproduktion selbst. Der industrielle Arbeitsprozeß konnte sich mit seinen strikten Zeitanforderungen mehr und mehr gegen die mit der Trauer geforderten Abstinenzen von sozialen Aktivitäten durchsetzen. Kein Tarifvertrag kennt eine Klausel, die beim Todesfall nächster Angehöriger Befreiung vom Arbeitsprozeß für länger als zwei, drei Tage vorsieht.
Neben solchen durch den Arbeitsprozeß bedingten Restriktionen müssen aber auch die Vorstellungen vom Tode selbst als Faktoren genannt werden, die an dem Verfall der Trauersitten beteiligt waren. Trauer war früher die langsame und ritualisierte Lösung der Beziehungen zu dem Verstorbenen und zugleich die Etablierung neuer, imaginär-sozialer Beziehungen mit dem weiterlebenden Toten. Ursprünglich waren Trauerzeit und die Zeit, die der Verstorbene bis zur Erlangung neuen Lebens brauchte, identisch. Mit der zunehmenden Geltung des Bildes des natürlichen Todes verliert die Lösung von den Toten ihren Ablaufcharakter. Sie muß sofort geleistet werden. Der Verstorbene steht nicht länger in einem relativ dauernden Übergangsstadium, sondern ist von einem Moment zum andern tot, nichtig. Die Beziehungen zu den Interaktionspartnern sind von einem Moment zum andern zerschnitten, und zwar irreversibel, weil der Tote – soweit der Begriff des natürlichen Todes gilt – nicht länger neu in die Gruppe integriert wird vermittels imaginär-sozialer Bereiche und fiktiver Rollenbeziehungen. Die Überlebenden sind so bei der Trauerarbeit ohne die älteren sozio-kulturellen Orientierungen, die das Sterben gradweise und in Ablaufsform darstellten, die ein Mehr und Weniger an Totsein kannten. Damit ist Trauer in ihrer bisherigen Form in Frage gestellt.

10 *Francis Bacon:* Essays, a. a. O., S. 7.

Mit dem Schwinden von Trauerkleidung und von Trauerzeit, der begrenzten Abstinenz von mannigfachen sozialen Aktivitäten, schwinden zwei der wenigen Momente von Sitte, die sich im familiären Binnenraum gehalten hatten. Sie waren bisher weder als Irrationalität einfach weggefallen, noch waren sie an die Funktionskreise des Friedhofs- und Bestattungsgewerbes überschrieben worden.

In den Prozessen zunehmender Arbeitsteilung und des Funktionsverlusts der Institution Familie haben Friedhof und Bestattungsgewerbe den Charakter eigener Funktionsbereiche gewonnen. Der Gegensatz zur ehemals diffus wirkenden und geltenden Sitte ist nicht zu übersehen. Die sozialen Aktivitäten, die sich auf den Tod beziehen und bei einem Todesfall sich notwendig aktualisieren, sind diesen Funktionskreisen mit einiger Ausschließlichkeit übertragen worden. Zugleich aber sind diese Funktionskreise gegen die übrige Gesellschaft durch Vorbehalte und Ausnahmenormen relativ abgeschlossen. In ihnen haben sich heute die meisten mit einem Todesfall verknüpften Handlungen zusammengezogen.

Entscheidendes Kennzeichen dieser Funktionskreise ist, daß sie die ehemals meist durch die Familie vorgenommenen Handlungen als Dienstleistungen offerieren und gegen Zahlung ausführen. Der Prozeß der Übertragung der vom Todesfall geforderten Aktivitäten an das Dienstleistungsgewerbe wird im allgemeinen als Kommerzialisierung beschrieben (und kritisiert). Unter diesem Aspekt tritt primär das Bestattungsgewerbe in den Vordergrund, weil die Leistungen der Friedhofsverwaltungen nicht direkt unterm Profitgesetz stehen. Welche Tätigkeiten und Sachleistungen dies Gewerbe verkauft, mag folgender Reklametext illustrieren: »Wir bieten Ihnen: a) reiche Auswahl an Särgen für alle Ansprüche in Kiefer und Eiche aus eigener Fabrikation mit Innenausstattung nach Wunsch, b) Ausgestaltung und Durchführung der Trauerfeier, c) die Überführung mit modernsten Spezialfahrzeugen, auch von und nach dem In- und Ausland. Unser Kundendienst übernimmt: a) die Bestattungsregelung zu Lebzeiten, b) die Erledigung aller Behördenwege, c) zum Rechnungsausgleich Policen aller Versicherungsunternehmungen und Bestattungsvereine, die Sterbegelder der Allgemeinen Ortskrankenkasse und der Ersatzkassen sowie Lastenausgleichsforderungen an Zahlungs Statt.« Angegeben ist auch »Ständiger Bereitschaftsdienst Telefon ...«[11] In dem Angebot der Bestattungsfirmen gibt es natürlich Unterschiede des Service. Die Gänge zu den Behörden, die mit einem Todesfall notwendig werden, gehören wohl noch nicht lange dazu. Werden in Deutschland die Todesanzeigen in der Regel durch die Hinterbliebenen aufgegeben, so sind in den USA fast alle Anzeigen durch Bestattungsfirmen bestellt. In dieser Übergabe der mit dem Todesfall gebotenen Aktivitäten an das Dienstleistungsgewerbe erhält selbst die Rolle des Geistlichen, der ja in der Regel auch entlohnt wird, Züge eines solchen Service.

Im Vergleich verschiedener Gesellschaften lassen sich Differenzen in den Graden der Kommerzialisierung der Totenbräuche festhalten. In der Schweiz und in Frankreich unterliegt das Bestattungswesen in starkem Maße staatlicher Kontrolle. In der Schweiz gar ist das von der Kommune bezahlte Begräbnis die Regel.[12] In Deutschland sind die Friedhöfe in den Nachwirkungen der Französischen Revolution und der Veränderungen in diesem Jahrhundert zwar nicht unbedingt alle in die Hände der Kommunen übergegangen, wurden aber, soweit sie im kirchlichen Besitz blieben, strengen staatlichen Vorschriften unterworfen, die insbesondere das »unehrliche Begräbnis« verboten und die Abweisung andersgläubiger Toten erschwerten. Die mit der Bestattung gebotenen Dienst- und Sachleistungen sind allerdings in Deutschland nur gegen Bezahlung zu haben (mit Ausnahme des

11 Text einer im Mai 1965 erhaltenen Postwurfsendung der Berliner Begräbnishilfe G.m.b.H.

12 Vgl. *Jessica Mitford*, a. a. O., S. 265, sowie *Edmund Fischer* und *Kurt Bärbig:* Die Sozialisierung des Bestattungswesens, Dresden 1921, S. 40.

Armenbegräbnisses). Für die Leistungen des Friedhofes sind dabei gewöhnlich Kommune oder Kirche die Kaufpartner, für die anderen die Bestattungsunternehmen. Daneben gibt es allerdings auch genossenschaftlich organisierte Sterbevereine. In den Vereinigten Staaten von Amerika ist der privatwirtschaftliche Sektor gegenüber den kommunalen, kirchlichen und genossenschaftlichen beherrschend. Die durch partikulare Kaufsituation begünstigte Beliebigkeit des Kundenwunsches wie auch die allgemeinen Gesetze von Markt und Konkurrenz haben das amerikanische Bestattungsgewerbe einige Absonderlichkeiten hervorbringen lassen. Die Kritik an diesen Absonderlichkeiten, das heißt für Profitzwecke manipulierten Bestattungssitten, hat eine Reihe von Materialien beigebracht und große Publizität erlangt. Diese lassen feststellen, daß sich in der in Interessengruppen organisierten und ökonomisch mächtigen Bestattungsindustrie in der Form von Waren jene Todesbilder durchsetzen, die einmal Sitte und Brauch charakterisierten. An der Sprache des Gewerbes wird dies evident: »Dieselbe vertraute Madison-Avenue-Sprache, mit ihrem Reichtum an Adjektiven, der den Widerstand der Käufer gegen Erzeugnisse jeder Art einschläfern soll, ist in neuer, sonderbarer Kostümierung in die Beerdigungsindustrie eingedrungen. Der Akzent liegt auf den gleichen wünschenswerten Eigenschaften, die man uns auf unserer täglichen Jagd nach dem Schönsten und Besten suchen gelehrt hat: Komfort, Dauerhaftigkeit, Luxusausstattung, erstklassige Qualität.«[13]

Überdeutliches Zeichen der durch die Kommerzialisierung sich durchsetzenden archaischen Todesbilder ist weiter die Übung der Einbalsamierung der Toten, die eine ganze Reihe von neuen Berufsrollen entstehen ließ. Jessica Mitford zitiert eine Stelle aus J. S. Meyer, Kunst der Neugestaltung, über die Absicht dieses Brauchs: »Der amerikanische Brauch will es, daß wir unsere Toten wie im normalen Leben präsentieren ... unverwüstet durch Krankheit, Leiden oder Ver-

13 *Jessica Mitford*, a. a. O., S. 10.

stümmelung und ihre verheerenden Folgen.«[14] Ein weiteres Zeichen ist die durch die Spekulation und den schwunghaften Handel mit Friedhofsgelände, Gräbern und Grüften notwendig gewordene Veränderung des Bildes vom Friedhof. Als »Ort der Belehrung, der Erbauung und Unterhaltung«[15] erscheint er nun, in dem man sich schon zu Lebzeiten sein Plätzchen aussucht und zu dem man Wochenendausflüge veranstaltet. In manchen Friedhöfen soll es Kinderspielplätze geben und die Möglichkeit zur kirchlichen Trauung.

Daß die heutigen Bestattungsgebräuche in den Vereinigten Staaten keineswegs in einer amerikanischen Tradition stehen, daß sich Sitte und Brauch aus ihrer naturwüchsigen Konstanz gelöst haben und als Anhängsel des Profitstrebens zu gelten haben, darauf verweist Mitford sehr deutlich: ». . . alle Errungenschaften des modernen amerikanischen Begräbnisses (Verschönerung der Leiche, Metallsarg, Gruft, Berge von Blumen, Allgegenwart des ›Bestatters‹) sind neuesten Datums und planmäßig entwickelt worden, um der Beerdigungsindustrie ein Höchstmaß an Profit zu bringen.«[16] Im Verlaufe ihrer Kritik nimmt sie aber nicht nur von den Sitten und Bräuchen den Schleier des Althergebrachten, sondern entlarvt auch die gängigen euphemistischen Todesbezeichnungen als vom Interesse der Bestattungsunternehmer manipuliert. In Auszügen aus Fachbüchern des Gewerbes wird ein langer Katalog der prohibierten Formeln und ihres Ersatzes vorgelegt: Schrein statt Sarg, Dienstfahrzeug statt Leichenwagen, Überreste statt Leichnam, Feier statt Begräbnis, Präparationsraum statt Leichenhalle, Salon statt Beerdigungsinstitut, Bestattungsleiter statt Leichenbestatter, usw.[17]

14 *Jessica Mitford,* a. a. O., S. 73 f.

15 *Jessica Mitford,* a. a. O., S. 164.

16 *Jessica Mitford,* a. a. O., S. 205. Vgl. den detaillierten Nachweis Mitfords, daß das Fehlen der Formel »Statt Blumenspenden . . .« in Todesanzeigen auf die Pressionen der organisierten Blumenhändler zurückgeht: a. a. O., S. 119 ff.

17 *Jessica Mitford,* a. a. O., S. 13, 80 ff. sowie 221 ff. Zur Sprache des amerikanischen Bestattungsgewerbes vgl. auch *Gustav H. Blanke:* Der

Voreilig wäre es gewiß, dies amerikanische System der Bestattung auch für die Zukunft der westeuropäischen Gesellschaften zu erwarten, kurzerhand das amerikanische bloß als das fortgeschrittenere zu bezeichnen, dem England, Frankreich und Deutschland mit dem industriellen Fortschritt bruchlos folgen werden. Dagegen sprechen für die deutsche Gesellschaft die detaillierten staatlichen Regelungen und Restriktionen, die eine so starke privatwirtschaftliche Entfaltung in diesem Bereich vorderhand nicht zulassen. Wenn jeder Grabstein vorher im Entwurf genehmigt werden muß, wenn er danach zensiert wird, ob er nicht gegen den Takt und den Wunsch nach Andacht und allerlei andere Kriterien verstößt, so bleibt den Bestattungsfirmen nur ein beschränkter Bereich der Profitchancen.
Gemeinsam aber ist den amerikanischen wie den deutschen Einrichtungen die weitgehende privatwirtschaftliche Vermittlung, die hier Reste althergebrachter Sitten und Bräuche kommerziell reproduziert, in den USA kommerziell produziert. Diese Warenwelt ist doppelter Schein: ihre Waren leugnen in der vorgegebenen Naturwüchsigkeit und Fortführung von Sitte ihren Tauschcharakter. In ihrem Tauschcharakter täuschen sie Verfügbarkeit über den Tod vor, haben sie keinen Gebrauchswert. Auf dem Markt zu kaufen, spiegeln die aus Magie und Religion kommenden Sitten und Bräuche die gelungene Hereinnahme des Todes vor. Fortdauernde Archaik erhält ihre Lebenskraft nicht zuletzt aus diesem Verhältnis.
Eine Konsequenz der Kommerzialisierung von Friedhofs- und Bestattungsgewerbe ist, daß Trauerfeier, Sarg und Grabmal, oft auch der Platz des Grabes in einem Friedhof oder die Bestattung in einem bestimmten Friedhof kundgeben, daß die Gesellschaft nach ökonomischen Kriterien geschichtet ist.[18]

Amerikaner. Eine soziolinguistische Studie, Meisenheim am Glan 1957, S. 196 ff.

18 Vgl. die allerdings in der Untersuchungsanlage und im Bericht dilettantisch wirkende Studie von *William M. Kephart*, a. a. O., sowie weiter *Edgar Morin*, a. a. O., S. 130.

Gräber werden auf dem Friedhof in Gruppierungen angelegt, die eindeutig nach Preisen sich staffeln. Manche Friedhöfe in den USA besitzen ein besonders hohes Prestige und nehmen nur Tote bestimmter Schichtzugehörigkeit auf. Glaubenswechsel, vor allem aber bedeutsamer sozialer Aufstieg der Hinterbliebenen führt oft zu Umbettungen der toten Verwandten und Vorfahren auf einen Friedhof, der dem erreichten sozialen Status besser entspricht. William Lloyd Warner hat dies ironisch als »soziale Mobilität der Toten« beschrieben.[19]

Gegen diese Fortsetzung der Schichtung der Gesellschaft auf dem Friedhof und gegen die kommerzielle Manipulation der Totenbräuche ist in den USA in den letzten Jahren energisch Protest eingelegt worden. Verschiedene Reformgruppen gründeten eigene, genossenschaftlich organisierte Bestattungsunternehmen und Friedhöfe und plädierten für ein billiges und schlichtes Begräbnis. In Deutschland ist diese amerikanische Kritik aufgenommen worden. Die Medien der Öffentlichkeit haben sich verschiedentlich – meist kritisch – mit der zunehmenden Kommerzialisierung, dem steigenden Aufwand bei Bestattungen und den kommunalen und staatlichen Restriktionen befaßt.[20] Solcher Widerspruch gegen die Verselbständigung von Friedhof und Bestattungsgewerbe auf dem Markt hat aber hierzulande schon eine längere Geschichte. In den zwanziger Jahren erschienene Schriften nehmen dazu programmatisch Stellung und verfolgen eine Reform des Friedhofs- und Bestattungswesens. Zu gleicher Zeit wohl sprach man vom neuen Friedhof, der in seiner Anlage einer neuen Zeit besser angepaßt sein sollte, und versuchte man, das Bestattungswesen öffentlich zu kontrollieren oder zu sozialisieren. Die Gleichzeitigkeit wie die Verwandtschaft der dabei ins Spiel kommenden Argumente erlauben die gemeinsame Behandlung beider Intentionen.

19 *William Lloyd Warner*, a. a. O., S. 297.

20 Vgl. neuerdings *Spiegel* vom 5. 6. 1967, S. 77, sowie *Stern* vom 15. 10. 1967, S. 88 ff.

Beim Versuch, den Friedhof zu einer »Sache der Allgemeinheit« zu machen, tauchen Argumente auf, die das Thema der Gleichheit im Tode betreffen – etwa im Vergleich der Friedhöfe der letzten Hälfte des 19. Jahrhunderts mit älteren Kirchhöfen: ». . . auf der einen Seite eine öde Aufreihung von schlechten Grabsteinen, sinnlosen Verzierungen, protzigen Grabeinfassungen, ähnlich dem Geist der Wohnhausfassaden derselben Zeit, und auf der anderen Seite jene schlichten Grabsteine, die sich im Umriß einander anpassen, nur im sparsamen Ornament Variationen zeigen und in eindrucksvoller Gruppierung die Gleichheit vor dem Tode bekunden, ohne Unterschied, ob da nun ein unbekannter Nürnberger Bürger oder gar Albrecht Dürer ruht.«[21] Durch die Kritik an den architektonischen, gärtnerischen oder künstlerischen Mängeln neuerer Friedhöfe, die teilweise mit soziologischen Termini operiert, schlägt immer wieder der Wunsch, den in der Gesellschaft herrschenden Individualismus auf dem Friedhof nicht zu gestatten; der »Geldsack« dürfe nicht auch noch auf dem Friedhof regieren[22], die Anordnung der Gräber nach sozialen Klassen solle nach Möglichkeit überwunden werden: »Im Tode ist alles gleich! Es wäre daher wohl zu wünschen, daß im Friedhof der Zukunft mehr und mehr die Klassenunterschiede verschwinden und eine weitgehende Typisierung Platz greift.«[23] Deutlich unterliegt der wieder und wieder erhobenen Forderung nach Einordnung der Einzelgräber in ein Gesamtbild, nach Typisierung der Grabsteine und Anlagen, nicht nur der Wunsch nach besseren Möglichkeiten industrieller Fertigung von Grabsteinen, sondern ein als Kollektivismus verstandener Sozialismus: »In einer Zeit, die viel vom sozialen Gedanken, von der Arbeit im Dienste für alle, vom Volks- und Klassenbewußtsein spricht, ist dieser Zustand unserer Friedhöfe ein deutliches Zeichen dafür, wie wenig diese Gedanken zum Erlebnis des einzelnen Staats-

21 *Grab und Friedhof der Gegenwart*, a. a. O., S. VIII.
22 *Edmund Fischer* und *Kurt Bärbig*, a. a. O., S. 23.
23 *Grab und Friedhof der Gegenwart*, a. a. O., S. 60.

bürgers geworden sind ... Die gewaltigen Soldatenfriedhöfe mit ihren oft mehr als 50 000 Gräbern ... sind ein ergreifendes Symbol geworden für den Tod eines Menschen für alle, und aller Menschen für einen ... Es ist wohl denkbar, daß dieses Gemeinschaftsgefühl auch in friedlicher Arbeit am Staat, wenn sie Erlebnis wird, in unseren Friedhöfen eine ähnliche Verwirklichung finden könnte.«[24]

Über diesen undifferenzierten Kollektivismus hinaus betreiben Fischer und Bärbig mit der Forderung nach Unentgeltlichkeit der Totenbestattung, Kommunalisierung oder wenigstens kommunaler Kontrolle der Bestattungsunternehmen und Verstaatlichung der Friedhöfe dezidiert sozialistische Ziele, die in der Formel »Unentgeltlichkeit der Totenbestattung« sogar Aufnahme ins Erfurter Programm der deutschen Sozialdemokratie (Punkt 9 der politischen Forderungen) gefunden hatten. Nun hat allerdings die Forderung nach Sozialisierung des Friedhof- und Bestattungswesens, im Jahre 1921 erhoben, etwas von historischer Ironie, wenn man den Fehlschlag der sozialistisch begonnenen Revolution von 1918 bedenkt. Dies drückt sich bei Fischer und Bärbig in einer Resignation aus, indem sie die Gleichheit und die Verwirklichung der sozialistischen Gesellschaft dann wenigstens fürs Reich der Toten erhoffen: »Vom Gleichheitsstandpunkt aus wird nun allerdings jeder Unterschied bei der Totenbestattung und jede Klassifizierung auf dem Friedhofe verworfen, um die Gleichheit wenigstens beim Tode zur Geltung zu bringen.«[25]

Indirekt wird in solcher Rede verzichtet auf das alte Argument der Arbeiterbewegung, daß gerade vor dem Tode Gleichheit nur durch die Veränderung wichtiger sozialer Bedingungen hergestellt werden könne: das Wissen um die Korrelation von Lebensdauer und Klassenzugehörigkeit hatte doch zur Rechtfertigung vieler sozialpolitischer Forderungen gedient und spielte in der sozialistischen Literatur eine große Rolle. Solche Ansprüche sind bei Fischer und Bärbig aufge-

24 *Grab und Friedhof der Gegenwart*, a. a. O., S. XI.
25 *Edmund Fischer* und *Kurt Bärbig*, a. a. O., S. 45.

geben: »Das hohe, ideale Ziel, die Bestattung aller Verstorbenen, ob reich, ob arm, in allen Teilen in gleichen Formen und unentgeltlich, auf Kosten der Gesamtheit, vorzunehmen und wenigstens bei den Toten Klassengegensätze und Ungleichheiten nicht mehr in die Erscheinung treten zu lassen ...«[26] Die Revolution, die mißlang, regrediert auf die Revolution auf dem Friedhof, die Realisierung von Gleichheit unter Gräbern: »Wir stehen heute auch in bezug auf Friedhofswesen und -kultur auf einem ... Schnittpunkte und trennen uns damit von einem vergangenen Abschnitt der Geschichte. Die neuen Forderungen verlangen *ihre* neue Gestaltung.«[27]

Solche Widersprüche gegen die Kommerzialisierung auf Friedhof und in Bestattung, orientiert am Postulat der Gleichheit im Tode, wiederholen die tröstende und verschleiernde Wirkung der alltäglichen Vorstellung davon, daß alle, Herrschende und Beherrschte, Reiche und Arme in gleicher Weise grundlegenden natürlichen Gesetzen unterworfen sind. In Sprichwörtern und Redensarten vor allem wird diese alltägliche Vorstellung manifest: »Der letzte Rock hat keine Taschen.« »Im Tod sind alle gleich.« »Der Tod macht alle gleich, er frißt arm und reich.« Oder im Sinnspruch: »Nichts wird mitgenommen von dem, was Erde heißt. So wie angekommen, wird wieder abgereist.« Der Tod, so läßt sich solchen Vorstellungen begegnen, vermag zwar Gleichheit im Unterworfensein unter Natur herzustellen. Das aber hat für soziale Gleichheit keine Bedeutung, verschleiert sogar, daß soziale Ungleichheit in der Regel auch Ungleichheit im Grade des Unterworfenseins unter Natur nach sich zieht.

In dem als Kommerzialisierung beschriebenen Prozeß der Übergabe der Bestattung an das Dienstleistungsgewerbe konnten leicht die archaischen Orientierungsmuster wiedererkannt werden, die ehemals die Sitte charakterisierten. Indem die Bestattungsindustrie die Schuldgefühle der Hinter-

26 *Fischer* und *Bärbig*, a. a. O., S. 47.
27 *Fischer* und *Bärbig*, a. a. O., S. 32.

bliebenen gegenüber dem Verstorbenen und die Mechanismen der sozialen Kontrolle durch Verwandtschaft, Bekanntschaft und Nachbarn, die sehr genau darauf achten, was den Hinterbliebenen der Tote »wert ist«, benutzt, braucht sie zugleich solche magischen Todesbilder. Wie sonst könnten die Überlebenden die Notwendigkeit bestimmter Ausgaben einsehen? Würde der Tote nur als Ding gesehen, das beseitigt werden muß, brauchte es den Aufwand der kommerzialisierten Bestattung nicht. Insofern hat dies Gewerbe ein großes Interesse an der Erhaltung und Weiter- oder Neuentwicklung von Orientierungen, die den Verstorbenen als in irgendeiner Weise weiterlebend darstellen, die grundsätzlich davon ausgehen, daß für den Toten noch etwas getan werden kann, daß die Interaktionsbeziehungen nicht ein für allemal zerrissen sind. Im Bestattungsgewerbe ist also einer der wichtigsten sozialen Faktoren aufgefunden, die die Geltung des Bildes vom natürlichen Tod verhindern. Seine Wirkung ist um so größer einzuschätzen, als dieses Gewerbe mehr und mehr allein zuständig ist für alle Handlungen, die sich direkt an einen Todesfall knüpfen.

Umgekehrt enthält auch die Kritik an der Kommerzialisierung, die sich am Postulat der Gleichheit orientiert, die Unterstellung, daß es mit den Toten noch etwas auf sich hat, daß sie nicht ganz vergangen sind. Sonst wären die Bestrebungen, auf dem Friedhof eine klassenlose Gesellschaft zu errichten, ganz unverständlich.

V. Naturbeherrschung und Gewalt

a. Medizin und Altersgarantie

Der Klage über die Verdrängung des Todes liegt oft genug das Mißvergnügen konservativen Denkens an gelungener Naturbeherrschung zugrunde. Je mehr die Naturschranke auch am Tode zurückweicht, desto größer die Furcht, eines Tages könnte kein Tod mehr sein, könnte die »letzte Konstante« sich aufgelöst haben.

Naturwissenschaft hat theoretisch in den letzten Jahrzehnten den Horizont zu realer Bemächtigung eröffnet. Zweifach wurde die Kategorie des Todes problematisiert: zum einen wurde der Begriff des natürlichen Todes in Frage gestellt. Der Hamburger Internist Arthur Jores etwa berichtet, daß so gut wie niemand am Ende seiner Lebenskräfte stirbt, niemand verlösche wie eine ausgebrannte Kerze, fast immer lasse sich eine bedeutsame Störung der Lebensprozesse konstatieren: »Beim Menschen ist der Tod aus einem bloßen Erlöschen des Lebens ein höchst seltenes Ereignis, wenn es überhaupt vorkommt.«[1] Das kann einmal heißen, daß der natürliche Tod noch nicht realisiert werden konnte. Zum anderen aber kann es heißen, daß die Natur keine feste Lebensspanne vorgegeben hat. Gibt es aber so etwas wie den natürlichen Tod gar nicht, kann Medizin ihn nicht verifizieren, so ist die Möglichkeit nicht auszuschließen, durch weitere Fortschritte der Naturbeherrschung den Tod entscheidender zu kontrollieren.

1 *Arthur Jores:* Menschsein als Auftrag, Bern und Stuttgart 1964, S. 121. Vgl. hierzu weiter *Arthur Jores:* Die Medizin in der Krise unserer Zeit, Bern und Stuttgart 1961, S. 96; sowie O. *Frhr. v. Verschuer:* »Altern in biologischer und medizinischer Sicht«, Wege zum Menschen 14 (März 1962), S. 83; und *Robert Rößle:* »Warum sterben so wenig Menschen eines natürlichen Todes?«, Universitas 4 (1949), S. 61–68, 177–183. Hier wird besonders akzentuiert Krankheit vom natürlichen Tod abgesetzt.

Die zweite Wendung in den Naturwissenschaften selbst, die viel mehr noch als die erste auf die Öffentlichkeit gewirkt hat, geht aus von dem Zoologen Weismann. Er entwickelte die These, daß der Tod nur den höher entwickelten, aus vielen biologischen Grundelementen organisierten Lebewesen zukomme. Primitive einzellige Lebewesen dagegen, die sich ungeschlechtlich fortpflanzen, kennen den Tod nicht. Die Fortpflanzung durch Teilung nämlich vernichte die »Individuen« nicht, hinterlasse anders als bei den höher entwickelten Arten keine Leiche. Diese von Weismann zuerst 1882 vertretene These hat großen Einfluß auf die wissenschaftliche Diskussion genommen und sich durch alle Kontroversen – wie es scheint – dem Grundsätzlichen nach gehalten. Beide Wendungen, sowohl die These der Nichtauffindbarkeit des natürlichen Todes wie die von der nur für höhere Lebewesen geltenden Todesnotwendigkeit haben in der Theorie den Horizont zur Revision der Todesnotwendigkeit durch Naturbeherrschung geöffnet.

Die naturwissenschaftliche Praxis weist bereits Möglichkeiten zur weiteren Zurückdrängung der Naturschranke Tod auf. Neben den häufig diskutierten Methoden der Lebensverlängerung durch Hormoninjektionen und andere Eingriffe muß als besonders wichtig die seit Jahren bekannte Praxis der Wiederbelebung nach Eintritt des klinischen Todes genannt werden. In solchen nach wie vor nicht typischen Formen des Sterbens ist die Macht der Natur nahezu aufgehoben, den Zeitpunkt des Todes betreffend. Die Entscheidung über Leben und Tod liegt beim Arzt beziehungsweise bei der Verfügbarkeit der neuesten medizinischen Technologie: die Entscheidung über den Todesmoment kann nicht mehr primär der Natur zugeschrieben werden, sondern zuerst der Einschaltung des Instrumentariums von Beatmungsgeräten, Herzlungenmaschinen, Geräten, die den Blutkreislauf aufrechterhalten. Die durch dieses Instrumentarium vermittelten Fälle von Tod beziehungsweise Wiederbelebung verlangen dringend nach einer Neudefinition des Todes. Ist ein Mensch tot, wenn

Atmung und Kreislauf künstlich aufrechterhalten werden? Der Ereignischarakter des Todes, wie er in der Absetzung von primitiven Übergangsvorstellungen als modern gekennzeichnet worden ist, ist durch die Einschiebung des medizinischen Instrumentariums zwischen Leben und Tod in gewisser Weise überholt. Dennoch stellt sich aus insbesondere juristischen Gründen die Notwendigkeit, eindeutige Kriterien für den Todesmoment vorzugeben, die soziale Definition des Todes dem fortgeschrittenen Stadium der Naturbeherrschung anzupassen.
Ein anderes Verfahren überwindet den Tod nicht, schränkt ihn aber so weit ein, um ein Stück realer Unsterblichkeit zu sichern. Bereits 1955 ist gemeldet worden, daß ein Kälteforscher, der Engländer A. S. Parkes, über die Technik der Vereisung von Samenzellen einen Vortrag gehalten hat und dabei das Auftauen und die Verwendung auch menschlicher Spermata nach beliebig langer Zeit als möglich bezeichnet hat.[2] Nach neueren Meldungen gibt es in den Vereinigten Staaten von Amerika schon heute einzelne Kinder, die nach dem Tode ihres Vaters (im Krieg gegen Vietnam) mit dessen auf einer Samenbank gelagerten Samen gezeugt wurden.[3] Ohne der Ideologie vom Fortleben in den Kindern zu verfallen, darf man doch feststellen, daß dieses Verfahren zwar die Menschen selbst nicht gegen den Tod gefeit macht, wohl aber ihre Fortpflanzungsfähigkeit.
Die neuesten Entwicklungen in der medizinisch-naturwissenschaftlichen Forschung scheinen sich insbesondere auf die Möglichkeit der Substitution ganzer Organe oder Organsysteme zu richten.
Diese dilettantischen Bemerkungen über die Vorhut der Naturbeherrschung dienten allein der Illustration des Hinweises, welche Potenzen die Gesellschaft schon jetzt besitzt, sich des Todes mehr und mehr zu bemächtigen. Über solchen

2 *R. Friedrich:* »Sensationen biologischer Forschung. Lebendige Unsterblichkeit – Gespenstische Perspektiven«, Industriekurier 8 (8. 1. 1955), S. A.
3 Darüber unterrichten *Robert C. W. Ettinger:* Aussicht auf Unsterblichkeit? Freiburg im Breisgau 1965, S. 36, sowie ein Artikel im *Stern:* »Kinder von toten Vätern«, 30. 11. 1965, S. 100 ff.

sensationell klingenden Nachrichten dürfen aber nicht jene Formen der gelungenen Naturbeherrschung vergessen werden, die heute bereits für selbstverständlich genommen werden und dennoch gegenüber aller Geschichte einen dramatischen sozialen Wandel repräsentieren.

Durch öffentliche Gesundheitspflege, Hygiene, den Fortschritt der medizinischen Wissenschaften, durch Demokratisierung nicht nur des Zugangs zu den gesundheiterhaltenden oder -restituierenden Einrichtungen, sondern auch der allgemeinen Lebensbedingungen, sind Einschränkungen der Willkür des Todes gelungen. Diese Einschränkungen schlagen sich nieder im Sterblichkeitsrückgang beziehungsweise positiv gewendet im Anstieg der durchschnittlichen Lebenserwartung und im neuen sozialen (und soziologischen) Problem des Alters. Durch die dramatische Reduktion der Kindersterblichkeit im Verein mit der Bekämpfung der großen Infektionskrankheiten und der Verbreitung gesundheiterhaltender Methoden und Einrichtungen wurde der Tod gewiß nicht abgeschafft, wohl aber hinausgeschoben. Verglichen mit den Sterblichkeitsverhältnissen früherer Jahrhunderte hat sich die Gesellschaft mittels Naturbeherrschung partiell – Todesart und Zeitpunkt betreffend – gegen den Tod durchgesetzt. Die durchschnittliche Lebenserwartung bei der Geburt im Frankreich des 17. Jahrhunderts betrug 25 Jahre. Solche Zahlen sind in mannigfachen bevölkerungswissenschaftlichen Untersuchungen für die Geschichte der europäischen Gesellschaften belegt. Heute dagegen darf für die kommenden Jahrzehnte eine Lebenserwartung von ungefähr 80 Jahren antizipiert werden. Man wird Jean Fourastié gewiß zustimmen können, daß dies ein Index ist für einen Wandel der gesamten Lebensführung: Der Kampf um das Überleben gegen Hunger und Krankheit macht in den heutigen westlichen Gesellschaften – soweit sie sich friedlich reproduzieren – nicht länger den Hauptinhalt des individuellen Daseins aus.[4] Die durch die Verlängerung

4 *Jean Fourastié:* Die große Metamorphose des 20. Jahrhunderts, Düsseldorf und Wien 1964, S. 17 und 239. Vgl. auch *Hornell Hart:* »Expec-

der durchschnittlichen Lebenserwartung in Gang gesetzten demographischen und sozialen Wandlungen lassen kaum ihr Ende absehen.

W. Schoene stellt aufgrund dieser mannigfachen Einschränkungen des vorzeitigen Todes die Frage, ». . . ob nicht ein beträchtlicher Teil des Lebens gesunder Erwachsener als von der Medizin wenigstens ›mitgeschaffen‹ angesehen werden müßte«.[5] Diese Frage, ob und wieweit die natürlich-biologische Seite menschlichen Lebens schon soweit hergestellte Natürlichkeit ist, wenden wir zur Reflexion auf jene kulturellen Werte und Normen, die das Ziel der Herstellung einer natürlichen Lebensspanne beziehungsweise ihrer Verlängerung implizieren. Die industrielle Gesellschaft hat zum erstenmal in aller Geschichte das Ziel der Lebenserhaltung und Lebensverlängerung explizit in ihre Charter aufgenommen. Dieses Ziel wird insbesondere durch die medizinischen Einrichtungen verfolgt, schlägt sich aber auch sonst in mannigfachen Zusammenhängen nieder. Wenn nicht alles täuscht, gehört dieses Ziel nicht nur zur Charter der modernen Gesellschaft, sondern ist darin eines der wichtigsten und mit größter Geltung ausgestatteten Ziele. Hier besteht eine sehr große Übereinstimmung, der sich nur einige Sekten und Anhänger der alten Lehre von der Wertigkeit des Leidens nicht anschließen wollen. Gesundheit zu garantieren, und das heißt Garantie des biologisch normalen Lebensvollzuges, darauf richten sich gewichtige und umfängliche Anstrengungen der Gesellschaft als ganzer. Alle Hemmungen und Störungen dieses biologisch normalen Lebensvollzuges sollen eliminiert werden, in erster Linie die Krankheiten und die Unfälle.

tation of Life – Actual Versus Predicted Trends«, Social Forces 33 (1954/55), S. 85. In diesem Zusammenhang ist auch die Kritik zu sehen, die Hahn gegenüber der Verdrängungsthese vorbringt: da der Tod nur noch selten aktuell erfahrbar ist, verliert er auch »an Realität, d. h. Wirkmächtigkeit für das Bewußtsein.« *Alois Hahn*, a. a. O., S. 138.

5 *Wolfgang Schoene:* »Einige kulturanthropologische Betrachtungen über die Medizin«, in: Probleme der Medizin-Soziologie, hgg. von René König und Margret Tönnesmann, Köln und Opladen 1958, S. 83.

Dies prinzipielle Ziel der Lebenserhaltung und -verlängerung scheint nicht einzig und allein aus Werten der Humanität zu kommen. In der Untersuchung des Geltungsgrundes dieses Wertes sind einige Autoren, so etwa Talcott Parsons und Wolfgang Schoene[6], darauf gestoßen, daß die Verfassung des sozialen Systems dieses Ziel selbst notwendig erfordert. Nur der gesunde Mensch kann an den verschiedenen Bereichen der Gesellschaft vollwertig teilhaben, kann selbst vollwertig zu ihrem weiteren Bestand beitragen. Krankheit bedeutet mehr oder weniger Behinderung dieser Teilhabe und dieses Beitrags, Tod wäre gewissermaßen absolute Steigerung von Behindertsein. Soziales Leben ist möglich nur auf dem sicheren Fundament ungestörten biologischen Lebens, die Lösung sozialer Probleme verlangt als Voraussetzung, daß allen Mitgliedern der Gesellschaft biologisches Leben garantiert ist. Die Werte, die ehedem höher als der Wert des Lebens standen, sind abgesunken. Mit der Erkenntnis, daß Tod Ende bedeutet, wurde Leben verkürzt und reduziert aufs nur noch irdische Leben, ist es nicht mehr nur Probe und vorläufig, sondern das eigentliche Leben. Unter dieser Voraussetzung müssen die Menschen gesund sein und am Leben, um am sozialen Zusammenhang teilnehmen zu können. Hat die Gesellschaft die ausgleichenden Beziehungen zum Jenseits weitgehend abgebrochen, ist das Totenreich verblaßt und ist im Verlaufe der Säkularisierung Immanenz hergestellt, so sind Kranke, Sterbende und Tote nicht mehr Mitglieder der Gesellschaft im eigentlichen Sinne. Sie können nicht mehr vermittels imaginär-sozialer Bereiche und Instanzen an Gesellschaft teilhaben oder von dorther Kompensationen für die geminderte Teilhabe an der diesseitigen Gesellschaft erhalten.

Wie sehr sich dieser zentrale Wert von Lebenserhaltung und

6 Vgl. *Wolfgang Schoene:* »Zur sozialen Funktion und zur soziologischen Problematik des Gesundheitsideals«, Soziale Welt 14 (1963), S. 109–126, und *Talcott Parsons:* »Social Change and Medical Organization in the United States: A Sociological Perspective«, The Annals of the American Academy of Political and Social Science 346 (1963), S. 22 f.

Lebensverlängerung unterm Aspekt einer Kalkulation im gesamtgesellschaftlichen Budget beschreiben läßt, belegt eine Stelle bei Talcott Parsons: »Soweit ... eine Kontrollmöglichkeit besteht – durch rationales Handeln oder auf andere Weise –, hat die Gesellschaft offensichtlich ein funktionales Interesse an der Bekämpfung der Krankheit ... Unter verschiedenen Gesichtspunkten stellen die Geburt und die Aufzucht eines Kindes ›Kosten‹ der Gesellschaft dar; man denke an die Schwangerschaft, die Kinderpflege, die allgemeine Sozialisierung, die formale Ausbildung und vieles andere mehr. Stirbt ein Mensch vorzeitig, bevor er Gelegenheit hatte, alle seine sozialen Rollen auszuspielen, so bedeutet das, daß diese ›Kosten‹ nur einen Teil des möglichen ›Ertrages‹ zeitigten.«[7] Dies Modell einer in ihrer Interaktion von Gesamtsystem und Teilsystemen so höchst rational im Sinne von Kosten- und Ertragssaldo wirtschaftenden Gesellschaft findet in der sozialen Realität allerdings keine ungebrochene Entsprechung. Sonst wäre etwa der Bereich des von Arbeit dispensierten Alters nicht möglich. Zudem wird der durch humane wie rational-berechnende Intentionen abgesicherte Fortgang der Bemühungen um Lebenserhaltung und Lebensverlängerung permanent durch Kriege, die Institutionen der sozialen Gewalt und ihre Todesdrohungen relativiert.

So ist festzuhalten, daß dies Ziel mit seinen Realisierungsversuchen zwar nicht ungebrochen, doch aber zentral die Verfassung der modernen Gesellschaft bestimmt. Indem die Immanenz der Gesellschaft hergestellt ist, indem sie sich nicht mehr ins Jenseits verlängert oder mit diesem kompensierende Beziehungen unterhält, treten Gesundheit und Leben als oberste und allgemeine Werte auf, die erst soziales Leben ermöglichen können. Dieser Wandel der sozialen Werte und Orientierungen bedeutet, bezogen aufs Todesbild, einen Schritt hin zur Akzeptierung des Bildes vom natürlichen Tod. Am Gesundheitsideal der modernen Gesellschaft lassen sich beide Mo-

7 *Talcott Parsons:* »Struktur und Funktion der modernen Medizin«, in: Probleme der Medizin-Soziologie, a. a. O., S. 11.

mente dieses Todesbildes wiederfinden, die oben expliziert worden sind: dies Ideal geht aus von der Immanenz allen gesellschaftlichen Lebens und der Indifferenz oder Leugnung des Jenseitsglaubens, fordert zugleich die Ermöglichung der natürlichen Lebensspanne für alle Menschen.

Eine bedeutsame Schwierigkeit ist im Begriff des natürlichen Todes nicht zu übersehen. Sobald natürlicher Tod durch gesellschaftliche Anstrengungen hergestellt werden soll, sind beim gegenwärtig verfügbaren Instrumentarium medizinischer Technologie nicht länger eindeutige Kriterien vorgegeben, wann die natürlichen Lebenskräfte ausgelebt sind. Das Ziel der Lebenserhaltung bricht unter diesen Bedingungen medizinischer Praxis auseinander in zwei Momente, die nicht ohne weiteres kompatibel sind: einerseits soll das Leben um jeden Preis und auf jeden Fall erhalten werden, andererseits verlangt der Begriff des natürlichen Todes langsames Verlöschen der Lebenskräfte an der von Natur gesetzten Marke. Es ist der Fall denkbar, daß das medizinische Instrumentarium nicht mehr nur dazu dient, Natur erst herzustellen, indem es das Ausleben der Lebenskräfte bis zu einem bestimmten Punkte gestattet, sondern daß es über diesen Punkt hinaus und ohne die geringste Aussicht auf Besserung ein Leben erhält, das nur noch das technisch verlängerte Leben eines Sterbenden ist. In dieser Problematik stellt sich für die Krankenhäuser heute die Frage der Sterbehilfe.[8] Ärzte wie Angehörige des Patienten müssen irgendwann entscheiden, wann das Instrumentarium ausgesetzt wird, der Sterbende also dem Tod überlassen wird.

Zwei Spezifizierungen des Wertes der Lebenserhaltung sollen angeführt werden, die ihn näher bestimmen und zugleich ergänzen: die Pflicht, das eigene Leben zu bewahren, und das verfassungsmäßig garantierte Recht auf Leben.

Die Pflicht, das eigene Leben, die eigene Gesundheit nach

8 Vgl. dazu und ganz allgemein zu heutigen Praktiken der Sterbehilfe und zu den ihr vorangehenden Interaktionen *Barney G. Glaser* und *Anselm L. Strauss*, a. a. O., S. 197–225.

Möglichkeit zu erhalten, ist in unserer Kultur wichtiger Bestandteil der Sozialisation, weiter in unzähligen Vorschriften und Anleitungen manifestiert, von den Befehlen der Verkehrsregelung, den Ratschlägen der Krankenkassen bis zu der verbreiteten populär-medizinischen Literatur. Der Tod gilt als Übel, das so lange wie möglich vermieden werden muß. Wenn auch diese Verhaltensnorm nicht in allen Einzelheiten untersucht werden kann, so steht doch fest, daß ihre Geltung wieder eng zusammenhängt mit Säkularisierung und Profanisierung. Die Gewißheit, daß das Leben in dieser Welt nur vorläufig und zudem der schlechteste Teil des ganzen Lebens ist, war unter Umständen dazu angetan, den Tod als abschreckendes und angsterregendes Ereignis zu verkleinern, als Initiation zu neuem und eigentlichem Leben zu verherrlichen, das Leben auf dieser Erde gering zu schätzen. Die freiwillige und bewußte Hingabe der Märtyrer ist dafür deutliches Beispiel. Insbesondere die mittelalterlichen, aber auch einige neuzeitliche Häresien haben in die gleiche Richtung gewirkt und freiwillige Hingabe an den Tod gepredigt in der sicheren Gewißheit neuen Lebens. Dies hat, so schreibt Diggory, im Zusammenhang mit den Interessen der Herrschenden und der Erhaltung der Wirksamkeit ihrer schärfsten Sanktion zu einer Verstärkung der Bindung der Menschen ans diesseitige Leben geführt: Die Zahlen der Märtyrer ». . . became so large, and their provocations of the civil authorities to impose the death penalties became so outrageous, that they led to the development of the present strictures in the Roman Catholic Church against suicide.«[9] So steht die heute so streng geltende Pflicht zur Erhaltung des eigenen Lebens historisch in engem Zusammenhang mit der katholischen Ablehnung des freiwilligen Todes als verfrühtem Eingang zur Seligkeit, mit der Ablehnung des Selbstmordes, mit dem Versuch, die Wirksamkeit der Todesstrafe als Mittel sozialer Kontrolle zu bewahren. Wie stark so repressive Tendenzen sich mischen mit dieser sich human gebenden Norm, mag eine naturrechtliche

9 *James C. Diggory*, a. a. O., S. 391.

Formulierung demonstrieren: »Man muß den Tod so viel möglich zu vermeiden suchen. Dieses fließet aus der Pflicht, unsern Leib und Leben zu erhalten, welche uns das Recht der Natur lehret. Doch darf diese Pflicht den Tod zu vermeiden, wenn sie der vernünfftigen Selbst-Liebe gemäß und also eine wahrhaffte Befugniß oder Pflicht sein soll, der Geselligkeit nicht zu wieder seyn.«[10] Eine entsprechende Einschränkung wird sich beim Verfassungsrecht auf Leben wiederfinden.

In der Geschichte der politischen Ideen und Institutionen hat das Ziel der Lebenserhaltung Ausdruck gefunden im Grundrecht auf Leben. Das Grundgesetz der Bundesrepublik Deutschland gibt in Artikel 2, Absatz 2 an: »Jeder hat das Recht auf Leben und körperliche Unversehrtheit.« Diese fundamentale juristische Norm entstammt dem aufklärerisch-liberalen Denken und den von ihm hervorgebrachten Menschenrechten. Das Recht auf Leben kennen die amerikanische Unabhängigkeitserklärung und die Virginia Declaration of Rights; in den Verfassungen der Französischen Revolution tritt es als Garantie der Sicherheit und Unverletzlichkeit der Person auf. Soweit dieses Menschenrecht bedeutet, daß die Teilnahme am Leben des Gemeinwesens erst einmal die Garantie des normalen Lebensvollzuges für alle Mitglieder voraussetzt, stimmt es überein mit dem oben als Ziel der Lebenserhaltung und -verlängerung beschriebenen Wert. Als bürgerlich-liberales Menschenrecht aber fehlt ihm der anweisende Charakter: diese Garantie soll nicht durch gesellschaftliche Anstrengungen, durch Einsatz der medizinischen Einrichtungen etwa realisiert werden; zumindest ist davon nie die Rede. Als Recht der Beherrschten richtet es sich gegen staatliche Gewalt, will so nur in den Sphären von Staat und Politik durchgesetzt werden, ist insofern defensiv konzipiert. Wie aus Auslegungen des Grundgesetzes der Bundesrepublik Deutschland zu ersehen ist, hat es auch heute noch diesen gegen staatlichen Eingriff in den biologischen Lebensvollzug der

10 *Johann Heinrich Zedler:* Großes Vollständiges Universal-Lexikon, Leipzig und Halle 1745 (Nachdruck Graz 1962), Bd. 44, S. 637.

Mitglieder der Gesellschaft gerichteten Charakter. Es richtet sich gegen Zwangssterilisation, gegen staatlich legitimierten oder organisierten Mord, gegen medizinische Eingriffe ohne Einwilligung der Betroffenen. Selbst in diesem eingeschränkten Sinne ist die Verfassungsgarantie des Lebens durch einfaches Gesetz zu relativieren: Die Polizei hat das Recht zum Waffengebrauch. »Der Staat kann auch von seinen Bürgern den Lebenseinsatz im Verteidigungskrieg fordern.«[11] So hat das Menschenrecht auf Leben seine liberale Beschränktheit nicht überwunden, ist nicht zu einem sozialen Grundrecht erweitert worden, das für alle Mitglieder der Gesellschaft gewissermaßen unterhalb der sozialen und der politischen Sphäre ein Lebensminimum garantiert hätte. Dies ist nur im Zusammenhang mit der allgemeinen Sozialgesetzgebung gelungen.

Auf den Begriff des natürlichen Todes bezogen bedeuten die Einschränkungen des »vorzeitigen« Todes eine Entwicklung hin zur Möglichkeit, daß jeder sein Leben ausleben kann. Noch allerdings haben die medizinischen Institutionen nicht alle Merkmale von Institutionen einer Klassengesellschaft abgelegt, noch hat jener Prozeß der Demokratisierung des Zugangs zum lebenserhaltenden und lebensverlängernden Instrumentarium sein Ziel nicht erreicht. Sollte aber der Fortschritt der medizinischen Wissenschaften, angedeutet in den oben benannten sensationellen Methoden, einhergehen mit der Erweiterung und Vervollständigung des egalitären Zugangs zu allen gesundheitserhaltenden und lebensverlängernden Institutionen, so würde, schreibt der Medizinhistoriker Ackerknecht in Abwandlung eines Marxschen Wortes, die ganze bisherige Medizingeschichte zur Vorgeschichte.[12]

Die moderne Gesellschaft kennt aber über diese der Naturbeherrschung direkt zuzurechnenden Formen der realen Be-

11 *H. von Rosen – von Hoewel:* Das Grundgesetz für die Bundesrepublik Deutschland, Düsseldorf, 9. Aufl. 1965, S. 51 f.

12 *Erwin H. Ackerknecht:* Kurze Geschichte der Medizin, Stuttgart 1959, S. 186 f.

mächtigung des Todes andere, in denen die Intention sozialer Instanzen ebenso hervortritt. Gemeint sind damit hier vorderhand die Lebensversicherung, weiter dann die Altersversicherung und die heute für die meisten Individuen obligatorische Entlassung aus dem Arbeitsprozeß zu einem bestimmten Lebensjahr.

Lebensversicherungsanstalten wurden in Deutschland in den ersten Jahrzehnten des 19. Jahrhunderts gegründet, nachdem in England bereits seit 1699 ähnliche Einrichtungen bestanden hatten.[13] Peter F. Drucker stellt in seiner Version der Todesverdrängungsthese diese Einrichtung in den Zusammenhang mit den ebenfalls Anfang bis Mitte des vorigen Jahrhunderts aufgekommenen spiritistischen Bewegungen und meint: »Die Lebensversicherung ist vielleicht die bezeichnendste Einrichtung der Metaphysik des 19. Jahrhunderts. Ihr Plan der ›Risikoverteilung‹ zeigt am deutlichsten die wahre Natur des Versuches, den Tod als einen Zwischenfall im menschlichen Leben und nicht als seine Endsetzung zu betrachten.«[14] Der Pauschalität der Todesverdrängungsthese muß auch an dieser Stelle entgegnet werden: das in der Einrichtung der Lebensversicherung von Drucker beobachtete Todesbild des Zufalls oder Zwischenfalls, oben näher beschrieben unterm Topos des »plötzlich und unerwartet«, kann im Zusammenhang unserer Argumentation nicht ohne weiteres als Verdrängung diskriminiert werden. Mit fortschreitender Säkularisierung und Profanisierung hatte die gewaltsam und willkürlich zuschlagende Macht des Todes mehr und mehr ihr Subjekt abgelegt; der Todesgott und seine unzähligen und mannigfaltigen Substitutionen sind durch Aufklärung und Rationalisierung versunken. Übrig blieb für die Individuen, die Teilnehmer am Marktgeschehen, ein Moment des Inkalkulablen und Unver-

13 Vgl. hierzu *Allgemeine deutsche Real-Encyklopädie für die gebildeten Stände* (Conversations-Lexikon), Leipzig, 7. Aufl. 1830, Bd. 11, S. 685; sowie *Alte Leipziger Lebensversicherung auf Gegenseitigkeit.* 125 Jahre, Frankfurt a. M. 1955, S. 26 ff.

14 *Peter F. Drucker,* a. a. O., S. 216.

fügbaren, vor dem keine Bilanz und kein Investitionsplan sicher ist. Der Tod erhielt nahezu die Bedeutung eines kontinuierlich drohenden und in keiner Geschäftsplanung aufzufangenden Risikos. Die auf der Ebene familiärer Vergesellschaftung mit dem Prozeß der Industrialisierung einhergehende zahlenmäßige Reduktion der sogenannten Großfamilie zur modernen Kleinfamilie verschärfte diesen Risikocharakter des Todes: der Ausfall eines Mitgliedes in einer Primärgruppe von vier oder fünf Mitgliedern, gar eines zentralen Mitgliedes, des für den Lebensunterhalt sorgenden Vaters, mußte schwerer wiegen, ». . . wo kein Großvater, Onkel oder erwachsener Sohn für ihn einspringen kann«.[15]

Durch die Gleichverteilung des Risikos sollte dies Moment des Inkalkulablen mit der Rationalität des Tauschprinzips versöhnt werden: Lebensversicherung auf Öffentlichkeit und Gegenseitigkeit. Die Zufälligkeit, der das individuelle Menschenleben unterworfen ist, wird in der Einrichtung der Personenversicherung wenigstens im Rahmen einer Gruppe, in der diese Zufälligkeit individueller Leben sich gesetzlich fassen läßt, kontrolliert durch Ausgleich zwischen den Individuen.

Von hier aus will die Einrichtung der Lebensversicherung ganz und gar nicht als Symptom von Todesverdrängung erscheinen, sondern als Versuch, die Konsequenzen des Todesfalles für die Hinterbliebenen mit den Mitteln des Marktes aufzufangen. Dieser Bemächtigungsversuch geht in Ansätzen über den bürgerlichen Individualismus hinaus und mag gar im über die statistischen Gesetze der Sterblichkeit vermittelten Prinzip der Gegenseitigkeit als genossenschaftliches System der Selbsthilfe verstanden werden.

Zugleich aber, darauf verweist Theodor Reik in einer instruktiven Analyse, läßt sich die Einrichtung der Lebensversicherung als Fortsetzung archaischer Einrichtungen verstehen: das Opfer vor der Jagd oder dem Kriegszug sei ersetzt worden durch die Zahlung einer Versicherungsprämie. »Die Opfer-

15 *Renate Mayntz:* Die moderne Familie, Stuttgart 1955, S. 21.

zeiten entsprechen den Terminen zur Einzahlung der Prämie, die Versicherungsbestimmungen jenen genauen und kaufmännisch präzisen Formulierungen über das Ausmaß und die Art der Darbietungen eines Opfers.«[16] Allerdings hat diese Art der Interpretation moderner Einrichtungen als die bloße Fortsetzung archaischer hin und wieder jenen oben schon benannten Mangel, daß Archaik und Modernität allzu leicht zur nichtidentischen Identität gebracht werden. Theodor Reik selbst verweist aber an dieser Stelle auf die wohl entscheidende Nichtidentität: Vertragspartner ist nicht mehr Gott, sondern eine Gruppe von Individuen, von gleich Betroffenen und prinzipiell Gleichen als Inhabern von Marktchancen. Zugleich bedeute die Versicherung eine Ersetzung und nicht allein eine Fortführung von Magie und Religion: »Wer nur den lieben Gott läßt walten, bedarf keiner Versicherung.«[17] In dieser Wendung der Interpretation des Psychoanalytikers Reik scheint genau jene Intention der Einrichtung angegeben, die Unberechenbarkeit und Unvorhersehbarkeit des Todes wenigstens in ihren Konsequenzen abzufangen und durch ein marktbezogenes Modell sozialen Verhaltens zu mildern. Diese Funktion der Versicherung, insbesondere der Lebensversicherung, hat sich bis heute erhalten: noch heute verspricht sie in ihren Werbetexten Schutz vor dem Tode, insofern er unvorhersehbare und aus dem normalen Lebenszusammenhang nicht ohne weiteres zu bewältigende Konsequenzen mit sich bringen kann.

Eine andere Form der Versicherung bezeichnet deutlicher noch reale Bemächtigung des Todes durch die Gesellschaft: die Altersversicherung und der mit ihr zusammenhängende Komplex sozialpolitischer Regelungen. Sie ist jüngeren Datums als die Lebensversicherung und hat, insofern sie obligatorisch ist und durch generelle staatliche Normen konstituiert und abgedeckt, nicht den Charakter eines Vertrages, der auf dem

16 *Theodor Reik:* »Endphasen des religiösen und des zwangsneurotischen Glaubens. Eine vorläufige Mitteilung«, Imago 16 (1930), S. 37.

17 *Theodor Reik,* a. a. O.

Markt abgeschlossen wird. Der Bereich des nicht zur Arbeit verpflichtenden Alters, die soziale Rolle des aus dem Produktionsprozeß entlassenen Alten, kennt in der Geschichte kein Beispiel, ist Novum. Ebenso ist es ein Wandel von nahezu welthistorischer Bedeutung, daß dieser Bereich konstituiert ist für alle und mittels Sozialpolitik durch den allgemeinen gesellschaftlichen Willen. In der staatlich garantierten und staatlich gehandhabten Altersversicherung hat die Gesellschaft in ihrem politischen Subjekt den Tod in die Hand genommen: die Individuen sterben nicht mehr in den Sielen, sondern in einiger Distanz vom Arbeitsprozeß, dem gesellschaftlichen Zentralbereich. Die letzte Lebensperiode zum Tode hin wird ihnen allerdings nicht geschenkt. Während ihrer Zugehörigkeit zum Arbeitsprozeß haben die Individuen durch Leistungen an die Sozialversicherung und durch allgemeine Steuerzahlung sich im voraus diese Schonzeit erkauft, wenngleich höchst indirekt und vermittelt über die ausgleichende staatliche Regelung, die die Höhe der im Alter auszuzahlenden Subsistenzmittel bestimmt.

Der Bereich dieses arbeitsfreien Alters erweitert sich ständig durch die Tendenz zur Herabsetzung der Altersgrenze, die noch in der Reichsversicherungsordnung von 1889 bei 70 Jahren gelegen hatte, und durch die Vergrößerung des Kreises der von der Pflichtversicherung Betroffenen. Die individuelle oder familiäre Vorsorge fürs Alter durch Sparen, Anhäufung von Besitz, ist heute notwendig und in der Regel üblich nur noch bei den Gruppen, die nicht unter die obligatorische Altersversicherung fallen – den Gruppen der Selbständigen und Freischaffenden – oder denen die staatliche Altersversicherung zur Weiterführung gewohnten Lebensstils nicht ausreichend erscheint. Anders als der ehemals fürs Alter gesparte Besitz, der nur soweit angegriffen wurde, wie er zur Weiterführung des gewohnten Lebensstils gebraucht wurde, ist der in der staatlich regulierten Altersversicherung obligatorisch »gesparte« Besitz nur zum Verbrauch vorgesehen. Es handelt sich so um eine Konsumgarantie, die an bestimmte Individuen gebunden ist und nicht übertragbar: sie kann nicht vererbt werden, allenfalls die Witwe des Berechtigten bekommt einen prozentualen Anteil.[18] Die Einrichtung aufs Alter gewinnt von hier den Charakter einer Kalkulation: wird man das, was man jetzt unter Umständen über die obligatorische Altersversicherung hinaus während der Arbeitsjahre einbezahlt, überhaupt noch ableben?

Rente und Pension können gesehen werden als allgemeiner sozialer Versuch, den natürlichen Tod zu realisieren. Haben die Individuen die Jahre ihrer Arbeitsfähigkeit abgeleistet und während dieser Zeit bestimmte Gelder für die staatliche Altersversicherung einbezahlt, so wird ihnen der »Lebensabend« ermöglicht. Dieser Lebensabschnitt ohne den Zwang zu arbeiten wird garantiert durch die staatliche Altersversicherung solange, bis die Individuen verlöschen. Diese Garantie betrifft in Gestalt der Fürsorgeleistungen sogar diejenigen, die diesen normalen Gang von Arbeitsleistung und Sozialversicherungszahlungen nicht gegangen sind. Selbst diejenigen, die auf diese obligatorische Weise nicht fürs Alter vorgesorgt haben, brauchen nicht zu verhungern. Allerdings ist diese letztere Garantie noch jüngeren Datums und in manchen Gesellschaften, wie etwa den Vereinigten Staaten von Amerika, unvollständig durchgeführt. Beide Garantien zusammen, durchgesetzt im Laufe der letzten hundert Jahre teils auf Drängen der Arbeiterbewegung, teils um deren Druck zuvorzukommen, sind der Versuch, das im Begriff des natürlichen Todes enthaltene Postulat, daß jeder seine biologischen Lebenskräfte ausleben können muß, zu erfüllen. Hier finden wir neben dem allgemein-gesellschaftlichen Ziel der Lebenserhaltung und -verlängerung eine weitere entscheidende Institutionalisierung des Begriffs des natürlichen Todes. In der Kontrastierung von Begriff und Realisierung allerdings werden sich Widersprüche aufdecken lassen.

18 Auf diese Unterschiede verweisen *Renate Mayntz*, a. a. O., S. 87 f., sowie *Rudolf Tartler:* Das Alter in der modernen Gesellschaft, Stuttgart 1961, S. 77.

Gelungene Naturbeherrschung bedeutet diese Garantie, das Alter ohne Behelligung durch die Zwänge des Arbeitsprozesses auszuleben bis zum Verlöschen, auch darin, daß die Gesellschaft in der Entlassung aus dem Arbeitsprozeß gewisse Züge des Todes vorwegnimmt. Die Zäsur der Pensionierung, der Beginn des Lebens aus Rente und Pension, ist für die meisten Individuen, die Nicht-Selbständigen nämlich, von außen gesetzt und kann kaum umgangen werden. Diese Zäsur bedeutet eine Reduktion der von den Einzelnen innegehaltenen Rollen: die wichtigste, die Berufsrolle, die ihnen Mittel zur Selbst- und Fremdeinschätzung war, zur Selbstidentifikation und Selbstverortung im Muster sozialer Schichtung, wird ihnen entzogen, oft genug gegen ihren Willen. Durch die allgemeine Schätzung von Arbeit und Leistung erhält das Alter den Charakter einer Verfallsperiode zugeschrieben. Rentnern und Pensionären wird jede Nützlichkeit für die zentralen sozialen Aufgaben abgesprochen, die der Bestand der Gesellschaft erfordert. Die verbleibenden Rollen lassen sich aufgrund dieser Wegnahme als entleert und schattenhaft beschreiben. Die Alten haben kein Rollenbündel zur Verfügung, das ähnliches für ihre Selbstidentifikation und -verortung leisten könnte wie die am Arbeitsprozeß orientierten Rollen, es gibt Rollen des Alters nur unausgeführt und negativ zum Arbeitsprozeß definiert.

Der allgemeine Inhalt der Soziologie des Alters ist dies Vakuum sozialer Rollenvorgaben für den stufenweisen Abbau der Mitgliedschaft an der Gesellschaft. Gesellschaft nimmt in der Einrichtung allgemeiner und obligatorischer Entlassung aus dem Arbeitsprozeß den Tod voraus. Sie wirft die Individuen aus ihren wichtigsten Rollen, was Natur – obzwar gründlicher – sowieso bewirkt hätte.

Daß dies nicht nur Metapher ist, bezeugen verschiedene empirische Mortalitätsuntersuchungen. Zu erwähnen ist hierbei insbesondere eine Studie von Arthur Jores und H. G. Puchta.[19] In ihr wurde eine außergewöhnlich hohe Sterblichkeit bei zum

19 *Arthur Jores* und *H. G. Puchta:* »Der Pensionierungstod«, Medizini-

festgesetzten Alter pensionierten Hamburger Beamten gefunden. Arthur Jores generalisiert diesen und andere Befunde zu seinem Todesbegriff als »psychosomatischem Ganzheitsgeschehen«: der Tod habe häufig primär psychologische Ursachen, also etwa Hoffnungslosigkeit oder die Beschneidung gewohnter Lebensbreite. Unter dem Schlagwort »Pensionierungstod« haben diese Untersuchungen und Hypothesen Beachtung gefunden. Die Soziologie, so klagt René König, ließ sich davon noch nicht zu eigener Forschung bewegen: »Bisher ist dieses Problem ... nur allgemein psychologisch und medizinisch angegangen worden; es fehlt noch völlig die soziologische und sozialpsychologische Analyse.«[20]

Vielfältige therapeutische Unternehmungen versuchen, die schattenhafte Rolle der Alten neu aufzufüllen[21], ihnen wenigstens einige leistungsgefärbte Aufgaben zurückzugeben. Sowohl die über den Pensionierungstod vorgelegten Unterlagen wie auch diese sozialpädagogischen Bemühungen um die Alten deuten unabweisbar darauf hin, daß der in der Konstitution des arbeitsfernen Lebensabschnitts Alter unternommene Versuch, jeden seine biologischen Lebenskräfte in Muße ausleben zu lassen, nicht ohne Widersprüchlichkeit ist. Die Entlassung der Alten aus dem Arbeitsprozeß und ihre reduzierte Möglichkeit, personale Identität durch Übernahme

sche Klinik 54 (1959), S. 1158–1164. Vgl. auch *Arthur Jores:* Menschsein als Auftrag, a. a. O., S. 131 f. und S. 139.

20 *René König:* »Die strukturelle Bedeutung des Alters in den fortgeschrittenen Industriegesellschaften«, in: Soziologische Orientierungen. Vorträge und Aufsätze, Köln und Berlin 1965, S. 141 f. Vgl. hierzu auch *D. Kotsovsky:* »Alter und Todesfurcht«, Schweizerische Zeitschrift für Psychologie und ihre Anwendungen 10 (1951), S. 51 f.

21 Vgl. *Walter Schulte:* »Das Altern als Indikationsfeld für den Psychotherapeuten«, a. a. O., S. 96, dem es um »die richtige Verarbeitung der Leistungs- und Seinseinbuße« geht. Darin ist die reduzierte Teilhabe an Gesellschaft bezeichnet. Vgl. weiter *Arthur Jores:* »Die Pensionierung als Neubeginn«, in: Die Kunst alt zu werden. Elf Beiträge, München, 2. Aufl. 1962, S. 75–87. Zur Diskussion über die Zwangspensionierung und die mögliche Auflösung der fixen Altersgrenzen vgl. *Rudolf Tartler*, a. a. O., S. 117–142.

wichtiger Rollen zu erhalten, im Rahmen der Todesverdrängung zu analysieren, scheint so ganz und gar nicht angemessen. Helmut Greulich etwa meint, die moderne Gesellschaft habe den Tod beiseite geschoben durch die Verbannung der Greise in Altersheime.[22] Viel naheliegender ist die Interpretation der von einem immer größeren Anteil der Alten frequentierten Altersheime aus dem Zusammenhang mit der partiell gelungenen Bemächtigung des Todes. Diese Bemächtigung scheint insbesondere auf das Interesse des Gesamtsystems zurückzugehen, den Wechsel der Individuen in den zentralen Arbeitsrollen rational, verfügbar und geplant zu vollziehen und von der Inkalkulabilität des Todes zu befreien. Im Kerne handelt es sich um eine vorhersehbare Regelung des Nachfolgeproblems: der Tod alter Leute reißt keine Lücke. Die Konsequenzen für die Kontinuität gesellschaftlicher Reproduktion sind minimiert, wenn der Tod in einem Lebensabschnitt eintritt, der für die zentralen sozialen Funktionen alle Relevanz abgegeben hat. Rollenübergabe ist rational verfügbar, wenn die Unverfügbarkeit des Lebensendes aus der Arbeitswelt, dem dominanten Subsystem, hinausgeschoben ist. Damit ist der Tod nicht verdrängt worden, hat aber fürs Fortbestehen des gesellschaftlichen Zusammenhangs und seiner Einzelmuster an Gefährlichkeit verloren.

In diesem Abschnitt sollten Phänomene angeführt werden, in denen gelungene Naturbeherrschung sich widerspiegelt, in denen Gesellschaft Natur durch Praxis oder Trost gemildert, vergesellschaftet hat. In den zuletzt besprochenen Einrichtungen, das Alter betreffend, konnte aber eine gewisse Ambivalenz dieser Naturbeherrschung nicht übersehen werden. Einerseits bedeutet die Garantie eines Lebensabends in der Tat einen ganz entscheidenden Schritt hin zur Realisierung der im Begriff des natürlichen Todes angelegten Postulate, ist damit ein Fortschritt an Humanität. Andererseits aber verweisen die Tatsachen, daß die Menschen häufig diese Garantie nicht unbedingt begrüßen, genauer, die obligatorische

22 *Helmut Greulich*, a. a. O., S. 8.

Entlassung aus dem Arbeitsprozeß und die damit verbundene Reduktion ihrer Rollen und ihrer Teilhabe an Gesellschaft als Beraubung empfinden, auf ein zweites Moment, das sich in diesen Einrichtungen versteckt. Der obligatorische Charakter wie das Phänomen des »Pensionierungstodes« als Reaktion darauf lassen die soziale Bemächtigung des Todes auch als soziale Vorwegnahme des Todes sehen. Unter diesem Aspekt wäre die Entlassung aus dem Arbeitsprozeß so etwas wie eine soziale Todeserklärung, eine entfernte und höchst vermittelte Fortsetzung der Übung, die Alten zu töten.

Einige Autoren neigen dazu, diese Widersprüchlichkeit zwischen dem Ziel eines sicheren Lebensabends und der tatsächlichen Verfaßtheit des Bereichs Alter als entleertem und schattenhaftem zu einer Relativierung des Zieles zu wenden. Helmut Schelsky wie auch Rudolf Tartler[23] betonen die Wirksamkeit dieses Zieles vom sicheren und arbeitslosen Alter in unserer Gesellschaft, zugleich aber die idealisierende und Konflikte vermehrende Rolle dieses Ziels. Dem Inhalte nach sei dieses Ziel immer noch vom Bilde des Kapital-Rentiers bestimmt, werde in die individuelle Lebensplanung eingesetzt und wirke in den Institutionen der staatlichen Altersversicherung, ohne daß die Probleme der Entleerung bedacht würden. Gerade dadurch aber werde eine mögliche Anpassung des Altersbereiches an die Normen und Rollen der Leistungsgesellschaft, eine Wiederauffüllung mit Funktionen gehemmt, die Konflikte zwischen beiden Bereichen fortgeführt. Die Alten könnten ihre Daseinsform nicht mehr als sinnvoll erfahren, gerade weil sie abgesetzt ist vom dominanten Sektor des Gesamtsystems. Von hier aus werden dann Empfehlungen zu einer Relativierung des Zieles vom sicheren Lebensabend verständlich.

Diese Paradoxie läßt sich allerdings auch in eine andere Rich-

23 *Helmut Schelsky:* »Die Paradoxien des Alters in der modernen Gesellschaft«, in: Otto Stammer und Karl C. Thalheim (Hg.): Festgabe für Friedrich Bülow, Berlin 1960, S. 319–342, und *Rudolf Tartler*, a. a. O., S. 163 f.

tung wenden: so könnte man die soziale Utopie des sicheren und arbeitsfreien Alters für wichtig genug halten, um von hier aus die von der Arbeitswelt ausgehende und alles durchdringende Hochschätzung von Arbeit und Leistung in Frage zu stellen, die sicheres Alter nur als Todeserklärung zuläßt.

b. Herrschaft und Gewalt

Bezogen auf den Tod läßt sich das Verhältnis von Natur und Gesellschaft differenzieren unter dem Aspekt, ob Gesellschaft mittels Naturbeherrschung Natur mildert und bricht, vergesellschaftend einbezieht, oder ob Gesellschaft natürlichen Gesetzen zuvorkommt, indem sie den Tod an ihren Mitgliedern vollstreckt. Diese letztere Wendung des Verhältnisses von Natur und Gesellschaft wurde bisher im Verlaufe von Darstellung und Argumentation minder berücksichtigt, nicht explizit zum Gegenstand der Reflexion gemacht. Die Bedeutung dieser sozialen Praktiken, kurz beschrieben in ihren hervorstehenden Typen als Exekution, Krieg, Drohung mit tödlicher Gewalt, ist für den Versuch der kritischen Auflösung der Todesverdrängungsthese nicht zu unterschätzen. Mehr als dringend bietet es sich an, zur Erklärung der Widersprüche im Bereich heutiger Todesbilder die sozialen Einrichtungen, die auf Verlängerung des Lebens und Hinauszögerung des Todes aus sind, in Beziehung zu setzen zu den sozialen Praktiken des gewaltsamen Todes. Eine solche Verbindung wird systematisch nicht hergestellt werden können. Eine solche Verbindung wurde auch nicht geleistet von den hier rezipierten Autoren. Weder Herbert Marcuse noch Christian von Ferber oder Gotthard Montesi ist in diesem Punkte eine über illustrierende Details oder unverbindliche Aphorismen hinausgehende Vermittlung gelungen. Bei Günther Anders stehen die Analyse der Verdrängung des friedlichen Todes und die Analyse des alle bedrohenden gewaltsamen Todes nebeneinander. Nur in einer Bemerkung meint

Günther Anders, daß eine schon den Ziviltod so verdrängende Menschheit der möglicherweise bevorstehenden Apokalypse in einem Nuklearkrieg auch nicht viel mehr Beachtung schenken kann.[1] Auf der gleichen Ebene unverbindlicher Aphorismen bewegen sich Äußerungen Marcuses zu diesem Thema: ». . . die Verbesserung und Sicherung unserer Lebensbedingungen stellt sich lediglich als Nebenprodukt einer wissenschaftlichen Forschung dar, die im Dienste der Vernichtung des Lebens steht . . .«[2] Die in Marcuses Zitat sich andeutende Behauptung von der grundlegenden Ambivalenz der Naturbeherrschung tritt in soziologischer und sozialphilosophischer Literatur recht häufig auf. Die Bereiche der Naturbeherrschung, Technik insbesondere, werden mit einem Charakter der Neutralität und beliebigen Verfügbarkeit gegenüber gesellschaftlichen Interessen beschrieben. Als Instrumente sind die Praktiken der Naturbeherrschung jedem zur Hand, der die Macht über ihre Verfügung gewinnen kann, sie lassen sich einsetzen sowohl für die Zwecke der Lebenserhaltung und -verlängerung wie für die von Herrschaft und Gewalt. Diese gleiche, so oft behauptete Ambivalenz im Verhältnis von Natur und Gesellschaft steht auch hinter den in der Einleitung kurz angeführten beiden Seiten dieses Verhältnisses: einerseits bricht oder mildert Gesellschaft Natur, durch Medizin etwa, andererseits kommt Gesellschaft Natur zuvor, geht Tod auf soziale Gewalt zurück. Wiewohl diese gewiß eher sozial-philosophisch konzipierte Dichotomie einige Fortschritte in der Anordnung und Analyse der Materialien und Thesen gestattet hat, gibt sie vorerst keine Möglichkeit systematischer Vermittlung vor.

Die Alten und Kranken werden in der modernen Gesellschaft nicht mehr getötet. Dies gilt aber selbst heute noch nicht unangefochten. Die Diskussion um die Berechtigung der Sterbehilfe, das heißt ärztliche Herbeiführung des Todes unter be-

1 *Günther Anders: Die Antiquiertheit des Menschen*, a. a. O., S. 281.

2 *Herbert Marcuse:* »Aggressivität in der gegenwärtigen Industriegesellschaft«, Neue Rundschau 78 (1967), S. 13.

stimmten Umständen, etwa bei einer quälenden und mit Sicherheit zum Tode führenden Krankheit, ist selbst durch die Praktiken des deutschen Faschismus nicht zum Verstummen gebracht worden. Konsens über das Verbot der Euthanasie ist gerade unter Ärzten und Juristen nicht gegeben. Dazu wirft das medizinische Instrumentarium, wie wir oben (Va) gesehen haben, selbst Fälle auf, in denen die künstliche Aufrechterhaltung bestimmter Körperfunktionen beendet werden muß, meist aus finanziellen Gründen.

Eine Reihe von Verhaltensweisen Sterbenden gegenüber lassen sich noch unterm Gesichtspunkt entfernter Verwandtschaft mit der Praxis der Altentötung beschreiben. Die Volkskunde berichtet von Sitten, die heute noch in ländlichen Gebieten, in Relikten vielleicht aber auch in den Städten geübt werden. Sie wollen der Beschleunigung und Erleichterung des Sterbens dienen. Man reißt dem Sterbenden das Kopfkissen weg oder nimmt ihn aus dem Bett und legt ihn auf den Fußboden. Sterbehilfe und Tötung erscheinen eng verknüpft: »Das primitivste Mittel, um das Sterben zu erleichtern, ist die Tötung des Sterbenden. Bei den Balten kam es bis ins 17. Jahrhundert vor, daß der Todkranke erstickt wurde.«[3]

Es hat sich zeigen lassen, daß bestimmte Formen der sozialen Bemächtigung des Todes, von denen oben (Va) die Rede war, in gewisser Weise eine partielle Todeserklärung der Alten bedeutete: die Entziehung der zentralen Rollen bei Entlassung aus dem Arbeitsprozeß. Werden den Alten die Arbeits- und Berufsrollen genommen, so nimmt man den Schwerkranken und Sterbenden häufig nahezu alle gesellschaftliche Partizipation. Durch die zunehmende Verlagerung des Sterbeortes in die medizinischen Institutionen verstärkt, neigen die gewohnten Interaktionspartner des Sterbenden dazu, ihn allein zu lassen. Die Angehörigen, die den Todesfall mehr oder

3 *Handwörterbuch des deutschen Aberglaubens*, hgg. von Hanns Bächtold-Stäubli, Bd. 8, Berlin und Leipzig 1936/37, S. 442. Vgl. auch *Handbuch der Deutschen Volkskunde*, hgg. von W. Peßler, Bd. 2, Potsdam 1936, S. 188.

weniger antizipieren, reduzieren ihre Kommunikation mit dem Schwerkranken. Die durch die medizinischen Institutionen selbst vorgegebenen Interaktionspartner, Ärzte und Pflegepersonal, neigen zum gleichen Verhalten gegenüber schwerkranken Patienten. »Frequently it is the survivors who withdraw interest from the patient ...«, schreiben Weisman und Hackett dazu. »There have been cases where the use of narcotics has been a substitute for diminished human relationships, as well as being a gesture of futility. In an attempt to overcome their aversion for impending death, survivors carry out certain preparatory rituals. The drawn shades, hushed voices, and unnatural attitudes of visitors and family are indications of complete capitulation, abandonment, and, in fact, premortem burial.«[4] Auch hier wäre also ein Phänomen vorgefunden, das, wie entfernt auch immer, an die ehemals geübte Aussetzung oder Tötung der Alten erinnert.

Gegen dieses vorzeitige Zerschneiden der Interaktionsmuster, das der Aussetzung so nahe kommt, haben medizinische und psychologische Autoren inzwischen ihre Stimme erhoben und Formen eines angemessenen Sterbeverlaufs diskutiert. Verhindert werden soll, daß der Schwerkranke oder Sterbende von der Gesellschaft verlassen, von ihr abgestoßen wird. Bis zum Tode hin soll er nach Möglichkeit die gewohnte Fülle seiner Interaktionsbeziehungen zur Verfügung haben, um Individualität bis zuletzt zu bewahren und eines menschlichen Todes zu sterben. Was fürchtet, so stellt sich für uns die Frage nach dem Todesbild, ein von der Gesellschaft zu früh abgeschobener Sterbender im Tode? Was beinhaltet hier Todesangst? Wir dürfen vermuten, daß Tod sich hier darstellt als Verlust und Losgelassenwerden, als erzwungenes Nicht-mehr-dabei-Sein. Todesangst wird hier weniger Angst vor der Vernich-

4 *Avery D. Weisman* und *Thomas P. Hackett*, a. a. O., S. 325. In einer auf Beobachtung gestützten empirischen Studie hat David Sudnow unterm Gesichtspunkt von »social death« die Behandlung biologisch noch Lebender als Leichen in zwei Krankenhäusern untersucht. *David Sudnow:* Passing On. The Social Organization of Dying, Englewood Cliffs, N. J. 1967, Kapitel IV.

tung des eigenen Ich sein als die Angst vor der Schwäche und der Brüchigkeit der Interaktionsbeziehungen.
Die heute geltenden Todesbilder, die Einrichtung auf den Tod anderer und den eigenen, wird nicht nur auf die Formen des friedlichen Todes zurückgehen, sondern auch auf die des gewaltsamen Todes. Heutige Gesellschaften verlangen von ihren Mitgliedern unter bestimmten Umständen die Bereitschaft zum Tode oder stellen gewaltsamen Tod wenigstens in Aussicht, solange es Militär und andere Institutionen der tödlichen Gewalt gibt. Es ist oben gezeigt worden, daß diese Pflicht, das Leben für staatliche oder gesellschaftliche Absichten hinzugeben, höher steht als das verfassungsmäßig garantierte Menschenrecht auf Leben (siehe Va). Die Rechtfertigung solcher Verhältnisse führt leicht dazu, Todesbereitschaft der Einzelnen als Maß für die Kohäsion der Gruppe einzusetzen, den Tod zum »mächtigsten Stifter gesellschaftlicher Bindungen« zu erklären, wie es etwa bei Leopold Ziegler geschieht.[5] Diese Beziehung zwischen der Todesbereitschaft des Einzelnen und dem Fortbestand der Gruppe oder Gesellschaft wird von diesem Autor aber nicht nur bezogen aufs Opfer des Soldaten für die Bewahrung seiner Gruppe im kriegerischen Konflikt, sondern geht – immer affirmativ – viel tiefer: auch der normale, friedliche soziale Zusammenhang bedarf solcher Todesbereitschaft. Erst dann stellen die Einzelnen ihre partikulären Interessen zurück hinter die Interessen des Gemeinwohls und sind bereit, ohne jeden Egoismus für die Gesamtheit sich einzusetzen. Indem die Individuen dauernd zum Opfer ihres eigenen Lebens fürs Leben der Gesellschaft bereit sind, ist die soziale Verbindung der Individuen besonders stark und dauernd geknüpft. In solchen Verherrlichungen der Gewaltsamtkeit steckt zugleich die Entlarvung der Todesdrohung und der sozialen Forderung an die Einzelnen, unter Umständen ihr Leben zu opfern: beide sind Instrumente der sozialen Kontrolle. Das Recht auf Verweigerung des Kriegsdienstes, in wenigen Staaten erst durchgesetzt und nirgendwo hoch

5 *Leopold Ziegler:* Vom Tod. Essays, Leipzig 1937, S. 48.

geschätzt von den Vertretern der Regierungen, richtet sich dagegen: die Individuen sollen sich durch dieses Recht dem potentiellen Todesurteil, das jeder Einberufungsbefehl bedeutet, entziehen können.
Mit diesen beiden Themen wollen wir uns in der Folge beschäftigen: Gesellschaft verlangt unter bestimmten Umständen von ihren Mitgliedern den Tod; die Androhung von tödlicher Gewalt dient der sozialen Kontrolle.
Die aktuelle Einrichtung auf den Tod unter Kriegsumständen kann nach den von Gregory Zilboorg vorgelegten Beobachtungen und Überlegungen als eine Regression auf magisch-religiöse Konstellationen beschrieben werden.[6] Verwundert über das Durchhaltevermögen der Zivilbevölkerung in England und Rußland unter den Bedingungen extensiver Bombardierungen der Städte, die geringe Zahl von panischen Ausbrüchen, Selbstmorden und Neurosen, gelangt Gregory Zilboorg zur These, daß die normalerweise herrschende Todesangst der Individuen in der Identifikation mit ihren kämpfenden Ländern umgeschlagen sei in einen mörderischen Haß auf den Feind. Dieser Haß, von Zilboorg »Mordtrieb« genannt, lasse Todesangst nebensächlich werden angesichts der vorherrschenden Überzeugung, im Kriege selbst Herr über Leben und Tod sein zu können. Der Teilnehmer an den Kämpfen wie der Arbeiter in den Munitionsfabriken, obzwar letzterer nur indirekt, könnten sich selbst für die Herren über das Schicksal der Feinde halten. Neben diesem Moment der Regression in magische Omnipotenz führt Zilboorg ein zweites auf: sowohl in London wie in Moskau sei ein starkes Ansteigen der Religiosität zu beobachten, das der Reduktion von Todesangst diene: »The passive communion with God and the eternal, immortal forces of the world brings forth a series of identifications which reinforce the unconscious fan-

6 Vgl. hierzu und zum folgenden *Gregory Zilboorg:* »Fear of Death«, a. a. O., S. 472 ff. Für die regressiven Attitüden von Soldaten gibt auch Thomas D. Eliot einige Anhaltspunkte. *Thomas D. Eliot:* »– of the Shadow of Death«, The Annals of the American Academy of Political and Social Sciences 229 (1943). S. 97 ff. Vgl. auch *Edgar Morin,* a. a. O., S. 30 ff.

tasy of corporeal immortality and thus reduce the death anxiety.[7]

Sollte von hier aus die weitergehende Feststellung möglich sein, daß solche Regressionen notwendig sind, um die kriegerische Auseinandersetzung zwischen Gesellschaften ertragen und sich damit identifizieren zu können, so wäre ein Ausgangspunkt gewonnen für eine Erklärung für die in Bewußtsein und Institutionen um den Tod fortdauernde Archaik. Die in der Rede von der innerhalb der durchrationalisierten modernen Gesellschaft fortdauernden Archaik tendenziell unterstellte These, es handele sich dabei um ein *cultural lag*, ein Hinterherhinken der Rationalität auf einem bestimmten Sektor hinter den Fortschritten auf anderen Sektoren der Gesellschaft, wäre damit hinfällig. Verlangt der Krieg, daß sich die Menschen als potientielle Mörder, als Herren über das Schicksal ihrer Feinde denken, um ihre Angst vor dem Getötetwerden zu vergessen, für die im Kriege erforderten sozialen Aktivitäten überhaupt einsatzfähig zu sein, so ist das Fortdauern archaisch-gewaltsamer Vorstellungen und Einrichtungen kein *lag*, sondern funktionales Erfordernis für den Bestand des Gesamtsystems.

Geschehnisse und Entwicklungen der neuesten Geschichte lassen die Praktiken tödlicher Gewalt, über die die Gesellschaften verfügen, deutlicher denn je vor Augen treten. Die ungeheure Zahl von Menschen, die in den Kampfhandlungen des Zweiten Weltkriegs und in den Vernichtungslagern getötet wurden, hat die traditionelle philosophische Vorstellung des je eigenen Todes ad absurdum geführt. So verschieden das Sterben in den Kriegshandlungen oder deren Konsequenzen selbst und in den Konzentrationslagern gewesen sein mag

7 *Gregory Zilboorg:* »Fear of Death«, a. a. O., S. 473. Grinker und Spiegel wenden sich aufgrund einer Untersuchung der Motivation für »Kampfmoral« zwar gegen eine Überschätzung der sozialen Billigung aggressiver und destruktiver Impulse im Kriege, betonen aber gleichfalls die Identifikation mit der Eigengruppe und die Bereitwilligkeit zum Töten. *Roy R. Grinker* und *John P. Spiegel:* Men under Stress, New York, Toronto, London, 2. Aufl. 1963, S. 37–43.

und so wenig dieser Unterschied unterschlagen oder verkleinert werden soll, so sehr ist doch auch eine Gemeinsamkeit festzuhalten: der Tod ist dem Leben der Individuen fremder denn je geworden. Konnte der Tod wenigstens teilweise verstanden und gar akzeptiert werden durch Einsicht in seine Ursache, so ist der massenhafte Tod ganz und gar unvorstellbar und in keiner Beziehung nachzuvollziehen. Der massenhafte Tod ermöglicht nicht einmal mehr nachträgliche Rationalisierung der Unverfügbarkeit und des Inkalkulablen. Massenhafter Tod ist in den oben (IIIa) aufgezählten gängigen Todesbildern nicht zu fassen: die Sprache verweigert hier offensichtlich ihre Dienste, es sei denn die Sprache im Dienst, die Sprache der tötenden Administrationen selbst. Alle oben aufgezählten konventionellen Todesbilder, selbst die, die den Eingriff einer fremden Macht implizieren, beharren auf der Vorstellung einer friedlichen Reproduktion des Gesamtsystems: immer nur Einzelne aus einer Gruppe sterben. Der Tod nimmt Einzelne aus dem sozialen Kontext, der selbst als weiterbestehend vorgestellt ist. Daher der Topos des Todes als principium individuationis in der neueren Todesphilosophie, die sonst auch verbreitete Rede, daß jeder allein stirbt, daß der Tod das sei, was jedem einzigartig und unwiederholbar zukomme. Diese Vorstellung vom Herausfallen der einzelnen Sterbenden aus der Kontinuität der Gruppe ist durch den massenhaften Tod grundlegend in Frage gestellt.
Lifton berichtet in seiner Arbeit über die psychologischen Wirkungen des Atombombenabwurfs auf Hiroshima von einem »›end-of-the-world‹ experience«.[8] Der massenhafte Tod bei einer solchen Kriegführung machte das Sterben Einzelner aus der Kontinuität des sozialen Kontextes hinfällig, der Kontext selbst ist in seiner Kontinuität bedroht, die Gruppe oder Gesellschaft als ganze unterliegt der realen Todesbedrohtheit. Im Bewußtsein der Überlebenden hatte das eine fundamentale Desorientierung zur Folge.
Die in der militärischen Konfrontation der Weltmächte heute

8 *Robert Jay Lifton,* a. a. O., S. 34.

gelegene Vernichtungsdrohung richtet sich an die ganze Menschheit. Nicht die Kontinuität einer Gruppe oder einer Gesellschaft ist durch solche Drohung, die sich im Falle des Fehlschlagens der Abschreckungsstrategie realisieren würde, in Frage gestellt, sondern die der Menschheit. Durch die technologisch gegebene und in den militärischen Institutionen potentiell enthaltene Vernichtbarkeit aller Menschen ist der Fortgang von Geschichte bedroht. Die Irrationalität und Unverfügbarkeit dieser Verhältnisse für die Individuen – und in gewissem Maße auch für die Staaten – definieren das Leben der Individuen wie das der Gruppen als Frist[9] und rechtfertigen durch potentielle Vernichtung das gängige Todesbild des Zufalls. Gleichwohl hat sich Rationalität selbst mit dieser drohenden Vernichtung von Völkern, gar der ganzen Menschheit, nicht abgefunden, hat sie nicht einfach im Sinne des Alles-oder-Nichts hingenommen. Für die Zwecke der Vorplanung von Verwaltung und staatlicher Regelung unter den antizipierten Bedingungen eines nuklearen Krieges wurde ausgerechnet und spieltheoretisch begründet, wieviel Millionen Menschen unter variiertem Waffeneinsatz sofort sterben würden (»Megatote«), wieviel später, wieviel Millionen die Chance des Überlebens haben würden, wieviel Zeit bei welcher gegebenen Restsubstanz die Rekonstruktionsperiode in Anspruch nehmen würde, usw. Neben den Planungen der Regierungen im Hinblick auf Bunkerbau und andere Vorrichtungen, im Hinblick auf die Konzipierung militärischer Strategeme, die notwendig auf solche Zahlen rekurrieren, sind für solche Versuche, das Unausdenkbare auszudenken, mit den modernsten Mitteln der Forschungstechnik zu berechnen und antizipierend zu beschreiben, exemplarisch die Arbeiten von Herman Kahn.[10]

9 Vgl. *Günther Anders:* »Thesen zum Atomzeitalter«, Das Argument (1960, Heft 17), S. 14ff., sowie *Thomas Metscher:* »Notizen für eine Ontologie der atomaren Situation«, Das Argument (1961, Heft 18), S. 23.
10 Vgl. besonders *Herman Kahn:* On Thermonuclear War, Princeton, New Jersey 1960.

Abgesehen von dieser dauernd drohenden Möglichkeit kriegerischer Gewalt, gar eines Nuklearkrieges mit den bekannten Konsequenzen, enthalten die westlichen Gesellschaften, auch soweit sie auf ihren alltäglichen und friedlichen Zusammenhang besehen werden, genug Situationen, in denen man ums Leben kommen kann. Allerdings müssen diese tödlichen Gefahren, die in der Gesellschaft, solange sie sich friedlich reproduziert, auftreten, von allen anderen hier behandelten Formen des Getötetwerdens deutlich unterschieden werden. Ihnen kommt die Bezeichnung des Zufalls auch insofern zu, als sie offensichtlich nur sehr indirekt an die Grunderfordernisse der Art und Weise, wie Gesellschaft sich erhält, geknüpft sind.
Der gewaltsame Tod bei friedlicher Reproduktion der Gesellschaft nimmt verschiedene Formen an. Verkehrsunfall, Arbeitsunfall, Suizid und Kapitalverbrechen sind wohl die zahlenmäßig bedeutendsten. Gewiß sind diese Todesarten in den sozialen Bedingungszusammenhang verflochten und lassen sich von Änderungen dieses Zusammenhangs her gewiß beeinflussen, etwa durch verschärfte Sicherheitsvorschriften am Arbeitsplatz oder Verbesserung der Verkehrswege und Verkehrsmittel. Auf ganz andere Weise aber sind solche Todesfälle durch soziale Konstellationen »verursacht« als etwa der Kriegstod oder die Exekution. Unter diesem Aspekt, aber auch dem der Häufigkeit solcher Todesarten in der friedlich lebenden Gesellschaft scheint das Todesbild des Zufalls oder Unfalls, oben beschrieben unterm Topos des »plötzlich und unerwartet«, doch einige Realität zu haben. Das legt auch die große Publizität solcher Modi des Sterbens nahe. Ein entscheidender Unterschied zwischen dem Topos des »plötzlich und unerwartet« und dem Tod als Unfall besteht allerdings darin, daß Unfall nicht einfach ein Ereignis ist, das einem ohne Urheber widerfährt. Hinterm Unfall wird in aller Regel bis zum Beweis des Gegenteils ein Täter vermutet: der an der zum Unfall führenden Ursachenkonstellation meist durch Fahrlässigkeit Schuldige. Dies kann der dem Unfall zum Opfer Gefallene selbst sein oder eine zweite Person

oder Instanz. Daß diese Vermutung sehr zu Recht besteht, daß der neutrale Terminus »Unfall« keineswegs immer ausreicht, um gewaltsamen Tod zu erklären, ist inzwischen in der Psychiatrie vorgebracht worden: Bei Verkehrsunfällen sei es in jedem Falle notwendig, eine Untersuchung vorzunehmen, ob nicht das Verkehrsmittel in mörderischer oder selbstmörderischer Absicht als Waffe benutzt worden sei.

Gesellschaft verlangt nicht nur unter bestimmten Umständen von ihren Mitgliedern das Leben. Die Androhung gewaltsamen Todes ist durch die ganze Geschichte hindurch bis heute in den meisten Gesellschaften Mittel sozialer Kontrolle, Sanktion gegen abweichendes Verhalten, schließlich Instrument der Herrschaft gewesen. Dieses Verhältnis, die Todesdrohung als Herrschaftsmittel, hat in einem Paradigma der idealistischen deutschen Philosophie Formulierung gefunden: im Abschnitt über Herr und Knecht in Hegels Phänomenologie des Geistes. Im Kampf auf Leben und Tod stehen sich zu Anfang die Selbstbewußtseine gegenüber. Benutzt der Sieger den Sieg nicht zur Tötung des Unterlegenen, sondern schiebt Tötung hinaus, so konstituiert sich das Verhältnis von Herr und Knecht, entsteht Herrschaft. Weiter verfolgt Hegel dies Verhältnis dann unter dem Gesichtspunkt der Verfügungsgewalt des Herrn über die Arbeit des Knechts und gelangt so in die Nähe des Ausbeutungsbegriffs. Dies mag hier nicht weiter interessieren. Wichtig ist allein Hegels Entwicklung der Genese von Herrschaft aus der aufgeschobenen Todesdrohung von Menschen gegen Menschen.

Die christliche Drohung mit Tod, Verfall und Höllenqualen wurde in diesem Zusammenhang schon erwähnt: sie sollte konformes Verhalten im Sinne der Kirche erzwingen durch die Besetzung des Lebensendes und des Daseins nach dem Tode mit Angst und Schrecken. Heute hat die Kraft dieser Drohung entscheidend nachgelassen. Sie gehört zwar immer noch zu den zentralen Mechanismen, mit denen Konformität garantiert wird; durch die mit der Entfaltung der industriellen Gesellschaft entstandene Diskrepanz von religiös vermittelten Verhaltensvorschriften und solchen, die auf die mehr und mehr durch Sachzwänge konstituierte industrielle Lebenswelt zugeschnitten sind, ist die Geltung der christlichen Todesdrohung aber nicht mehr unangefochten. In der Einsetzung des Totengedenkens als Mittel sozialer Kontrolle, oben bei G. S. Hall und einem sowjetischen Ethiker vorgefunden, scheint sie säkularisiert weiterzulaufen.

Das handfestere Korrelat zur christlichen Todesdrohung als Mittel sozialer Kontrolle ist die Todesstrafe. Durch sie bedroht Gesellschaft den Abweichenden mit Vernichtung und entledigt sich seiner, sobald er überführt wurde. Ehemals verhängt für triviale Normverletzungen oder durch Willkür der Gewalthaber, ist sie im Verlaufe des letzten Jahrhunderts seltener angewandt worden, damit ihre abschreckende Gewalt nicht verlorengehe. Als letzte und schärfste aller verfügbaren Sanktionen wurde sie zum eigentlichen Garanten der Rechtsordnung: »Die Todesstrafe ist also dann rechtmäßig, wenn der Staat die Überzeugung hat, daß ohne sie die Rechtsordnung nicht aufrecht erhalten werden könne ...«[11]

Nicht die Verhältnismäßigkeit von Vergehen und Strafe spielt hier eine Rolle, sondern primär die Bekräftigung des Rechtes überhaupt durch das Recht über Leben und Tod. Mit diesem Recht über Leben und Tod war der Staat ehemals nur von Gott beliehen worden, die Todesstrafe diente von daher häufig der Reinigung der Delinquenten (der Hexen etwa) fürs jenseitige Leben. Sowohl dieses Ziel der Katharsis wie die Legitimation von Gott her sind im Prozeß der Säkularisierung zurückgetreten. Die Anwesenheit eines Geistlichen beim Vollzug wird allerdings ein Relikt des kathartischen Zieles der Todesstrafe sein.

In den heutigen westlichen Gesellschaften ist die Todesstrafe, wenn nicht ersetzt durch andere negative Sanktionen, so doch in der Strafpraxis in ihrer Anwendung weiter stark beschnit-

11 *Allgemeine deutsche Real-Encyklopädie für die gebildeten Stände.* Conversations-Lexikon, Leipzig, 10. Aufl. 1855, Bd. 15, 1. Abteilung, S. 114f.

ten und eingeschränkt worden. Die Substitution der Todesstrafe durch die Verhängung lebenslänglichen Zuchthausaufenthaltes darf allerdings nicht darüber hinwegtäuschen, daß auch die Strafe »lebenslänglich« prinzipiell eine Todesstrafe ist. Der Verurteilte wird unter scharf reduzierten Lebensbedingungen aus der Gesellschaft isoliert, verliert die »bürgerlichen Rechte« und wird solange im Kerker gehalten, bis er tot ist. De facto allerdings geschieht es wenigstens unter der heutigen westdeutschen Jurisdiktion selten oder gar nicht, daß dieses Strafziel abgewartet wird.

In einem Komplementärverhältnis zur Verwendung des Todes als Mittel sozialer Kontrolle kann die gesellschaftliche Ächtung des Selbstmordes interpretiert werden. Steht nämlich jedem offen, sein Leben selbst und zum selbst bestimmten Zeitpunkt zu beenden, wird die Androhung tödlicher Gewalt durch die Instanzen der Herrschaft relativiert, wenn nicht gar nichtig. Daß dies Komplementärverhältnis sich besonders in der modernen Gesellschaft stellt, weist eine Stelle bei Comte auf, in der dieser das durch den Katholizismus durchgesetzte Verbot des Suizids begrüßt und fürs kommende positive Regime gar noch verschärfen will: »Je mehr das zukünftige Leben (nach dem Tode, W. F.) von seiner moralischen Wirksamkeit notwendig verliert, um so wichtiger ist es offenbar, daß alle Individuen so viel als möglich in unwiderstehlicher Weise an das reale Leben gekettet werden, ohne seinen schmerzlichen Konsequenzen durch eine unerwartete Katastrophe ausweichen zu können, die jedem die gefährliche Möglichkeit läßt, die unumgängliche Rückwirkung, welche die Gesellschaft auf ihn auszuüben gedachte, nach seinem Belieben zu vernichten, so daß der Selbstmord eines Tages aus rein menschlichen Gründen unter dem positiven Regime, als den allgemeinen Grundlagen der menschlichen Sittlichkeit direkt zuwider, nicht minder vollkommen verworfen werden wird.«[12] Die peinliche Bewachung von zum Tode Verurteilten, auf daß diese nicht Selbstmord begehen, unter Umstän-

12 *Auguste Comte:* Soziologie, Bd. II, a. a. O., S. 323.

den die gesundheitliche Wiederherstellung bei mißlungenen Selbstmordversuchen, deutet auf das Interesse der staatlichen Instanzen, den Tod selbst zu verhängen und auszuführen. Selbstmord würde dies Monopol entscheidend relativieren.

In einer Kritik an der Freudschen Lehre vom Todestrieb entwickelt A. J. Levin seine Auffassung vom Tode als Mittel sozialer Kontrolle: »... the fear of death and the example of killing have been invoked by those in control of cultural groups to enforce their will over others.«[13] Wiewohl weder die Argumentation noch die herbeigetragenen Materialien große Konsistenz haben, muß doch dieser Ansatz erwähnt werden, weil er sehr deutlich darauf verweist, daß der Tod in einer unendlich langen Reihe sozialer Situationen und Zusammenhänge als Kontroll- und Zwangsmechanismus benutzt worden ist. So verweist Levin auf die Institutionen des bürgerlichen Todes, der Exkommunikation, der Manus mortua, auf Todesstrafe und Unterwerfung der im Krieg Besiegten, auf allgemeine Repressionsmechanismen, in denen sich die Gesellschaft des biologischen Todes als Herrschaftsinstrument bedient. Zu diesen sehr treffend angeführten Details könnte vielleicht die in der Initiation in der Regel offener oder versteckter gelegene Todesdrohung hinzugefügt werden: in primitiven Gesellschaften bestehen die Pubertätsriten im allgemeinen aus einer Isolation der Jugendlichen vom normalen Zusammenhang, häufig einer Todeserklärung, dargestellt in schwarzer Bemalung der Probanden oder durch den Ritus vorgeschriebener Gestik, und in einer Wiedererweckung zu neuem Leben durch die magischen Kräfte der Erwachsenengesellschaft, die ihre neuen Mitglieder kooptiert. Vor dem Eintritt in den eigentlichen sozialen Zusammenhang muß der Proband also rituellen Tod durchstehen, er erfährt vor der Mannbarkeit die Sanktionsmacht der Gesellschaft in der symbolischen Todesdrohung. Heutige Initiation hat davon immer noch einiges bewahrt: die Einweihung zu neuem Leben

13 *A. J. Levin:* »The Fiction of the Death Instinct«, Psychiatric Quarterly 25 (1951), S. 264.

geht in den Zeremonien vieler sozialer Gruppen, der schlagenden Studentenkorporationen, der Geheimgesellschaften wie Freimaurer, schließlich aber auch der christlichen Kirchen, auch heute noch über verblaßte und entleerte Formen symbolischer Unterwerfung unter die Todesdrohung.

A. J. Levin resümiert seine Argumente gegen die Freudsche Annahme des Todestriebes, gegen die Unterstellung, daß das Leben aus sich heraus auf sein Ende tendiere, mit der Aufforderung: »... to differentiate between the actual stoppage of life and the implementation of the phenomenon into the manifold and devious methods which man has devised for domination over others and control over himself.«[14] Todesangst könne von dieser Einsicht her nicht mehr einzig und allein aufs biologische Gesetz der Sterblichkeit bezogen werden.

Dem Tode als Mittel sozialer Kontrolle, als Instrument der Herrschenden gegen die Beherrschten, entspricht auf der Seite der Beherrschten die psychische Unterwerfung, die Resignation. Die Wirksamkeit solcher Resignation vor dem Tode läßt sich bis in den Gang des Sterbens hinein verfolgen und nachweisen. So berichtet Erich Stern aufgrund ausführlichen klinischen Beobachtungsmaterials davon, daß mangelnder Lebenswille und Fügsamkeit in die bedrohliche Situation des Krankheitsverlaufs die Heilung und gesundheitliche Restitution nicht fördert, im Gegenteil hindert. Insbesondere religiöse Kranke neigten zu solcher Resignation und verhinderten Heilung auf diese Weise.[15] Die als reale Bemächtigung von Natur beschriebenen medizinischen Erfolge der Verlängerung des Lebens bewirken nicht für sich allein auch schon Hinauszögern des Todes. Ihre Wirkung kann nicht unab-

14 *A. J. Levin*, a. a. O., S. 279.

15 *Erich Stern:* »La Psychologie de la Mort«, Folia Psychiatrica, Neurologica et Neurochirurgica Neerlandica 3/4 (1949), S. 235 f. Dies erinnert nur zu deutlich an die oben erwähnte Beobachtung von Aginsky über die Hinnahme der zum Tode führenden Krankheit aus der Vorstellung gewaltsam-magischer Todesverursachung. *B. W. Aginsky*, a. a. O., S. 8–11.

hängig gedacht werden von der Art und Weise, in der die Todkranken ihren Krankheitsverlauf und die Möglichkeiten ihrer Genesung selbst einschätzen. Fügsamkeit ins einmal bestimmte Schicksal wird, ist sie im Bewußtsein der Schwerkranken dominant, die medizinischen Bemühungen um Restitution gewiß in Frage stellen.

Herbert Marcuse hat, wenn auch nur in Andeutungen und Entwürfen, auf den Zusammenhang von Tod und Resignation vor den bestehenden sozialen Verhältnissen hingewiesen: »Die bloße Voraussicht des unvermeidlichen Endes, die in jedem Augenblick gegenwärtig ist, muß in alle libidinösen Beziehungen ein repressives Element bringen und selbst die Lust leidvoll machen. Diese von allem Anfang an bestehende Versagung in der Triebstruktur des Menschen wird zur unerschöpflichen Quelle aller anderen Versagungen – und ihrer sozialen Wirksamkeit. Der Mensch lernt, ›daß es ja doch nicht dauern kann‹, daß alle Lust kurz ist, daß für alle endlichen Dinge die Stunde ihrer Geburt schon die Stunde ihres Todes ist – daß es gar nicht anders sein kann. Er resigniert schon, ehe ihn die Gesellschaft zwingt, die Resignation methodisch zu üben.«[16] Diese These Marcuses, daß die Menschen zugleich mit der Resignation in die Gewißheit ihres Endes schon die Resignation vor den Instanzen der Herrschaft einüben, widerspricht auf den ersten Blick den oben (III c) vorgetragenen Resultaten, daß die Kinder heute die Tatsache ihrer Sterblichkeit durch Übernahme der stereotypen Todesbilder der Erwachsenen lernen. Gerade die Bewußtlosigkeit dieser Übernahme aber verweist auf den Charakter des Todes als unbegriffene, selbsttätig und mit den Interessen und dem Leben der Einzelnen nicht vermittelt agierende Macht. In der Tat darf auch aufgrund der Übersicht über die heute gebräuchlichen Todesbilder konstatiert werden, daß die Unberechenbarkeit und Gewalttätigkeit des Todes sich erweitert zum Tod als Grundmuster des Schicksals, jenes Vorstellungs-

16 *Herbert Marcuse:* Triebstruktur und Gesellschaft. Ein philosophischer Beitrag zu Sigmund Freud, Frankfurt a. M. 1965, S. 228.

komplexes, der zugleich eine machtvolle Instanz meint wie auch den individuellen oder kollektiven Lebensprozeß in seiner Unkalkulierbarkeit beschreibt und hinnimmt.
Eine solche Verbindung von Todesmacht und Schicksal war schon in den griechischen Moiren gesetzt, in der langen Reihe früher Schicksalsgottheiten, die nicht nur den aktuellen Lebensgang determinieren, sondern auch den Faden des Lebens abschneiden. Im Tod des Sokrates dann, einem Geschehen, das nach Marcuse unter diesem Aspekt der Komplementarität von Herrschaft und Resignation am Anfang europäischer Philosophie stand, ist diese Verbindung aufs neue, auf politisch-soziale Weise geknüpft worden: »The glorifying acceptance of death, which carries with it the acceptance of the political order, . . . marks the birth of philosophical morality.«[17] Bis heute habe sich diese Verbindung von Resignation vor dem Tode und Resignation vor den Instanzen der Herrschaft nicht gelöst. Der Tod könne nicht als allein biologisches Faktum interpretiert werden, er sei eine soziale Institution. Gesellschaft, als durch Herrschaftsverhältnisse gekennzeichnet, erhält sich nicht zuletzt durch diese soziale Institution: Herrschaft, so schrieb Hegel, entsteht und erhält sich durch aufgeschobene Tötung, durch Drohung mit tödlicher Gewalt. »Compliance with death«, so formuliert es Marcuse, »is compliance with the master over death: the polis, the state, nature, or the god.«[18]
Schicksal als Kategorie, die für den durch unbeherrschbare und mit den Interessen der Einzelnen und der Gesamtheit unvermittelten Kräfte regierten Lebensgang einsteht, mag ehedem primär auf Natur sich bezogen haben, die der Planung sich entzog. Inzwischen aber, nachdem Naturbeherrschung in so gewaltigen Zügen die Erde dem Menschen untertan gemacht hat, kann die Kategorie des Schicksals sich nicht länger allein oder auch nur vordringlich auf natürliche Katastrophen beziehen, sondern wird ebenso den für die Indivi-

17 *Herbert Marcuse:* »The Ideology of Death«, a. a. O., S. 68.
18 *Herbert Marcuse:* »The Ideology of Death«, a. a. O., S. 76.

duen undurchschaubaren und unbeherrschbaren Bereich des Sozialen bedeuten. Beispiele für die Identifizierung natürlicher und sozialer Katastrophen ließen sich sehr leicht aus den Anleitungen der Administrationen fürs Verhalten im Falle eines Nuklearkrieges gewinnen. Auch der Terminus »Notstand« hat diese Doppeldeutigkeit. In den Wissenschaften findet sich diese Identifizierung deutlich in der sogenannten Disaster-Forschung beziehungsweise der Stress-Psychologie[19]: hier werden nebeneinander Erdbeben, Hurrikane und Kriege, Gefangenschaft, Terror und Krankheit als Katastrophen abgehandelt. Solche Identifikation natürlicher und sozialer Katastrophen hat zu dieser resignierenden Wirkung des Todesbildes beigetragen. Die Fremdheit und Gewalttätigkeit des Todes reflektiert die Fremdheit der gesellschaftlichen Verhältnisse und Vorgänge und verdeckt sie zugleich. So wenig die Individuen die Stunde ihres Todes wissen, so unerwartet und unvorhersehbar brechen Wirtschaftskrisen und Inflationen herein, stürzen Börsenkurse, wechseln Regierungen, brechen Kriege aus, werden Feldzüge begonnen, so wenig ist nicht zuletzt der individuelle Lebensablauf kalkulabel und planbar. »Der Tod«, so merkt Ernst Bloch an, »ist der Prototyp jedes ›verhängten Schicksals‹, als eines ebenso ungewollten wie fremd eingreifenden wie unbegriffenen.«[20]

Die Affirmation der Ewigkeit und majestätischen Unberührtheit des Todes beläßt ihn in seiner Rolle als Herrschaftsinstrument. Bedeutet Tod heute auch oder gar primär Folge gesellschaftlicher Gewalt, so diskriminiert der Jubel über die Autonomie des Todes die Aussicht auf einen Zustand der Gesellschaft ohne Krieg und Drohung mit Tötung.[21] In der Für-

19 Vgl. *George H. Grosser*, *Henry Wechsler* und *Milton Greenblatt* (Hg.): The Threat of Impending Disaster. Contributions to the Psychology of Stress, Cambridge, Mass., 1964.

20 *Ernst Bloch:* Erbschaft dieser Zeit, Erw. Ausg., Frankfurt am Main 1962, S. 391.

21 Vgl. hierzu *Theodor W. Adorno:* Jargon der Eigentlichkeit. Zur deutschen Ideologie, Frankfurt am Main 1964, S. 130. – Vgl. weiter Wolfgang Fritz Haug: »Auf den Tod berufen sich die Gegenaufklärer schließlich

sprache für die Ewigkeit des Todes wird zugleich die Unveränderbarkeit der bestehenden gesellschaftlichen Verhältnisse betont. Ein Zitat von William Graham Sumner mag diesen Denktypus verdeutlichen: »Pläne zur Abschaffung der Armut sind würdig eines Zeitalters, das sich die Abschaffung der Krankheiten vorgenommen hat. Warum schaffen wir nicht gleich den Tod ab und sind ein für allemal Götter – wozu sich mit Kleinigkeiten abgeben. Wenn diese Unternehmungen uns irgend etwas einbringen können, so können sie uns ebenso gut gleich alles verschaffen.«[22] Die Anrufung der majestätischen Notwendigkeit und Ewigkeit des Todes will von der Ewigkeit der bestehenden sozialen Verhältnisse überzeugen. Sie begünstigt die Fortdauer gewaltsamen Todes, insofern sie das Potential zu seiner Hinnahme stärkt. Indem der Tod weithin als Grundmuster des Schicksals, der unberechenbaren und undurchschaubaren Auswirkungen gesellschaftlicher Verhältnisse auf die individuelle und kollektive Lebensführung gilt, stattet das Beharren auf seiner Konstanz auch jene Verhältnisse mit dem Schein natürlicher Konstanz aus.

Das so konzipierte Verhältnis von Herrschaft, Gewalt und Tod weist noch einmal dringlich auf eine kritische Beschäftigung mit der Arbeit Christian von Ferbers, dem der Tod Garantie von Freiheit geworden war. Wie bei Rosenstock-Huessy relativiert der Tod bei von Ferber als »kritische Macht« den absoluten Geltungsanspruch der Normen, distanziert das Individuum aus dem sozialen Kontext, der es zu verschlingen droht. Die Frage aber, auf welche Weise der

alle ... aus dem Tod der Menschen macht der reaktionäre Tiefsinn die Menschen des Todes.« *Wolfgang Fritz Haug:* »Waren-Ästhetik und Angst«, Das Argument 6 (1964, Heft 1) S. 23. – Martin Schwonke erwähnt, daß die konservativen gegenutopischen Ideologien sich allzu leicht mit der »aus echtem christlichen Verantwortungsgefühl erhobenen Warnung, die sich gegen die Verdrängung von Leid, Schmerz und Tod ... richtet«, verbinden. *Martin Schwonke:* »Die verdorbene Schöpfung. Die gegenutopische Kritik an der Neuzeit«, Atomzeitalter (1961), S. 164 f.

22 *William Graham Sumner,* zitiert hier nach *H. S. Commager:* Der Geist Amerikas, Zürich, Wien, Konstanz 1952, S. 263.

Tod die Selbstverständlichkeit des sozialen Kommandos bricht, führt hin zur Vermutung, daß der Autor in seiner Polemik gegen die »radikale Diesseitigkeit« heutiger Gesellschaft die Absichten und Kompetenzen der Soziologie überschreitet. »... das memento mori stiftet sehr nachdrücklich eine Distanz zum Hier und Jetzt; der Tod erinnert sehr eindringlich an den ›vorläufigen‹, ›unernsten‹ Charakter der sozialen Anforderungen, die uns bewußtlos in ihren Bann schlagen, deren gedankenlose Erfüllung zum tierischen Ernst unseres Daseins geworden ist...«[23] Daß die sozialen Zustände nicht so sind, wie sie sein könnten oder sollten, davon ging Gesellschaftskritik immer aus, davon, daß das Bestehende nicht ewig dauert, kein blindes Schicksal ist, sondern sich vernünftiger Regelung erschließen läßt. Wie nun aber gerade der Tod, Sinnbild solch blinden Schicksals, der Machbarkeit zudem am weitesten entzogen, von der Veränderbarkeit und Vorläufigkeit der sozialen Zustände überzeugen soll, ist nicht zu sehen. Es sei denn, die sozialen Zustände, die von Christian von Ferber als solche der Herrschaft und Unterdrückung beschrieben werden, sind deshalb unernst, weil es ernst erst nach dem Tode wird. Vor einer Jenseitsvorstellung, die von Ferber allerdings nirgendwo andeutet, und die ihm – anders als Rosenstock-Huessy – vielleicht zu Unrecht unterstellt würde, erschienen die bestehenden Herrschaftsverhältnisse allerdings als brüchig und eitel. Vor dem Hintergrund der Einmaligkeit und Irreversibilität des menschlichen Lebens aber, von dem unausgesprochen alle Wissenschaft ausgeht, sind die gesellschaftlichen Zustände ernst genug, bar jeder Vorläufigkeit. Auf jeden Fall ist hinter von Ferbers Argumentation das alte Vorstellungsmuster vom Tod als Befreiung zu vermuten, das ursprünglich ein Leben nach dem Tode voraussetzte.

Den Tod als den Punkt zu nehmen, von dem aus die Herrschaftsverhältnisse aus den Angeln zu heben wären, heißt vergessen, daß der Tod zwar die sozialen Anforderungen und

23 *Christian von Ferber*, a. a. O., S. 343.

Reglements für die Einzelnen zeitlich begrenzt, die Einzelnen selbst aber vernichtet. Wenn das memento mori also relativiert, dann zuerst die Individuen, und zwar ganz und gar. »Umsonst ist nur der Tod; er kostet Leute.« Von der Einsicht, daß der Tod zwar befreit – hier vom Tauschprinzip –, aber nur um den Preis der eigenen Vernichtung, weiß dieses Sprichwort.

Die Forderung nach sozialer Manifestation des memento mori, die von Ferber so nachdrücklich erhebt, will angesichts fortdauernder Gewalt und tödlicher Drohung makaber erscheinen: die blitzenden Raketen in den Wochenschauen, die Kondensstreifen der Überschalljäger sind memento mori genug. Wenn von Ferber auf die distanzierende Macht des Todes so weit vertraut, daß sie den Unterschied von Rolle und Rollenträger festhalten könne und somit ein Zwischenreich der Freiheit, so überträgt er dem Tod eine Aufgabe, deren Lösung soziologischer Rollentheorie bisher nicht gelungen ist.

Das Rezept, das von Ferber den von der Vernichtung durch sozialen Totalitarismus bedrohten Individuen verschreibt, ist die Erinnerung an ihre Vernichtung durch Natur. Der Widerspruch, daß Befreiung jener Macht übertragen wird, die die Menschen so fürchten, weil sie Abtrennung und Ablösung vom sozialen Zusammenhang bringt, löst sich nicht. Der Einführung der in diesem Abschnitt gewonnenen Begriffe des Todes als Instrument sozialer Kontrolle und Grundmuster des Schicksals bedarf es gar nicht notwendig. Aus von Ferbers Argumentation drängt sich so die Vermutung auf, daß die Verbindung von Tod und Transzendenz noch sehr eng ist. Dann stünde der Tod in seinen Funktionen der Ermöglichung von Gleichheit und der Erhaltung von Freiheit für den vergessenen christlichen Gott.

Durch alle Gegensätzlichkeiten der Position von Herbert Marcuse und Christian von Ferber hindurch läßt sich eine Gemeinsamkeit festhalten: verschieden entsprungene und verschieden wirkende kulturelle Verhältnisse zum Tode werden zusammengezogen, der historisch-soziale Aspekt am Tode selbst vernachlässigt. Dem Tod wird unabhängig davon, wie Gesellschaft auf ihn reagiert, unabhängig davon, wie er sich darstellt, eine konstante Beziehung zu Herrschaftsverhältnissen zugeschrieben, einmal Befreiung, einmal Repression. In diesem Verzicht auf die Differenzierung verschiedener Todesbilder ist sich Marcuse mit von Ferber einig: unter Absehung von den historischen Gestalten der Auseinandersetzung von Gesellschaft und Natur wird hinter den verschiedenen Todesbildern die Konstante akzeptiert. Gesellschaftskritik, Intention auf Veränderung, bei von Ferber wie bei Marcuse nicht zu übersehen, erhalten von daher Strukturen, die sich von traditioneller Gesellschaftskritik deutlich absetzen: gemeinsam ist beiden Autoren, daß ihnen der Tod zentrales Moment einer auf Veränderung gehenden Theorie wird. Von Ferber setzt auf ihn seine Hoffnung auf Befreiung, auf Abwehr der totalen Vergesellschaftung. Für Marcuse ist der Tod im Rahmen seiner Trieblehre umgekehrt »unerschöpfliche Quelle aller . . . Versagungen«.[24] Beides zusammen bezeichnet eine signifikante Wendung; war doch aller bisherigen kritischen Theorie der Tod Nebensache gewesen, jedenfalls weder Quell aller bestehenden Schranken noch Quelle möglicher Befreiung.

24 *Herbert Marcuse:* Triebstruktur und Gesellschaft, a. a. O., S. 228.

VI. Schluß

Bedeutsame Möglichkeiten der historischen und sozialen Differenzierung der Erfahrung und Realität des Todes haben sich eröffnet durch die Verwendung des Begriffes des natürlichen Todes als Bezugspunkt. Unter der Polarität von Archaik und Rationalität wurde dieser Begriff des natürlichen Todes als der progressivste bezeichnet. Insofern er abgeht von magisch-religiösen Projektionen und insofern er das Leben der Menschen begrenzt auf das, das sie in der Immanenz der Welt führen, bedeutet er Fortschritt an Wissen über die Realität. Insofern dieser Begriff zweitens feststellt, daß die Menschen aufgrund natürlicher Ursachen, am Ende ihrer biologischen Lebenskräfte nämlich, sterben, trägt er in sich eine gesellschaftskritische Potenz. Daß die meisten Menschen noch heute nicht am Ende ihrer biologischen Lebenskräfte sterben, wird, gemessen an der Behauptung natürlichen Todes, zur Anklage gegen die gesellschaftlichen Verhältnisse, die das friedliche Verlöschen nicht erlauben. Insofern enthält der Begriff des natürlichen Todes den Protest gegen die soziale Gewalt, das Verlangen nach friedlicher Einrichtung des Gesamtsystems. Die Ziele der Rationalität – Aufklärung der Welt und vernünftige Einrichtung der Welt – treffen in ihm zusammen.
Eine über solche Feststellungen hinausgehende Problematisierung des natürlichen Todes bietet sich allerdings an. Sind doch, wie oben beschrieben, aus diesem Begriff selbst wieder andere Vorstellungen hervorgegangen, die als Regressionen beschrieben werden können: so die Steigerung des Todes als natürliches Faktum zur Lebensimmanenz des Todes, zum Leben als Tod, zum Tod als dem ganzen Lebensprozeß unterliegende Zielmotivation, gar als biologisch wirkender Todestrieb. Ableger des natürlichen Todesbegriffs ist auch der Tod als Zufall (und Unfall), der zwar ohne Todesgott hereinbricht, aber eben doch hereinbricht und nicht verlöschen läßt.

Diese Verhältnisse weisen darauf hin, daß die Vorstellung vom natürlichen Tod nicht allein Versöhnung mit Natur meint – Versöhnung mit Natur, indem man sie gewähren läßt, sich dem sanften Tod fügt, oder in dem Sinne, daß die Gesellschaft so eingerichtet wird, daß Natur angemessen gewähren kann. Die gleiche Vorstellung kann auch sehr schnell zur Resignation führen, die dann in einem zweiten Schritt als Unterwürfigkeit verherrlicht wird. Schon der mit der Profanisierung einhergehende Verzicht aufs neue Leben nach dem Tode war ein Verzicht auf absolute Erfüllung menschlichen Lebens gewesen; die unbedingte Hinnahme des natürlichen Todes als Ziel aller gesellschaftlichen Anstrengungen, das Stehenbleiben bei der Garantie des biologisch normalen Lebensvollzuges ist Verzicht auf Vergesellschaftung des Todes, auf weitergehende praktische Bemächtigung in dem Moment, in dem seine Natürlichkeit erst zutage tritt, weil die Gesellschaft friedlich und gerecht eingerichtet ist. Die semantische Doppeldeutigkeit von natürlich – »aufgrund von Natur« wie auch »gerecht« und »normal« – fördert diese Resignation, wie sie etwa Leszek Kolakowski deutlich formuliert. Dieser Autor nimmt den von den Menschen nicht akzeptierten Tod, Todesangst, als Beleg dafür, wie sehr die Menschen in ihrer intellektuellen Ablehnung der gütigen Natur unglücklich werden können.[1] Sein Argument geht dahin, daß Verhältnisse, die durch gesellschaftliche Praxis nicht veränderbar sind und wahrscheinlich in alle Ewigkeit nicht veränderbar sein werden, am besten hingenommen werden. Über solche durch den Charakter des Todes als härtestem Widerstandszentrum gegen Naturbeherrschung gewissermaßen nur aufgezwungene Resignation steigert sich die Annahme des Todes als Naturkonstante mittels einer »ontologischen Inversion«, wie Herbert Marcuse dies benennt, von einer empirischen Notwendigkeit zu einer ontologischen.[2] Schnell wird menschliche

1 *Leszek Kolokowski:* Der Mensch ohne Alternative, München, 2. Aufl. 1961, S. 194.

2 Vgl. hierzu *Herbert Marcuse:* »The Ideology of Death«, a. a. O., S. 66.

Sterblichkeit zum Wesen des Menschen. Ein »Wörterbuch der philosophischen Grundbegriffe« mag dazu zitiert werden: »Daß der Einzelne stirbt, ist eine natürliche, also notwendige und vernünftige Sache. Wer sich darüber betrübt, daß er sterben muß, bedauert es, daß er Mensch ist, daß er geboren wurde.«[3]

Zeigt der Begriff des natürlichen Todes also repressive Momente, soweit er akzeptiert wird bis zur Verherrlichung der ewigen Naturmacht, so zeigt er solche Konsequenzen offensichtlich auch insoweit, als er als durch medizinische Praxis überwindbar auftritt. Konsequenzen aus dieser Bedeutungsseite müssen als negative Utopie beschrieben werden. Zu denken ist hierbei an das Buch von Robert C. W. Ettinger »Aussicht auf Unsterblichkeit?«[4], das große Publizität gewonnen hat. Nur kurz soll darauf eingegangen werden, weil sich an diesem Buch eine Ideologisierung des Pathos der Naturbeherrschung, der Hoffnung auf Einsetzung des Menschen in die Lenkung der Welt detailliert zeigen ließe. Ettingers Plan verknüpft die Tatsache, daß sich durch Kältetechnik Verwesung mehr oder weniger gut aufhalten läßt, mit der in sektiererischem Eifer vorgetragenen Gewißheit, daß die medizinischen Wissenschaften eines Tages imstande sein werden, Alter, Krankheit, jegliche Todesursache abzufangen. Was so vielleicht in 300 Jahren möglich sein wird, könnte durch eine möglichst gute Erhaltung und Aufbewahrung der bis dahin Verstorbenen schon der heutigen Generation zugute kommen: lassen sich heute lebende Menschen nach oder gar vor ihrem klinischen Tod konservieren, haben sie begründete Aussicht, zur Zeit des gewiß kommenden fortgeschrittenen Standes der Naturbeherrschung aufgetaut und zu neuem Leben erweckt zu werden.

3 *Kirchner's Wörterbuch der philosophischen Grundbegriffe,* a. a. O., S. 1007.

4 *Robert C. W. Ettinger,* a. a. O. Zur Realisierung der in diesem Buch vorgetragenen Pläne vgl. einen Artikel im *Spiegel:* »Tod: Ungewisse Grenze«, 1. 4. 1968, S. 163.

Nicht durch den Vorschlag einer medizinisch-naturwissenschaftlichen Methode zum Anhalten der Verwesung gewinnt dies Buch seinen Wahnwitz, sondern vielmehr dadurch, daß Ettinger den detaillierten Plan einer »um die Gefrieranlagen gruppierten menschlichen Gesellschaft«[5] vorlegt. Zu welcher Höhe wird ein Vermögen in einigen hundert Jahren gestiegen sein, das während der Einfrierzeit des Besitzers bei gleichbleibender Kaufkraft des Dollar zu 3 % verzinst wird? Welchem Ehemann wird sich eine Witwe nach dem Auftauen zuwenden, die nach dem Einfrieren ihres ersten Mannes erneut geheiratet hat? Wie kann ein eingefrorener Körper seine politischen Interessen vertreten? Viele solcher Fragen werden ausführlich erörtert und geben an, daß das goldene Zeitalter, das der Fortschritt der Wissenschaften bringen wird, sich vom heutigen Zustande im wesentlichen nur im Biologischen unterscheidet.

Deutlich ideologische Wirkungen schreibt Ettinger seiner Aussicht auf Unsterblichkeit zu, wenn er den Zweifel am Erfolg seiner Methode zuläßt, schon der Aussicht allein heilsame Konsequenzen für die heutige Gesellschaft zulegt. Wichtiger als die Gewißheit, daß das zweite Leben nach dem Auftauen möglich sein wird, sei die Hoffnung: »Vom bürgerlichen Standpunkt spielt es anfangs keine große Rolle, wie kunstgerecht die Körper konserviert sind, wenn nur die *Hoffnung* erhalten bleibt.«[6] Die Hoffnung auf Beherrschung des natürlichen Todes durch Medizin ist so durchsetzt mit Ideologie. In der Zeit, bis der Progreß der Wissenschaft dies Ziel erreicht haben wird, gruppiert sich Gesellschaft um die Kühlhäuser und Gefrieranlagen, verdrängen die Menschen ihr Unglück im Zeichen des zukünftigen ewigen Reiches. Der Wunsch nach Naturbeherrschung über den Tod verbindet sich bei Ettinger mit der Absicht, eine naturwissenschaftlich begründete Hoffnung auf Unsterblichkeit als Regulativ in die heutige Gesell-

5 *Robert C. W. Ettinger*, a. a. O., S. 198.

6 *Robert C. W. Ettinger*, a. a. O., S. 148. Vgl. auch a. a. O., S. 160 und S. 165.

schaft einzuführen und mit dem unbedingten Glauben an den Fortschritt innerhalb des Bestehenden, mit dem Glauben, daß es in 300 Jahren noch so etwas wie Dollar, wie Familienrecht und Konkurrenz geben wird.

So ist Ettingers negative Utopie als Beispiel zu nehmen, wie gut sich der Plan realer Unsterblichkeit ohne prinzipielle Infragestellung der bestehenden sozialen Verhältnisse vortragen läßt. Der natürliche Tod, der in seiner Zurechnung an Natur prinzipiell lenkbar und beherrschbar erscheint, entfaltet auch unter diesem Gesichtspunkt Konsequenzen, die sich mit den ihm oben zugeschriebenen Momenten der Rationalität und Humanität nicht vertragen. Der bloß medizinische Sieg über den Tod stellt den sozialen status quo nicht in Frage. Treffend formuliert Sigmund Freud dies Verhältnis: »Ich teile nicht die Ansicht meines Altersgenossen Bernard Shaw, daß die Menschen erst dann etwas Rechtes leisten würden, wenn sie 300 Jahre alt werden könnten. Mit der Verlängerung der Lebensdauer wäre nichts erreicht, es müßte dann vieles andere an den Lebensbedingungen vom Grunde aus geändert werden.«[7] Entfaltet so der Begriff des natürlichen Todes regressive Konsequenzen, gleich ob der Tod akzeptiert und verherrlicht wird als ontologische Notwendigkeit, oder ob er gerade überwindbar erscheint, so stellt sich die Frage, was solcher Gemeinsamkeit zugrunde liegen mag. Sowohl in der Konsequenz, in der der natürliche Tod, weil natürlich, über die Faktizität hinaus mit Notwendigkeit ausgestattet wird, wie in der Konsequenz, in der der natürliche Tod, weil natürlich, als beherrschbar gilt, ist Transzendenz abgetan. Die Versprechen der Religion auf erfülltes Leben nach dem Tode werden auf beiden Seiten geleugnet, das Leben der Menschen wird auf das in der Immanenz der Welt reduziert. Diese Immanenz nun aber, darin ist von Ferber zuzustimmen, ist mit der Aufrechterhaltung der bestehenden Verhältnisse insofern verknüpft, als die Versprechen, die religiösen Projektionen

7 *Sigmund Freud:* Der Mann Moses und die monotheistische Religion, Frankfurt a. M. 1965, S. 71 (Fußnote 1).

zurückzunehmen ins Leben, nicht erfüllt worden sind, dennoch aber die Mitglieder der Gesellschaft mit aller Macht daran gehindert werden müssen, sich vor dem Druck der Gesellschaft in den Tod zurückzuziehen. Von solcher Immanenz aber kann der Tod, wie von Ferber hofft, nicht befreien, wenn er nicht länger Tor zur Transzendenz ist.

Trotz solcher notwendigen Problematisierung des Begriffes des natürlichen Todes scheint es nach wie vor sinnvoll, an ihm als Bezugspunkt für Modernität festzuhalten, wenngleich in der bestimmten Fassung, in der er hier verwendet wurde. Es bietet sich kein anderes Todesbild an, weil die bürgerlich-industrielle Gesellschaft kein anderes entwickelt hat, ja selbst diesem nur zu unvollständiger Geltung verholfen hat. Vor allem deshalb empfiehlt es sich, diesen Begriff des natürlichen Todes als angenommenen Zielzustand für das System der sozio-kulturellen Orientierungen über den Tod zu behandeln, weil er bereits selbst auf Faktoren des sozialen Zusammenhangs verweist, die seine allgemeine Geltung bislang verhindert haben.

Die unvollständige Geltung des natürlichen Todesbegriffes in Vorstellungen und Einrichtungen wäre zusammen mit dem Überleben der Archaik erklärt, wenn es gelänge, diese fortlebende Archaik nicht kurzerhand als cultural lag zu beschreiben. In gewisser Weise tendierte auch das hier eingeschlagene Verfahren der Konfrontation des modernsten und rationalsten Todesbegriffs mit allen anderen Vorstellungen zu solcher Beschreibung des dunkelsten und irrationalsten Sektors der modernen Gesellschaft als noch nicht aufgehelltem, als hinterm allgemeinen Rationalisierungsprozeß zurückgebliebenen Bereich. Selbst wenn das Theorem vom cultural lag in der heutigen Soziologie noch ungebrochene Bedeutung hätte, durch das verschiedenen Teilbereichen – insbesondere den kulturellen – eine geringere Schnelligkeit der Entwicklung zugeschrieben wird als den Zentralbereichen, müßte dieser Tendenz der Untersuchung widersprochen werden. Das ins Auge springende Hinterherhinken der Orientierungen über den

Tod gegenüber anderen sozialen Bereichen ist in erster Linie zu verstehen aus Faktoren dieser »schnelleren« sozialen Bereiche selbst. Die moderne Gesellschaft, so hat unsere Untersuchung ergeben, trägt in verschiedenen Faktoren selbst zur Fortdauer von Archaik bei, sie verhindert selbst Aufhellung. Archaik erscheint so nicht länger als Relikt oder Atavismus, sondern ist funktional in den im übrigen weitgehend durchrationalisierten Gesamtzusammenhang verflochten. Sie bezieht ihre Lebenskraft nicht aus der Ewigkeit der Archetypen, aus der Ungebrochenheit von Magie, sondern mehr oder weniger direkt aus Bedingungen der modernen Gesellschaft selbst. Wir wollen abschließend die Faktoren, die so die allgemeine Geltung des natürlichen Todes als sozio-kulturelle Orientierung über den Tod verhindern und hemmen, noch einmal kurz durchgehen.

Christliche Religion, die ohne Zweifel in unserer Gesellschaft einen großen Bereich der Orientierungen noch immer strukturiert, hat archaische Inhalte in sich aufgenommen und fortgeführt. Sie gibt zudem archaischen Todesbildern zumindest insofern Möglichkeiten zur weiteren Geltung vor, als sie selbst nach wie vor eine Welt jenseits dieser Welt kennt wie auch Mächte, die sich prinzipiell dem menschlichen Willen auf Beherrschung und Aufhellung niemals fügen werden. Wie es solche Vorgaben dem Kinde im Sozialisationsprozeß möglich machen, den Weg, in dem es die Irreversibilität und Endgültigkeit des Todes lernen soll, umzubiegen und die kindlichen Omnipotenzvorstellungen und Animismen im Rahmen religiöser Zusammenhänge neu zu integrieren, konnte im Abschnitt III c »Kind, Sterblichkeitswissen, Todesangst« dargelegt werden. Es steht zu vermuten, daß dies verallgemeinert werden kann, daß christliche Religion generell eine Orientierungsebene vorgibt, in der auch die archaischen Todesbilder sich halten können.

Archaik erhält sich weiter über das Friedhofs- und Bestattungsgewerbe. Die Übertragung von Sitte und Brauch in die Funktionen des Dienstleistungsgewerbes, das gegen Bezahlung die Toten- und Bestattungsriten übernimmt und eine Reihe anderer Aktivitäten ausführt, hat die in Waren erstarrten Momente der Sitte verfestigt und im Detail in die Beliebigkeit des Kundenwunsches gestellt, Magie und Religion den Inhalten und Formen nach aber übernommen. Das Profitinteresse dieses Gewerbes führt zudem dauernd zur Beibehaltung und Neuentwicklung archaischer Todesbilder. Das Bestattungsgewerbe muß glaubhaft machen, daß für die Toten noch irgend etwas getan werden kann, daß sie in irgendeiner Weise noch leben, sonst wären all die Tätigkeiten und Beigaben, die dies Gewerbe anbietet, nicht länger zu rechtfertigen.

Naturbeherrschung und soziale Gewalt waren von Anfang an als Faktoren benannt worden, durch die Gesellschaft das Sterben nach Art und Zeit beeinflußt oder gar determiniert, auf diesem Wege aber auch indirekt die Orientierungen über den Tod. Entgegen unserer ersten Annahme, daß der Tod heute mehr denn je Widerstandszentrum von Natur sei, der Naturbeherrschung völlig unzugänglich, haben sich eine Reihe wichtiger sozialer Einrichtungen auffinden lassen, die die »gelungene« Naturbeherrschung bezeugen. In der Ausrichtung der medizinischen Institutionen auf die Ziele der Lebenserhaltung und der Abwehr aller nicht-natürlichen Todesursachen und in der in den westlichen Gesellschaften durchgesetzten Garantie auf den »sicheren Lebensabend« ohne Ansprüche aus dem Bereich der gesellschaftlichen Arbeit haben wir Tendenzen auffinden können, die die im Begriff des natürlichen Todes angegebenen Postulate realisieren wollen. Aber hier konnten Wirkungen aufgedeckt werden, die diesem Realisierungsversuch zuwiderlaufen und damit wenigstens partiell die allgemeine Geltung des Bildes vom natürlichen Tode verhindern. Die Garantie des sicheren Lebensabends ist in einer Gesellschaft, in der Leistung so überaus hoch geschätzt wird und ein so wichtiger Bewertungsmaßstab ist, offensichtlich möglich nur durch Regelungen, die selbst wieder soziale Todeserklärung bedeuten, die den Bereich Alter nur negativ

zum sozialen Zentralbereich konstituieren durch Abschieben der Alten und vorzeitige Reduktion der Rollenvielfalt.
Die verfassungsmäßige Garantie auf biologisch normalen Lebensvollzug, das Menschenrecht auf Leben und körperliche Unversehrtheit, kann jederzeit relativiert werden durch übergeordnete System-Interessen, etwa durch den Anspruch des Staates auf Einsatz des Lebens der Individuen in einer kriegerischen Auseinandersetzung mit anderen Staaten.
Die Formen schließlich, in denen Medizin versucht hat, die natürliche Lebensspanne der Menschen herzustellen, alle »äußeren« Todesursachen abzuwehren, führen tendenziell zu einer Form des Sterbens, die nicht mehr als friedliches Verlöschen beschrieben werden kann. Je mehr der Todesmoment vom Einsatz des medizinischen Instrumentariums abhängt, um so eher wird wieder jenes Bild gerechtfertigt, das den Tod als eine fremde, willkürlich zuschlagende und Ende setzende Macht darstellt. Indem so die Einrichtungen der gelungenen Naturbeherrschung wenigstens teilweise den archaischen Bildern vom gewaltsamen Tod wieder entgegenkommen, treffen sie sich in ihrer Wirkung mit der der fortdauernden Verbindung von Tod und sozialer Gewalt. Verschlungen in mannigfacher Weise in die Mechanismen von Gewalt und Tötung, von sozialer Kontrolle mittels Todesdrohung und Exekution, ist Tod heute in einer Zeit, in der die ganze Menschheit vom Getötetwerden bedroht ist, mehr denn je Grundmuster des Schicksals, der unbeherrschbaren Lebensmächte. Statt friedliches Verlöschen nach ungestörtem biologischen Lebensvollzug repräsentiert Tod und die Erinnerung an ihn unter diesem Aspekt die Resignation vor den Instanzen der Herrschaft und den unüberschaubaren Kräften, die die Gesellschaften bewegen.
In den historischen und sozialen Differenzierungen der Todesbilder ist es gelungen, die Todesverdrängungsthese zu zerlegen und in ihren einzelnen Momenten zu behandeln, nachdem von ihrer grundsätzlichen Unterstellung des Todes als ewiger Konstante und ihrer Forderung nach Wiedereinset-

zung des memento mori abgegangen worden ist. Diese These enthält ja durchaus verschiedene Intentionen und Argumentationsebenen. Die Klage der Theologen über sinkende Religiosität, über die Abwendung von Gott, zielt nicht eigentlich auf die Verdrängung des Todes als Ende, sondern auf die verblassende Macht der Transzendenz. Soweit die These die Verdrängung des Todes als allein psychologischen Mechanismus beschreibt, bleibt sie ganz und gar unterhalb der Ebene der Einbeziehung sozialpsychologischer und sozialer Faktoren und Bedingungszusammenhänge. Soweit die Verdrängungsthese die Entöffentlichung und Privatisierung des Todes beklagt, übersieht sie die zunehmende Übertragung der ehemals im verwandtschaftlichen Binnenraum vorgenommenen Handlungskomplexe an die medizinischen Institutionen und das Dienstleistungsgewerbe. Sie hat in der Behauptung der Privatisierung allerdings sehr genau die heutige Beliebigkeit und Variabilität der Todesbilder getroffen. Statt von Verdrängung, Tabuierung, Bagatellisierung des Todes in der modernen Gesellschaft zu reden, ist es angemessener, auf das Fortleben der – gemessen am Begriff des natürlichen Todes – archaischen Bilder zu verweisen. Damit eröffnet sich der Weg zu genauerer Untersuchung der Widersprüche im Bereich der sozio-kulturellen Orientierungen über den Tod. Lassen sich dann Hinweise auf Faktoren geben, die im derzeitigen sozialen Zusammenhang die allgemeine Geltung des Bildes vom natürlichen Tod hemmen und verhindern, wird auch der hier verwendete Begriff der Archaik problematisch, weil mit ihm unterstellt ist, die fortlebenden Widersprüche hätten mit der Verfassung der modernen Gesellschaft nur am Rande zu tun. Gemessen an der Verfassung dieser Gesellschaft sind archaische Orientierungen über den Tod nicht falsches, sondern richtiges Bewußtsein.

Nachwort

Bei Vorträgen und in Diskussionen vor allem mit Ärzten, Pfarrern und Theologen konnte ich einen Überblick darüber gewinnen, wie dieses Buch in diesen Gruppen oft gelesen worden ist: als Beitrag zur Todesproblematik von »kritischer Seite«. Diese Form der Rezeption gehört selbst zum bürgerlichen Bewußtsein, das Kritik als eine Stimme unter anderen, als einen Standpunkt unter mehreren einordnet, um sich nicht mehr mit ihr auseinandersetzen zu müssen.
Geschrieben wurde das Buch als Beitrag zur Kritik der Soziologie, insbesondere als Auseinandersetzung mit dem Aufsatz »Soziologische Aspekte des Todes. Ein Versuch über einige Beziehungen der Soziologie zur Philosophischen Anthropologie« von Christian von Ferber.
Die Soziologie hat sich mit dem Tod unter folgenden Fragestellungen beschäftigt: Welche Einstellungen haben die Menschen zum Tode, zu bestimmten Bestattungsformen, zur Rolle der privaten Bestattungsunternehmer? Wie bewältigen die Hinterbliebenen ihre durch den Todesfall verursachte Rollen- und Identitätsproblematik? In diesen Untersuchungsansätzen der Soziologie wurden nur die Einstellungen, Rollenbeziehungen und Institutionen um den Tod herum thematisiert. Daß aber der Tod gerade durch die sozial geregelten Einstellungen, Rollenbeziehungen und Institutionen für die Erfahrung der Sterbenden wie für den Lebenszusammenhang der Gesellschaft selbst gesellschaftlich bestimmt ist, wurde übersehen: Für die Soziologie blieb der Tod ein abstraktes Faktum, eine Konstante jenseits von Geschichte und Gesellschaft.
Dieses Verhältnis der Soziologie zum Tod hat von Ferber aufgegriffen und – zwar in gesellschaftskritischer Absicht – zu Ende geführt: Weil der Tod außerhalb von Geschichte und Gesellschaft ist, kann er den in der modernen Gesell-

schaft in ihrer Lebensentfaltung beschränkten und unterdrückten Individuen zum Fixpunkt ihrer Befreiung werden. An ihm können sie sich aufrichten, weil sie in ihm einen letzten Freiraum haben, der jederzeit zugänglich werden, den keine gesellschaftliche Unterdrückung jemals erreichen kann. Dieses Bewußtsein von der eigenen Sterblichkeit hilft, so von Ferber, den Menschen, die gesellschaftlichen Zwänge zu relativieren, Distanz zu gewinnen von den gesellschaftlichen Vorschriften.

Die gesellschaftskritische Absicht von Ferbers entspricht der heute besonders in der Erziehungswissenschaft verbreiteten Hoffnung, die Individuen könnten Mündigkeit, Selbstbestimmung und Freiheit dadurch erlangen, daß sie sich von den gesellschaftlichen Vorschriften und Rollenerwartungen distanzieren, indem sie sich zwar auf diese Vorschriften einlassen, aber eben bewußt und mündig als Individuen. Bei von Ferber wie in dieser erziehungswissenschaftlichen Forderung nach Distanzierung von den gesellschaftlichen Normen und Zwängen bleiben die gesellschaftlichen Normen und Zwänge in ihrer Entstehung, Wirkung und Veränderbarkeit selbst unbegriffen und dem sich distanzierenden Individuum nach wir vor unverfügbar.

Die Kritik der Aussparung des Todes als Gegenstandsbereich der Soziologie muß sich bewähren im Nachweis der gesellschaftlichen und geschichtlichen Bestimmtheit des als individuell und damit ungeschichtlich gefaßten Todesbildes der Soziologie. Dann braucht die Aussparung des Gegenstandsbereichs Tod nicht als unbearbeitetes Feld sozialwissenschaftlicher Forschung verstanden werden, sondern ist als notwendige Konsequenz des Begriffs des Individuums als Grundelement sozialen Lebens bestimmt, von dem die bürgerliche Sozialwissenschaft allgemein ausgeht.

Die Einlösung dieses Anspruchs der Kritik in einem materialistischen Sinne ist nicht gelungen. Im ganzen ist der Text eine Sammlung von Materialien und Fragen, die die Todesproblematik einer materialistischen Analyse zugänglich

machen, nicht aber diese Analyse selbst. Dazu ist die Begrifflichkeit des vorliegenden Textes zu unscharf (»moderne Gesellschaft«, »bürgerliche Gesellschaft«, »Profitmotiv« usw.). Unzureichend ist auch das der Polarität von Archaik und Rationalität zugrundeliegende Modell des historisch sich erweiternden Wissens über den Tod: Mit einem solchen Modell wird die naturwissenschaftliche Erkenntnis über die Natürlichkeit des Todes abstrakt als fortschrittlich behauptet, die Problematik der Fetischisierung in kapitalistischen Produktionsverhältnissen umgangen. Das Verhältnis von Theorie und Praxis tritt allein als eines der Aufklärung über die Bedingtheit der Todesbilder auf: Verfaßt wurde der Text in einer Situation der gesellschaftlichen Entwicklung der BRD, in der die Chancen für eine Rekonstitution der Arbeiterbewegung gering veranschlagt werden mußten, in der erste Versuche einer neuen Aneignung der Methode der Kritik der politischen Ökonomie an den Hochschulen begannen, in der massenhafte und klassenunspezifische Aufklärung von der Studentenbewegung als einzig mögliches Mittel der gesellschaftlichen Veränderung gesehen wurde.
In welchem begrifflichen Bezugssystem eine materialistische Analyse der Todesproblematik zu leisten wäre, läßt sich kurz andeuten: Eine solche Analyse dürfte nicht von für einzelne historische Situationen und besonders für die bürgerliche Gesellschaft typischen Vorstellungen und Riten ausgehen, um dann in den grundlegenden Bedingungen des gesellschaftlichen Lebenszusammenhangs, der gesellschaftlichen Basis nach Faktoren zu suchen, die solche Vorstellungen und Riten verursacht haben könnten. Dieser Weg der Analyse erbringt, wie auch der vorliegende Text erweist, eher zufällig zusammengestellte und nur durch eine plausible Beziehung zwischen Überbau und Basis gesicherte Resultate. Daß z. B. die kirchlichen Vorstellungen und Riten zum Tod die Funktion haben, die Tatsache des für den einzelnen und seine soziale Umwelt meist nicht als sinnvoll erlebten Todes als sinnvoll und gerechtfertigt darzustellen,

ist als plausibel, aber eben nicht in seiner gesellschaftlichen Notwendigkeit bestimmt worden. Eine materialistische Analyse der Todesproblematik müßte umgekehrt ausgehen von den allgemeinen Gesetzmäßigkeiten des gesellschaftlichen Lebens. Sie müßte insbesondere dem Schicksal des Lohnarbeiters nachgehen, der – durch das Kapitalverhältnis gezwungen – sich als Individuum zu seinen eigenen Vermögen und Fähigkeiten als Ware verhalten muß. Die Fragen nach Einstellungen zum und Erlebnisformen vom Tode sind nur von diesem kategorialen Ausgangspunkt her zu klären. Daten über die typischen Verschleißprozesse der Arbeits- und Lebenskraft in verschiedenen gesellschaftlichen Klassen und die typischen Formen, in denen dies das Individuum verarbeitet und in seine Psychostruktur integriert, würden dann eine detailliertere Analyse von Einstellungen und Erlebnisformen in einzelnen Schichten in bestimmten geschichtlichen Situationen ermöglichen. Fortgeführt werden müßte der Versuch, die Irrationalität und das Dunkel um den Tod nicht als magischen Überrest aus früher Geschichte, als Archaik zu verstehen, sondern als aus der widersprüchlichen Struktur der kapitalistischen Gesellschaft notwendig aufzuweisen.

Die Fruchtbarkeit eines solchen Ansatzes kann kurz an einem verbreiteten Thema der wissenschaftlichen, populärwissenschaftlichen und Traktatenliteratur zur Verdrängung des Todes erläutert werden, an dem der Arbeitsteilung zwischen Medizin und Theologie in der Krankenhaussituation des Sterbenden.

Das vorherrschende medizinische Denk- und Handlungsschema, das die Erforschung und Behandlung von Krankheiten losgelöst von dem Erkrankten als Subjekt für möglich und notwendig hält, reflektiert den eigentlichen Gegenstand der Medizin: die Arbeitskraft. Der zum Sterbenden gerufene Seelsorger dagegen hat es einzig und allein mit dem von seiner gesundheitlichen Situation getrennten Individuum zu tun, das zu dieser gesundheitlichen Situation, nämlich zum

Verfall seiner eigenen Arbeits- und Lebenskraft ein Verhältnis der Hinnahme erreichen soll. Es soll seine Vernichtung und den Verfall seiner Kräfte durch den Tod als durch Gott sinnhaft bestimmt hinnehmen. Die Hinterbliebenen erhalten vom Seelsorger den gleichen Trost: Der Verstorbene sei »zur rechten Zeit«, »nach erfülltem Leben« usw. gestorben.
Diese Arbeitsteilung zwischen Medizin und Theologie in der Krankenhaussituation des Sterbenden verläuft nicht konfliktfrei. Deshalb sind Medizin und Theologie auf soziologische Studien angewiesen, die sich mit den Einstellungen der Menschen zum Tod und mit der Rollenproblematik von Krankenhaussituation, Sterbe- und Trauersituation beschäftigen, ohne den Tod des Individuums und das Individuum in ihrer gesellschaftlichen Bestimmtheit zu begreifen. Denn die Sterberiten der Kirchen dürfen nicht lebensfremd werden, sonst fiele ein zentrales Moment ihrer ideologischen Wirksamkeit aus, die Verherrlichung des nichtbegriffenen Todes. Und die Organisation des Krankenhauses muß sich auf die Verhaltensweisen der Sterbenden und Trauernden einstellen, sonst ergeben sich erhebliche Funktionsschwierigkeiten in dieser zur Reparatur des Arbeitsvermögens eingerichteten Institution.
Unter diesen Voraussetzungen ist die heutige sozialwissenschaftliche Offenheit der Kirchen und ihrer Akademien verständlich, die ihre Tagungen zum Todesproblem häufig durch theologische und soziologische Grundsatzreferate beginnen lassen, um dann unmittelbar »Modellvorstellungen für die kirchliche Praxis der Beerdigung und Trauerarbeit« zu diskutieren, gemeinsam Beerdigungen zu besuchen und in Gruppenarbeit neue »zeitgemäße« Riten auszuarbeiten. Klar formuliert diese sozialwissenschaftliche Weitherzigkeit der Kirchen eine Rezension in der Berliner Zeitschrift »Die Diakonie-Schwester«: »Wir werden wohl den Mut aufbringen müssen, überholte Vorstellungen, die mit Tod, Bestattung und Trauer zusammenhängen, fallenzulassen und Riten

zu rationalisieren, aber wir müssen doch auch entschieden darauf hinweisen, daß der Tod ein Geschehen bleibt, das sich dem menschlichen Zugriff entzieht und das nicht durch Veränderungen der Gesellschaft rationaler und faßbarer wird.«1

Von hieraus stellt sich direkt die Frage nach dem Verhalten des kritisch-progressiven Potentials in den Kirchen: Kann sich seine Funktion in der Rezeption neuerer sozialwissenschaftlicher Untersuchungen (z. B. zur Todesproblematik) und der Erarbeitung neuer, zeitgemäßer Formen der Bestattung und des Umgangs mit den Hinterbliebenen erschöpfen?

Solange auch von diesem kritisch-progressiven Potential in den Kirchen die Todesproblematik in erster Linie als Problem des eigenen Berufs und seiner Anpassung an moderne Erfordernisse behandelt wird, wird diese Problematik eine von konfessionellen Akademien, von nachdenklichen Kommentaren zum Totensonntag und von kulturkritischen Features in den Medien bleiben, im Grunde eine berufsspezifische Problematik von Klerikern und einigen Medizinern. Denn es geht dabei um eine Komplettierung der Berufsrolle hin auf zeitgemäßere Anforderungen aus der Gesellschaft.

Wenn aber die Todesproblematik in der Gesellschaft nicht länger als eine des Umgangs mit Sterbenden und Trauernden verstanden wird, sondern als eine der Lehrpläne der allgemeinbildenden Schulen, als ein Problem der Aufhebung autoritärer Erziehungspraktiken, die mit Todesdrohungen arbeiten, als ein Problem der politischen Bildung im Sinne der Aufklärung über alternative Lebenspläne, über den Bereich der wählbaren Lebensformen in verschiedenen Gesellschaftsverfassungen, über die unterschiedliche Lebensdauer von Angehörigen verschiedener Sozialschichten, dann könnte eine solche Erinnerung an die Sterblichkeit der Menschen einen Beitrag zur Bildung kritischen Bewußtseins leisten. »Die Arbeiterbewegung zog schließlich eine ihrer

1 Die Diakonie-Schwester (1971, Heft 7/8).

wichtigsten Motivationen gerade aus der Erkenntnis, daß keine Kompensationen für hier erlittene Unterdrückung zu erwarten sind, daß daher alles darauf ankomme, die gesellschaftlichen Verhältnisse so einzurichten, daß sie für alle gute Lebensmöglichkeiten erlauben.«[1]

Für das kritisch-progressive Potential in den Kirchen kommt es also nicht in erster Linie auf die sozialwissenschaftlich abgesicherte Reform der kirchlichen Riten an. Nicht die Erinnerung der Menschen an ihre Sterblichkeit als solche ist wichtig. Für sie kommt es darauf an, sich und andere daran zu erinnern, daß Lebensdauer und Lebensinhalt entscheidend durch die Klassenzugehörigkeit geprägt sind. Statt dann an der Reform ihrer Berufspraxis als Seelsorger zu arbeiten, wäre es wichtig, daß sie – wo möglich – sich den Riten verweigern, die den Tod als sinnhaft ausgeben, das Leben als erfüllt darstellen. Wichtig wäre ihre Zusammenarbeit mit den gesellschaftlichen und politischen Kräften, die für die Aufhebung der Klassengesellschaft arbeiten und damit für die Verwirklichung eines erfüllten Lebens und eines natürlichen Todes für alle.

Marburg, November 1972 *Werner Fuchs*

1 Werner Fuchs, »Die These von der Verdrängung des Todes«, Frankfurter Hefte 26 (1971, Heft 3), 184.

Alphabetisches Gesamtverzeichnis der suhrkamp taschenbücher